U0120655

[清]郝懿行 撰

楊一波 校點

上海古籍出版社

爾雅郭注義疏下之二

釋木弟十四

《説文》云：「木，冒也。冒地而生。从屮，下象其根。」《白虎通》云：「木之爲言觸也。陽氣動躍，觸地而出也。」《大司徒》土會之灋謂之植物，而云：「山林宜皁物，川澤宜膏物，丘陵宜覈物，墳衍宜莢物。」鄭衆謂：「植物，根生之屬。皁物，柞栗之屬。膏物，楊柳之屬，理致且白如膏」。鄭君謂：「膏當爲櫜字之誤也。蓮芡之實有櫜韜。覈物，梅李之屬。莢物，薺莢、王棘之屬。」賈疏：「薺莢即皁莢也。」此篇所釋喬者、條者、莍者、核者，皆木之類，「木」爲總名，故題曰「釋木」。

稻，山榎。今之山楸。

《釋文》：「榎，古雅反。舍人本又作櫝。」《詩·終南》正義引李巡曰：「山榎，一名稻。」孫炎曰：「《詩》云『有條有梅』，條，稻也。」義本毛傳。「條」「稻」雙聲疊韵，故古字通。「榎」通作「夏」。《學記》云：「夏、楚二物。」鄭注：「夏，槄也。」《詩》正義引陸璣《疏》云：「槄，今山楸也，亦如下田楸耳。皮葉白，色亦白，材理好，宜爲車板。能溼，又可爲棺木。宜陽共北山多有之。」餘見下文「榎，楸」。

栲，山樗。栲似樗，色小白，生山中，因名云。亦類漆樹。

《説文》：「㭱，山樗也。」「樗」字依段注改。「㭱」通作「栲」。《詩》「山有栲」，「南山有栲」，毛傳俱本《爾雅》。《正義》引舍人曰：「栲名山樗。」陸璣《疏》云：「山樗與下田樗略無異，葉似差狹耳。吴人以其葉爲茗，方俗無名。此爲栲者，似誤也。今所云爲栲者，葉如櫟木，皮厚數寸，可爲車軸，或謂之栲櫟。許慎正以栲讀爲糗，今人言考，失其聲耳。」所引許君之讀，今《説文》無，蓋脱去之。糗，丘九切。《詩》兩言「栲」，俱與「杻」韵，此古音也。《爾雅》釋文引《方志》云：「橖樗栲漆，相似如一。」《詩》正義引作俗語，蓋當時方俗之言，故陸、孔竝援之。邵氏補入郭注，非也。「橖」，《説文》作「杶」，即今之椿，其葉類樗而香，可啖。山樗葉似樗而多鋸齒，又堅緊。桼木色白，葉亦似樗。

柏，椈。《禮記》曰：「鬯白〔一〕以椈。」

《説文》：「柏，鞠也。」《詩》言「新甫之柏」。《本草別録》云：「生泰山山谷。」然柏處處有之，三月華，九月實，《莊子》所謂「秋柏之實」也。郭引《禮・雜記》云：「鬯臼以椈，杵以梧。」鄭注：「所以擣鬱也。椈，柏也。」孔疏：「柏香，桐潔白，於神爲宜。」按：柏有脂而香，其性堅緻，材理最美。

髡，梱。未詳。

《釋文》「梱，五門反」，則與「棞」聲義近。《説文》：「棞，梡木未析也。」栞落樹頭爲髡。《齊民要術》有髡柳法，又云：「大樹髡之，小則不髡。」

椵〔二〕，柂。白椵也。樹似白楊。

〔一〕臼，《爾雅》宋刊十行本作「臼」。

〔二〕椵，《爾雅》宋刊十行本作「椴」，誤。

《釋文》引《字林》云：「椵木似白楊，一名施〔一〕。」《檀弓》云：「杝棺一。」鄭注：「所謂椑棺也。」引《爾雅》曰：「椵，杝。」按椵與木堇同名。今椵木皮白者爲白椵，葉大如白楊；皮赤者爲赤椵，葉如水楊，其皮柔韌宜以束物。白者材輕耐溼，故宜爲棺也。

梅，柟。似杏，實酢。

《説文》：「柟，梅也。」「梅，柟也。可食。」「梅」或作「楳」。《詩》「墓門有梅」，「有條有梅」，毛傳俱本《爾雅》。陸璣《疏》云：「梅樹皮葉似豫樟，豫樟葉大如牛耳，一頭尖，赤心，華赤黄，子青不可食。柟葉大，可三四葉一藂，木理細緻於豫樟，子赤者材堅，子白者材脆。江南及新城、上庸、蜀皆多樟柟。終南山與上庸、新城通，故亦有柟也。」《詩》正義引孫炎曰：「荆州曰梅，楊州曰柟。」《一切經音義》廿一引樊光云：「荆州曰梅，楊州曰柟，益州曰赤楩，葉似豫樟，無子也。」是樊義與陸《疏》合，孫與樊同，蓋皆以梅柟爲大木，非酸果之梅。郭注「似杏，實酢」及《説文》云「可食」，俱誤矣。《南山經》云：「虖勺之山，其上多梓柟。」郭注：「柟，大木，葉似桑，今作楠，音南，《爾雅》以爲

〔一〕施，原誤「柂」，楊胡本、《經解》本同，據《經典釋文》改。

柟。」此注得之。《文選·西京賦》注引《爾雅》注作「柟木似水楊」，與今本異。

柀，煔。煔似松，生江南。可以爲船及棺材，作柱，埋之不腐。

宋本及《釋文》俱作「煔」，不成字，蓋「黏」字之誤。徐鉉作「㮇」，亦非。段氏《説文注》依《爾雅》改作「黏」，是也。按：《後漢書·華陀傳》有漆葉青黏散，「黏」亦不成字，注「音女廉反」，恐即「黏」字之誤也。《釋文》：「煔，字或作杉，所咸反，郭音芟，又音纖。」據陸音、郭注，此即今杉木也，但《爾雅》作「黏」，似當依《後漢書》注作「女廉反」矣。

櫠，椵。柚屬也。子大如盂，皮厚二三寸，中似枳，食之少味。

《説文》：「椵，木。可作牀几。讀若櫃。」《繫傳》以爲椵梓之屬，非郭義也。《桂海虞衡志》云：「廣南臭柚大如瓜，可食，其皮甚厚，染墨打碑可代氈刷，且不損紙。」即郭注所説也。

杻，檍。似棣，細葉，葉新生可飼牛，材中車輞。關西呼「杻子」，一名「土橿」。

「檍」，今字《説文》作「櫶」，云：「梓屬。大者可爲棺椁，小者可爲弓材。」《考工記·弓人》：「取榦，檍次之。」注引《爾雅》。按：《説文》有「檍」無「杻」，其「檍」字云：「杶也。」疑「杶」即「杻」之譌。又「杶」字古文似「杻」，段氏注依《汗簡》謂即屯字側書，似矣。但謂《説文》今無「杻」字，恐非也。《詩》中「杻」字，毛傳俱用《爾雅》。陸璣《疏》云：「杻，檍也。葉似杏而尖，白色，皮正赤，爲木多曲少直，枝葉茂好，二月中葉疏，華如練而細，蘂正白。蓋樹今官園種之，正名曰萬歲。既取名於億萬，其葉又好，故種之共汲山下，人或謂之牛筋，或謂之檍。材可爲弓弩榦也。」郭注《西山經》云：「杻似棣而細葉。」與此注同，即陸璣《疏》所謂「檍」也。《説文》「櫶」云「梓屬」，蓋楸類，非此也。

楙，木瓜。實如小瓜，酢可食。

《詩·木瓜》傳：「楙，木也。可食之木。」《齊民要術》引《詩義疏》曰：「楙，葉似柰葉，實如小瓜，上黄似著粉，香。欲啖者，截著熱灰中，令萎蔫，淨洗，以苦酒、豉汁、蜜度之，可案酒食。蜜封藏百日食之，甚益人。」《考工記·弓人》：「取榦，木瓜次之。」是其木中弓材也。《本草》陶注：「木瓜最療轉筋。如轉筋時，但呼其名及書土作木瓜字，皆愈。俗人拄木瓜杖，云利筋脉也。」《要術》引《廣志》云：「木瓜子可藏，枝可爲杖，舊作

「數」，依《類聚》引改。號一尺百二十節。」《西山經》云：「中曲之山有木焉，實大如木瓜。」《水經·江水》：「過魚復縣南。」注云：「故陵郙谿即永谷也，地多木瓜，樹有子大如甒，白黃，實甚芬香，《爾雅》之所謂『楙』也。」

椋，即來。今椋，材中車輞。

《說文》：「椋，即來也。」《釋文》引《埤蒼》《字林》竝作「梾」，云：「椋也。本[一]今作來。」《御覽》九百六十一引舊注云：「椋有髓，熊折而乳之。」《唐本草》注：「葉似柿，兩葉相當，子細圓如牛李子，生青熟黑，其木堅重，煑汁赤色。」陳藏器云：「即松楊，一名椋子木。」

栵，栭。樹似槲[二]樕而庳小，子如細栗[三]，可食。今江東亦呼爲「栭栗」。

[一] 本，原誤「木」，楊胡本同，據《經解》本改。
[二] 槲，《爾雅》宋刊十行本誤「檞」。
[三] 栗，《爾雅》宋刊十行本誤「粟」。

《詩》：「其灌其栵。」毛傳、《説文》俱用《爾雅》。陸璣《疏》云：「葉如榆，木理堅韌而赤，可爲車轅。今人謂之芝檽也。」郭云「似槲樕」者，今槲樹似櫟亦似栗，而實小細，栗即今茅栗是也。《詩釋》文引舍人云：「江淮之閒，呼小栗爲栭栗。」《廣韵》云：「楚呼爲茅栗也。」《爾雅》釋文：「檽，字又作栭，音而。」《後漢書·王符傳》注引《爾雅》曰：「栵檽音而注反。」是「栭」，或作「檽」，今依宋本作「栭」，是也。「栭」當讀「反其旄倪」之「倪」。倪訓小也，栭亦小也。「栵」「栭」字之疊韵。

檴，落。可以爲杯器素。

《説文》：「𣞤，木也。以其皮裹松脂。从虖聲。讀若華。」舊本「𣞤」「樗」二篆互譌，今从段本。或作「檴」。《繫傳》云：「此即今人書樺字。今人以其皮卷之，然以爲燭，裹松脂亦所以爲燭也。」按：樺燭謂此。其皮即煖皮，緻密輭温，今人以裹鞍及弓靶者是也。《詩》：「無浸檴薪。」鄭箋：「檴，落，木名也。」《正義》引某氏曰：「可作杯圈。皮韌，繞物不解。」陸璣《疏》云：「今椰榆也。其葉如榆，其皮堅韌，剥之長數尺，可爲絙索，又可爲甑帶，其材可爲杯器。」《漢書·司馬相如傳》云：「留落胥邪。」郭注：「落，檴也。中作器素。」與此注同。素謂樸也。

柚，條。似橙，實酢，生江南。

《説文》：「柚，條也。似橙而酢。」引《書》：「厥苞橘柚。」通作「櫾」。《中山經》云：「荆山多橘櫾。」郭注：「櫾似橘而大也，皮厚，味酸。」云似橙者，《釋文》引吕忱云：「橙，橘屬。」《上林賦》云：「黄甘橙楱。」《廣雅》云：「柚，楱也。」「楱」「柚」「條」古音俱相近，因以爲名。橘、柚皆生江南，踰淮而化爲枳。《楚辭・橘頌》云：「受命不遷，生南國兮。」《文子・尚德》篇云：「橘柚有鄉。」《吕覽・本味》篇云：「果之美者，雲夢之柚。」

時，英梅。雀梅。

《説文》：「楧，梅也。」《玉篇》作「楧，梅也」。無「時」字，未審楧即英，不酸果之梅。《説文》作「某」，云：「酸果也。」古文作「槑」，亦通作「楳」。《詩・摽有梅》釋文引《韓詩》作「楳」，「楳」本「梅柟」之「梅」之或體，韓借「楳」爲「某」也。古以梅爲籩實，故《小正》以煑梅紀候，《周禮》以乾藤實籩。《内則》釋文：「乾桃、乾梅皆曰諸。」是也。《齊民要術》引《詩義疏》云：「梅，杏類也。樹木葉皆如杏而黑耳，實赤於杏而酢，亦生噉也，煑而曝乾爲腊，置羹脽齏中，又可含以香口，亦蜜藏而食。」按：此乃「梅，柟」注所謂「似杏，實酢」者也。《爾雅》「英梅」，《説文》「楧，梅」，蓋非果類，故《南都賦》「楧」「柘」「檍」「檀」連言，可知「柍，梅」非果類矣。《要術》引郭此注「英梅未聞」，然則今注「雀梅」非郭語也。

楥，柜桏。未詳。或曰「桏」當爲「柳」，柜桏〔一〕似柳，皮可以煮作飲。

《說文》：「桏，欆椐木也。」段氏注云：「欆、楥形似，椐、柜聲同，欆疑楥之譌也。」郭引或説「桏當爲柳」者，馬融《廣成頌》云：「柜柳楓楊。」《玉篇》《廣韵》竝云：「桏，柜柳。」《釋文》：「柜，郭音舉。」然則柜柳即櫸柳也。《本草》陶注：「櫸樹山中處處有之，皮似檀槐，葉似櫟槲，人多識之。」今按：櫸柳多生谿澗水側，其葉方柳爲短，比槐差長，其材擁腫，不中器用。郭云「皮可煮作飲」者，陶注：「夏月作飲去熱。」是也。南方採茗，人多雜取其葉爲甜茶，北方無作飲者。俗呼之「平楊柳」，或謂之「鬼柳」，「鬼」「柜」聲相轉也。「楥柳」聲轉爲「楊柳」，「柜柳」又轉爲「杞柳」。趙岐《孟子》注：「杞柳，柜柳也。」

栩，杼。柞樹。

〔一〕桏，原誤「柳」，楊胡本、《經解》本同，據《爾雅》宋刊十行本改。

《説文》：「柔，栩也。」「栩，柔也。其實阜。一曰樣。」即「橡」字。宋《嘉祐本草》引孫炎云：「栩，一名杼。」《詩》：「集于苞栩。」陸璣《疏》云：「今柞櫟也。徐州人謂櫟爲杼，或謂之爲栩。其子爲阜，或言阜斗。其殼爲汁，可以染阜。今京洛及河内多言杼汁，謂櫟爲杼，五方通語也。」「杼」或作「芧」。《莊子·齊物論》云：「狙公賦芧。」司馬彪注：「芧，橡子也。」「橡」通作「象」。鄭注《掌染草》云：「藍蒨，象斗之屬。」又謂之「阜物」。鄭衆注《大司徒》云：「阜物，柞栗之屬。」是也。今柞樹花葉俱似栗，四五月開花，黄色，實圓鋭，磨粉及烝食可禦饑年，嫩葉可代茗飲。其木衺理，故匠石以爲不材之木，而作薪炭，則它木皆不及也。「杼」又名「采」。《史記·李斯傳》云：「采椽不斲。」徐廣注：「采，一名櫟。」《漢書·司馬相如傳》應劭注：「櫟，采木也。」高誘《淮南·本經》篇注：「杼，采實也。」「采」「杼」雙聲，「栩」「杼」疊韵。

蒢〔一〕，茎著。《釋草》已有此名，疑誤重出。

《釋文》：「蒢，本今作味。」引舍人本「茎著」作「柢都」，樊本作「屠」，是樊光、舍人俱

〔一〕蒢，《爾雅》宋刊十行本作「味」。

不以爲「菋，荎藸」之重文。又「菋」音亡戒反，《周禮·序官》「韎師」注：「杜子春讀韎爲『菋荎著』之『菋』。」是菋既異讀，師説當復不同。《齊民要術》十引《皇覽冢記》：「孔子冢塋中樹有柞、枌、雒離、女貞、五味、臯檀之屬。」然則木中亦有「五味」，不獨草矣。翟氏《補郭》引《啟蒙記》：「如何之樹，隨刀改味。」雖未必即《爾雅》所指，然亦可見木類之中亦有諸味具者，郭疑重出，似未然耳。

蘦，荎。今之刺榆。

《釋文》：「蘦，烏侯反。」引《詩》云：「山有蘦。」「本或作藲，同。」《隸釋》載石經《魯詩》作「藲」。郭云「今刺榆」者，《説文》：「樞，山枌榆，有朿。」《廣雅》云：「柘榆，梗榆也。」《方言》云：「凡草木刺人者，自關而東或謂之梗。」郭注：「梗，今之梗榆也。」是梗榆即刺榆。《廣雅》又云：「茎，刺也。」「茎」與「荎」聲義同，荎之爲言猶刺也。邢疏引陸璣《疏》云：「其針刺如柘，其葉如榆，瀹爲茹，美滑如白榆。榆之類，數十種，葉皆相似，皮及木理異矣。」按：刺榆即今山榆，葉小於常榆，刺皆如柘刺。《齊民要術》云：「刺榆木甚牢肕，可以爲犢車材。」

杜，甘棠。今之杜棃。

《詩》：「蔽芾甘棠。」《説文》、毛傳俱用《爾雅》。杜與棠有甜酢之分，今通謂之「杜棃」。其樹如棃，葉似蒼朮而大，二月開華，白色，結實如小楝子，霜後可食。棠，一名楟。《廣雅》云：「楟，棃也。」《漢書・司馬相如傳》云：「亭柰厚朴。」張揖注：「亭，山棃也。」「亭」，《史記》作「楟」。《初學記》引《序志》云：「上黨楟棃小而甘。」或云：「孝子尹伯奇采楟花以爲食。」楟花即棠棃花，「楟」「棠」一聲之轉也。

狄，臧槔。貢綦。皆未詳。

《釋文》：「槔，舍人本作[一]皋，樊本作⿰木咎。」《説文》：「⿰木咎，木也。」《廣雅》云：「株，⿰木咎也。」《玉篇》云：「⿰木狄，臧槔也。」《爾雅補郭》引《集韵》云：「⿰木咎，柏也。」

朹，繫梅。朹樹狀似梅，子如指頭，赤色，似小柰[二]，可食。

[一] 本作，原誤「作本」，楊胡本同，據《經解》本乙正。

[二] 柰，《爾雅》宋刊十行本作「㮈」。

《唐本草》：「赤爪木，一名鼠樝，一名羊梂。」宋《圖經》又名「棠梂」。皆山樝也。「梂」與「朹」同。今山樝有二種。小者高數尺，繁枝柯葉，鋭而多岐，其華白，核若牽牛子。大者高丈許，華葉俱同，有有刺者實大，經霜乃赤，謂之「棠梂子」。其小者今呼「山樝」也。《齊民要術》引《廣志》曰：「朹木易長，多種之爲薪，又以肥田。」《釋文》：「槃，樊本作槅，工厄反。」按：《廣韵·十二齊》云：「槃，苦奚切。」引《爾雅》則讀若「期」。「朹」，古音如「雞」，「梅」如「迷」，然則「朹」「槃」雙聲，又與「梅」疊韵也。

朻者，聊。未詳。

阮雲臺師曰：「朻即梂也，『梂』即『椒椴醜菉』之『菉』。」《爾雅》此條以專爲《唐風·椒聊》而釋，毛、鄭皆知。故傳云：「椒聊，椒也。」「也」上必脱「梂」字。箋云：「一梂之實。」意即承傳而述言之，緣傳已專訓，不必再爲「聊，梂也」之訓矣。

魄，榽橀。魄，大木，細葉，似檀。今江東多有之。齊人諺曰：「上山斫檀，榽橀先殫。」

《釋文》：「橀，本亦作醯。」按：「榽」音同「傒」。《方言》六云：「傒、醯，危也。」此皆疊韵之字，取聲不取義，竝無正文也。魄即今白木也，今京西諸山有之，其木皮白，材理細密，作炭甚堅，謂之「白木」，「白」「魄」聲同也。陸璣《詩疏》云：「檀木皮正青滑澤，與繫迷相似，又似駁馬。駁馬，梓榆。故里語曰：『斫檀不諦得繫迷，繫迷尚可得駁馬。』繫迷，一名挈橀。故齊人諺曰：『上山斫檀，挈橀先殫。』」是挈橀即榽橀。又云：「駁馬，梓榆也。其樹皮青白駁犖，遥視似駁馬，故謂之駁馬。」此即陸《疏》「檀也」「繫迷也」「梓榆也」，三木皆相似，故伐者疑焉。「繫迷」，一作「繄彌」。《齊民要術》引《廣志》曰：「繄彌樹，子赤如楔棗，可食。」又作「莢迷」。《唐本草》注：「莢迷子，兩兩相對，色赤，味甘。」是皆「榽橀」之異名也。「榽橀」「莢繄」「挈繄」「迷彌」竝雙聲及疊韵叚借字也。

梫，木桂。今江東〔一〕呼桂厚皮者爲「木桂」。桂樹葉似枇杷而大，白華，華而不著子，叢生巖嶺，枝葉冬夏常青，閒無雜木。

《説文》：「梫，桂也。」「桂，江南木，百藥之長。」《王會》篇云：「自深桂。」孔晁注：「自深亦南蠻也。」《楚辭·遠游》篇云：「嘉南州之炎德兮，麗桂樹之冬榮。」是桂爲江南

〔一〕江東，《爾雅》宋刊十行本作「南人」。

木也。郭以皮厚者爲木桂。《本〔一〕草》作「牡桂」，「牡」「木」音相近也。《南方草木狀》云：「桂生合浦、交阯，生必高山之巔，冬夏常青，其類自爲林，更無雜樹。有三種，皮赤者爲丹桂，葉如柿者爲菌桂，葉似枇杷者爲牡桂。」《雷公炮炙論》云：「桂釘木根，其木即死。」故《呂覽》云：「桂枝之下，無雜木也。」《南山經》云：「招摇之山多桂樹。」郭注與此注大意同。《蜀都賦》云：「其樹則有木蘭梫桂。」《類聚》八十九引郭氏《讚》云：「桂生南裔，拔萃岑嶺。廣莫熙葩，凌霜津穎。氣王百藥，森然雲挺。」

棆，無疵。棆，楩屬，似豫章。

《説文》：「棆，毋杶也。从侖聲，讀若《易》卦屯。」按：此則「棆」「杶」雙聲兼疊韵。「毋」與「無」古字通。《釋〔二〕文》「疵」，《字書》作㮰〔三〕」，《玉篇》《廣韵》竝作「㭰」，是無正文，疑與「杶」形近而誤也。郭云「楩屬，似豫章」者，《子虛賦》云：「楩柟豫章。」《集注》：「楩即今黄楩木也。」《西山經》云：「庪陽之山，其木多櫻、柟、豫章。」郭注：「豫

〔一〕本，原誤「木」，楊胡本同，據《經解》本改。
〔二〕釋，原誤「説」，楊胡本同，據上下文意改。《爾雅郝注刊誤》亦作「釋」。
〔三〕㮰，楊胡本同，據上下文意當作「榌」。《爾雅郝注刊誤》亦作「榌」。

章，大木，似楸，葉冬夏青。」服虔《子虛賦》注：「豫章生七年迺可知也。」

椐，樻。腫節可爲杖。

「椐」「樻」亦雙聲也。《説文》「椐」「樻」互訓。《釋文》引樊、孫竝云：「椐樻腫節可作杖。」《毛詩草木疏》云：「節中腫似扶老，即今靈壽是也。今人以爲馬鞭及杖，弘農共北山甚〔一〕有之。」《漢書·孔光傳》云：「賜太師靈壽杖。」孟康注：「扶老杖也。」顔師古注：「木似竹，有枝節，長不過八九尺，圍三四寸，自然有合杖制，不須削治也。」陳藏器《本草》云：「生劒南山谷，圓長，皮紫。」

檉，河柳。今河旁赤莖小楊。旄，澤柳。生澤中者。楊，蒲柳。可以爲箭。《左傳》所謂「董澤之蒲」。

《夏小正》：「正月柳稊，三月蓌楊。」是本二物。今亦判然兩種，故《書》《雅》《記》則皆通名。故《説文》云：「柳，小楊也。」《詩》言「楊柳依依」，「有菀者柳」，「東門之楊」，皆

〔一〕甚，原誤「皆」，楊胡本、《經解》本同，據《十三經注疏》本《毛詩正義》引陸璣《疏》改。

一物耳。《爾雅》「檉」「旄」「楊」通謂之「柳」，「蒲柳」又謂之「楊」，是皆通名矣。

《詩》：「其檉其椐。」《説文》、毛傳俱本《爾雅》。《詩》正義引某氏云：「河柳，謂河傍赤莖小楊也。」陸璣《疏》云：「生河旁，皮正赤如絳，一名雨師，枝葉似松。」《廣雅》：「雨師、檉，樻也。」《爾雅翼》云：「天之將雨，檉先知之，起氣以應。」今驗天將雨，檉先華，羅願此語不虛也。又謂之「朱楊」。《子虛賦》云：「檗離朱楊。」《史記》索隱引郭注：「赤莖柳，生水邊也。」又謂之「三春柳」，言一歲三華也。華色紅白，細蘂蓬茸，今滄州文安彌望如莽，條肆鬖鬖，紅翠相鮮。檉之爲言赬也，樹皮赬赤，故被斯名矣。

「旄」與「冬桃」同名。《説文》作「楙，冬桃。讀若髦」。按：柳、桃葉相似，髦旄象毛髮下垂，今之垂絲柳，枝葉阿儺，如將委地，尤宜近水，郭云「生澤中」也。今東齊人或謂之「麻柳」。「麻」「旄」聲相轉。

《説文》：「楊，木也。」《類聚》《初學記》《御覽》俱引《説文》作「楊，蒲柳也」，蓋今本缺脱之。《詩》：「不流束蒲。」鄭箋：「蒲，蒲柳。」陸璣《疏》云：「蒲柳有兩種。皮正青者曰小楊。其一種皮紅者曰大楊。其葉皆長廣似柳葉，皆可以爲箭幹，故《春秋傳》曰：『董澤之蒲，可勝既乎？』今又以爲箕罐之楊也。」按：「楊」，《唐本草》謂之「水楊」，云：「葉圓闊而尖，枝條短硬，與柳全別，柳葉狹長，枝條長軟。」唐本所説，即今所謂

「楊」也，人多插壓河邊，抽作長條，輕脃易斷。至若陸璣所説，即今「柳條」，插壓其枝，不令成樹，其葉長大，其條柔韌，可作簸箕者也。《水經·河水》「過楊虚縣」，注引《三齊略記》曰：「鬲城東南有蒲臺，秦始皇東遊海上，於臺下蟠蒲繫馬，至今每歲蒲生縈委，若有繫狀，似水楊，可以爲箭。」即此所謂「蒲柳」是矣。《詩》釋文引孫毓以蒲與戍許相協，是「蒲柳」之「蒲」當讀作「浦」，段氏遂欲改「蒲」爲「浦」，悉非。

權，黄英。輔，小木。權、輔皆未詳。

《説文》：「權，黄華木。」「英」字解云：「一曰黄英。」是《説文》於《爾雅》「權，黄英」作「華」；於《釋草》之「權，黄華」作「英」也。《玉篇》亦云：「黄英木。」蓋「英」「華」散文通名矣。翟氏《補郭》引《宋書·符瑞志》云：「花葉謂之英。」以「葉」爲英，非《雅》義也。

邵氏《正義》引《詩·山有扶蘇》傳云：「扶蘇，扶胥，小木。」輔爲扶胥之合聲。段氏《説文》注：「扶，扶疏四布也。」疏，通作胥，亦作蘇。」引《詩》傳謂：「木上本無小字。」今按：以扶胥爲小木，此於雅訓無文，而「輔」又不可謂即「扶胥」也。「扶胥」雖可通「扶疏」，而「扶疏」又不可謂即木名也。蒙意未安，當在闕疑。

杜，赤棠，白者棠。棠色異，異其名。

《説文》：「牡曰棠，牝曰杜。」此言「赤」「白」，許言「牝」「牡」，所未詳。《詩》：「有杕之杜。」傳：「杜，赤棠也。」陸璣《疏》云：「赤棠與白棠同耳，但子有赤白美惡。子白色爲白棠，甘棠也，少酢滑美；赤棠子澀而酢，無味，俗語云澀如杜是也。赤棠木理韌，亦可以作弓榦。」《詩》正義引樊光云：「赤者爲杜，白者爲棠。」舍人曰：「杜赤色名赤棠，白者亦名棠。」《六書故》引作「白者爲棠，赤者爲杜，爲甘棠，爲赤棠」。按：上云「杜，甘棠」，此云「赤棠」，蓋「杜」實兼二名，今亦通名「杜梨」也。《西山經》云：「中皇之山，其下多蕙棠。」郭注：「彤棠之屬。」，彤即赤矣。

諸慮，山櫐。今江東呼櫐爲「藤」，似葛而麤大。欇，虎櫐。今虎豆。纏蔓林樹而生，莢有毛刺。今江東呼爲「欕欇」，音〔一〕「涉」。

「諸」「慮」疊韵，與《釋蟲》之「奚相」同名。《説文》：「藟，艸也。」引《詩》：「莫莫葛藟。」又云：「虆，木也。」《繫傳》云：「《本草》謂嬰奥爲千歲虆，即今人言萬歲藤。大者

〔一〕音，原誤「者」，據《爾雅》宋刊十行本、楊胡本、《經解》本改。

如盎，又冬不彫，故從木。其形蔓似草，故從艸。在草木之閒也。」《廣雅》云：「藟，藤也。」《玉篇》云：「今總呼草蔓延如藟者爲藤。」是「藤」、「藟」皆兼草木二種，《爾雅》所釋則皆木也。《齊民要術》引《詩義疏》曰：「櫐，巨荒也，似燕薁，連蔓生，葉似艾，此二字據《詩》釋文補。白色，子赤可食，酢而不美，幽州謂之椎櫐。」又曰：「櫻薁，實大如龍眼，黑色，今車鞅藤實是。」然則陸以車鞅藤爲蘡薁。蘡薁似櫐，即今之山蒲桃，葉小如蒲桃而肥澤，其子亦如蒲桃可食，生於山陂之閒，故有「山櫐」之名矣。

虎櫐即今紫藤，其華紫色，作穗垂垂，人家以飾庭院。謂之虎櫐者，其莢中子色斑然，如貍首文也。《大觀本草》云：「江東呼爲招豆藤。」郭云「虎豆」者，《古今注》云：「虎豆，似貍豆而大。」《中山經》云：「卑山，其上多虆。」郭注：「今虎豆，貍豆之屬。」「虆」一名「縢」。「縢」與「藤」，「虆」與「櫐」，竝古字通也。云「江東呼⿰木巤欇」者，謝靈運《山居賦》云：「獵涉蘡薁。」自注云：「獵涉字出《爾雅》。」是獵涉即⿰木巤欇，皆音同叚借字也。

杞，枸檵。今枸杞也。

《說文》「檵」「杞」竝云：「枸杞也。」《廣雅》：「⿰木苟乳，苦杞也。」又云：「地筋，枸杞也。」「枸」「⿰木苟」同。又作「苟」。《南山經》云：「虖勺之山，其下多荆杞。」郭注：「杞，苟杞也。」又作「句」。《左傳·昭十二年傳》云：「我有圃生之杞乎？」《正義》引舍人曰：「句杞也。」《禮·表記》：「豐水有芑。」注：「芑，枸檵也。」《正義》引孫炎云：「即今枸芑。」《本草》「一名枸忌」，《御覽》引《吴普》「一名枸己」。《詩》釋文：「枸，本作苟。」《左傳》釋文：「枸，又作狗。」按：今人通呼「狗嬭子」，「狗」「苟」「句」，「忌」「己」「芑」，俱聲同叚借字也。《大觀本草》引陸璣《疏》云：「一名苦杞，一名地骨。春生作羹茹微苦，其莖似莓子，秋熟正赤，莖葉及子服之輕身益氣耳。」蘇頌《圖經》云：「春生苗，葉如石榴葉而軟薄，堪食，俗呼爲甜菜，其莖榦高三五尺，作叢，六七月生小紅紫花，隨便結紅實，形微長如棗核，其根名地骨。」《吴普本草》「一名羊乳」，蓋以其子形似也。

杬，魚毒。杬，大木，子似栗，生南方，皮厚，汁赤，中藏卵果。

《説文》：「芫，魚毒也。」《本草》：「芫，華。」《別録》：「一名毒魚，一名杜芫。其根名蜀桑，可用毒魚。」按：此即今芫條，苗高二三尺，其華紫色，葉如柳葉而小，擣其汁以毒魚則死。然則芫乃草屬，不知何故列於《釋木》。既改从木旁「杬」，且云「中藏卵果」，而又空冒「魚毒」之名，皆所未曉。郭云：「杬，大木，生南方」，即《吴都賦》云「緜杬杶櫨」是也。劉逵注引《異物志》云：「杬，大樹也。其皮厚，味近苦澀，剥乾之正赤，煎訖以藏衆果，使不爛敗，以增其味，豫章有之。」《臨海異物志》云：「杬味似楮，用其皮汁和鹽漬鴨子。」《齊民要術》「作杬子法」，本此。《輟耕録》云：「今人以米湯和入鹽草灰以團鴨卵，謂曰鹹杬子。」《要術》又云：「無杬皮者，用虎杖根。」虎杖似紅草，然則用杬皮亦取其紅色耳。今北方無杬汁，以柞木灰代之，取竹柏枝煑汁漬鴨卵，卵中遂作竹柏形，宛然似真，謂之「變卵」矣。

椴，大椒。今椒樹，叢生，實大者名「椴」。

「椒」，《説文》作「茮」，云：「茮，莍。」《詩》：「貽我握椒。」傳云：「椒，芬香也。」「椒聊之實」，傳云：「椒，聊椒也。」陸璣《疏》云：「椒樹似茱萸，有針刺，葉堅而滑澤。蜀人作茶，吴人作茗，皆合煑其葉以爲香。今成臯諸山閒有椒，謂之竹葉椒。其樹亦如蜀椒，少毒熱，不中和藥也，可著飲食中，又用烝雞豚最佳香。東海諸島亦有椒樹，枝葉皆相似，子長而不圓，甚香，其味似橘皮。島上獐、鹿食此椒葉，其肉自然作椒橘香。」《本草》「秦椒」「蜀椒」竝居中品。《别録》：「蜀椒，一名巴椒，一名蓎藙，口閉者殺人。」陶注「秦椒」云：「今從西來，形似椒而大，色黄黑，味亦頗有椒氣，或呼爲大椒。」《類聚》八十九引《范子計然》曰：「蜀椒出武都，赤色者善；秦椒出天水、隴西，細者善。」然則秦椒大於蜀椒，《爾雅》之「椴，大椒」即秦椒矣。秦椒，今之花椒，本産於秦，今處處有，人家種之，《齊民要術》有《種椒》篇是也。其子落自生者爲「狗椒」「豬椒」，《本草》謂之「蔓椒」，不堪食，人皆拔去之。椒辛熱有毒，《急就篇》與「附子」「芫華」竝列，其毒可知。舊說中其毒者，涼水麻仁漿解之。《中山經》云：「琴鼓之山，其木多穀、柞、椒、柘。」郭注：「椒爲樹，小而叢生，下有草木則蘊死。」

楰，鼠梓。楸屬也。今江東有虎梓。

《詩》：「北山有楰。」毛傳、《說文》俱用《爾雅》。《正義》引李巡曰：「鼠梓，一名楰。」陸璣《疏》云：「其樹葉木理如楸，山楸之異者，今人謂之苦楸。」按：陸云「山楸之異者」，異於上文「槄，山榎」也。今一種楸，大葉如桐葉而黑，山中人謂之「櫝楸」，即郭所云「虎梓」。

楓，欇欇。楓樹似白楊，葉圓〔一〕而岐，有脂而香，今之「楓香」是。

《說文》：「楓，木也。厚葉，弱枝善搖。一名欇。」不作重文。又云：「欇，木葉搖白

〔一〕圓，《爾雅》宋刊十行本作「員」。

也。」是木葉摇通謂之「聶」。楓尤善摇，故獨曰「聶聶」也。《繫傳》引《山海經》：「黄帝殺蚩尤，棄其桎梏爲楓木。」《大荒南經》文也。又云：「其上瘤遇風雨則長曰楓人。」《南方草木狀》有其説也。《史記·司馬相如傳》索隱引舍人曰：「楓爲樹，厚葉，弱莖，大風則鳴，故曰楓。」《御覽》十一引孫炎曰：「欇欇生江上，有寄生枝，高三四丈，《廣韻》作「尺」。生毛，一名楓子，天旱以泥泥之即雨。」《廣韻》引同。又云：「楓脂入地千年化爲虎魄。」《大觀本草》引《草木〔一〕狀》曰：「楓香樹子大如鴨卵，二月花發乃連著實，八九月熟，曝乾可燒，惟九真郡有之。」按：今北方楓樹小，亦無脂香，霜後紅葉可觀耳。

寓木，宛童。寄生樹，一名「蔦」。

寓猶寄也，寄寓木上，故謂之「蔦」。蔦猶鳥也，其狀宛宛童童，故曰「宛童」。《詩》：「蔦與女蘿。」傳：「蔦，寄生也。」《説文》「蔦」或作「樢」。陸璣《疏》云：「蔦，一名寄生，葉似當盧，子如覆盆，子赤黑甜美。」《本草》云：「桑上寄生，一名寄屑，一名寓木，一名宛童。」陶注：「生樹枝間，寄根在皮節之内，葉圓青赤，厚澤易折，旁自生枝節，冬

〔一〕木，原誤「本」，楊胡本同，據《經解》本改。

夏生，四月花，五月實，赤大如小豆。」今按：子汁甚黏，枝葉通瑩如樹木上著冰，同榦異條，自成叢茂。雖名寄公，獨標高異，亦猶兔絲、女蘿附物而不易其操，故詩人並致諷詠焉。又陶注「占斯」引李當之云：「是樟樹上寄生。」然則寄生之樹，羣木多有。今驗楓、柳、櫟、樗，隨柯堪寓，奚必桑、樟二樹獨擅斯名矣？東方朔云：「著樹爲寄生。」明凡樹皆有也。《中山經》云：「龍山上多寓木。」郭注云：「見《爾雅》。」

無〔一〕姑，其實夷。無姑，姑榆也。生山中。葉圓〔二〕而厚，剝取皮合漬之，其味辛香，所謂「無夷」。

《釋文》：「夷，舍人本作桋。」《說文》：「梗，山枌榆。有朿，莢可爲蕪荑者。」是梗即刺榆，上文「藲，荎」是也。爲蕪荑必用山榆莢，故《廣雅》云：「山榆，毋估也。」毋估即無姑。又作「无枯」。《易》：「枯楊生荑。」《釋文》引鄭注：「枯，謂无姑，山榆。荑，木更生，謂山榆之實。」《御覽》九百五十六引《爾雅》「無姑」作「無枯」，與鄭義同。《秋官·壺涿氏》以牡橭午貫象齒。杜子春注：「橭讀爲枯。枯，榆木名。」是牡橭即無姑，此皆聲

〔一〕無，《爾雅》宋刊十行本作「无」。此條郭注同。
〔二〕圓，《爾雅》宋刊十行本作「員」。

同之字，故經典俱通矣。郭云「姑榆也」者，《類聚》八十八引《廣志》云：「有枯榆，有郎榆，郎榆無莢，材又任車用。」枯榆即姑榆也。朗榆亦即郎榆也。《左氏・莊四年傳》：「樠木之下。」《正義》云：「木有似榆者，俗呼爲朗榆。」《春秋繁露・郊語》篇云：「蕪夷生於燕，橘柚死於荆。」此言物性之相感也。《急就篇》云：「蕪荑鹽豉醯酢醬。」《本草》云：「蕪荑，一名無姑，主去三蟲。」陶注：「今惟出高麗，狀如榆莢，氣臭如犼，彼人皆以作醬食之，性殺蟲，置物中亦辟蛀，但患其臭。」然則陶言「氣臭」，郭言「辛香」，明知此有二種。又《説文》云：「䤖醶，榆醬也。」蓋䤖醶用家榆莢〔一〕，蕪荑用山榆莢，所以不同。郭注「莢圓」，「莢」字，《急就篇》注引作「莢」字，是。

櫟，其實梂。有梂彙自裹。

櫟即柞也，與「栩」「杼」皆一物。《説文》：「梂，櫟實。」樣，音「橡」。栩實。草同「皁」。草斗，櫟實也。一曰象斗子。」《詩》：「山有苞櫟。」陸璣《疏》云：「秦人謂柞櫟爲櫟，河内人謂木蓼爲櫟，椒樧之屬也。其子房生爲梂，木蓼子亦房生，故説者或曰柞櫟，或曰

〔一〕莢，原誤「人」，楊胡本同，據《經解》本改。

木蓼。」璣以爲此秦《詩》也，宜從其方土之言柞櫟，是也。按《水經·河水注》引周處《風土記》云：「舜所耕田於山下多柞樹。」吴越之閒名「柞」爲「歷」，「歷」與「櫟」同，是「柞櫟」之名不獨秦人語然也。《淮南·時則》篇云：「十二月其樹櫟。」高誘注：「櫟可以爲車轂。木不出火，惟櫟爲然，以應除氣也。」高注非是。今種櫟正以十二月，蓋應生氣非除氣也。今東齊人通謂「櫟」爲「柞」，或曰「樸樕」，亦曰「樽欏」，皆「苞櫟」之聲相轉耳。《釋文》引舍人云：「櫟實名梂也。」孫云：「櫟實，橡也。有梂彙自裹。」郭同。今按：梂之爲言猶裒溲也。《釋名·釋牀帳》云：「裒溲，猶婁「窶」同。數，毛相離之言也。」櫟實外有裹橐，形如彙毛，狀類毬子。下云「椒，椴醜」，「菉」「菉」「梂」聲義亦同。

檖，羅。今楊檖也。實似梨而小，酢可食。

《詩》：「隰有樹檖。」《説文》作「椽，羅也」。毛傳：「檖，赤羅也。」陸璣《疏》云：「檖，一名赤羅，一名山梨，今人謂之楊檖，實如梨但小耳。一名鹿梨，一名鼠梨，今人亦種之，極有脆美者，亦如梨之美者。」按：今一種小梨圓而赤，極脆美，濟南有之，謂之「梨果」，即赤羅也。

楔，荆桃。今櫻桃。

《月令》：「羞以含桃。」鄭注：「含桃，櫻桃也。」孔疏云：「《月令》諸月無薦果之文，此獨羞含桃者，以此果先成，異於餘物，故特記之，其實諸果於時薦。」今按：漢世薦果本於此，古所未有，孔疏亦非通論。《蜀都賦》云：「朱櫻春熟。」今櫻桃皆夏熟，故於其熟而薦焉，非可爲典要也。《月令》釋文：「含，本作函。」高誘注《吕覽·仲夏紀》及《淮南·時則》篇竝云：「含桃，鸎桃也。鸎鳥所含，故言含桃。」此説非也。「含」與「函」，「鸎」與「櫻」，俱聲同叚借之字，高注未免望文生訓矣。《西京雜記》説上林苑有櫻桃、含桃，以爲二物，亦非也。《類聚》引《廣志》云：「櫻桃有大八分者，白色多肌者，凡三種。」又引《吴氏本草》云：「一名朱桃，一名麥英。」《齊民要術》引《博物志》：「一名英桃。」「英」「櫻」亦叚借也。古無「櫻」字，故「英」與「鸎」俱可通借。「楔」，古黠〔一〕反，今語聲轉爲家櫻桃，以别於山櫻桃，則謬矣。

旄，冬桃。子冬熟。榹桃，山桃。實如桃而小，不解核。

〔一〕黠，原誤「點」，楊胡本同。「楔」字之音，當以「黠」字反切，故改。《爾雅郝注刊誤》亦作「黠」。

「旄」，《説文》作「楙」，云：「冬桃。讀若髦。」《釋文》引《字林》亦作「楙」，然則「旄」，叚借也。《齊民要術》引《廣志》曰：「桃有冬桃、秋白桃。」《桂海虞衡志》云：「冬桃狀如棗，軟爛甘酸，冬月熟。」按：今冬桃有十一月熟者，形如常桃，青若膽。

山桃者，《北山經》云：「邊春之山多桃、李。」郭注：「山桃，榹桃，子小，不解核也。」《夏小正》：「正月，梅、杏、杝桃則華。杝桃，山桃也。」又「六月煮桃。桃也者，杝桃也。杝桃也者，山桃也。煮以爲豆實也」。「杝」與「榹」古音同。《御覽》引曹毗《魏都賦》注云：「山桃子如胡麻子。」又引裴淵《廣州記》云：「山桃大如檳榔，形亦似之，色黑而味甘酢。」李時珍云：「榹桃小而多毛，核黏味惡，其仁充滿多脂，而入藥用。」

休，無實李。一名「趙李」。 桽，椄慮李。今之「麥李」。 駁，赤李。子赤。

《釋文》：「休，又作林。」《本草別録》：「徐李生太山之陰，樹如李而小，其實青色無核，熟則采食之，輕身益氣延年。」按：此無核李也。《爾雅》所説則「無實李」，然郭云「趙李」，此云「徐李」，又疑同類，所未詳聞。

「桽」，《釋文》作「痤」，《玉篇》作「⿰木痤」，亦作「桽」，《廣韻·八戈》「桽」引《爾雅》作「座」，或從木。《初學記》引作「座，接慮李」。然則此無正文，今从雪窗本作「桽，椄慮李」。郭云「麥李」者，《本草》陶注：「李類甚多，京口有麥李，麥秀時熟，小而肥甜。」《類聚》引《廣志》曰：「麥李細小，有溝道。」蓋雲翔曰：「今麥李樹小而多刺，葉圓而長，面青背白，實似麥粒，細小有溝，生紫黑，熟赤甜，與麥同熟，山中有之。」

「駁」，《釋文》「亦作駮」。《齊民要術》引《廣志》曰：「赤李細小，有溝道。」《西京雜記》：「上林苑有朱李。」魏文帝《與吴質書》「沈朱李」即赤李也。

棗，壺棗。今江東呼棗大而鋭上者爲「壺」。壺猶瓠也。邊，要棗。子細腰，今謂之「鹿盧棗」。櫅，白棗。即今棗，子白熟。樲，酸棗。樹小，實酢。《孟子》曰：「養其樲棗。」楊徹，齊棗。未詳。遵，羊棗。實小而圓[一]，紫金[二]色。今俗呼之爲「羊矢棗」。《孟子》曰：「曾晳嗜羊棗。」洗，大棗。今河東猗氏縣出大棗，子如雞卵。煑，填棗。未詳。蹶泄，苦棗。子味苦。晳，無實棗。不著子者。還味，棯棗。還味，短味[三]。

〔一〕圓，《爾雅》宋刊十行本作「員」。
〔二〕金，《爾雅》宋刊十行本作「黑」。
〔三〕味，《爾雅》宋刊十行本作「苦」。

《說文》：「棗，羊棗也。」「羊」「棗」二字俱誤。「壺」與「瓠」古通用。《釋文》引孫云：「棗形上小下大，似瓠，故曰壺。」與郭義同。今棗形長有似瓠者，俗呼「馬棗」，或曰「唐棗」。

「鹿盧」與「轆轤」同，謂細腰也。《齊民要術》引《廣志》曰：「棗有細腰之名。」

白棗者，凡棗熟時赤，此獨白熟爲異。《初學記》引《廣志》云：「大白棗名曰蹷咨，小核多肌。」按：「蹷咨」之合聲爲「櫅」。「櫅」，子兮切，《說文》以爲木名，非此。

樲者，《說文》用《爾雅》。《孟子》云：「養其樲棗。」趙岐注：「樲棗，小棗，所謂酸棗也。」今《孟子》「棗」誤作「棘」，《爾雅》注宋本不誤，今從之。「樲」，一名「橪」。《說文》：「橪，酸小棗。」「橪」與「樲」亦聲相轉也。古有酸棗縣，故《水經·濟水注》引圈稱曰：「豫章以樹氏郡，酸棗以棘名邦。」

楊徹者，《釋文》：「徹，本或作𣚍。」《玉篇》：「徹，棗也。」翟氏《補郭》云：「齊地所産之棗，其方俗謂之楊徹。」唐盧照鄰詩「齊棗夜含霜」，「齊棗」與「戎葵」爲偶也。按：《說文》：「樸，棗也。」在「樲」「橪」二文閒，或即「楊徹」之異名，聊附於此。

羊棗者，小而圓，其味善，故曰「羊」。羊，善也。今人家亦種之，爲其早熟，味尤甜美，此即曾皙所嗜者也。郭云「紫黑色，俗呼羊矢棗」者，乃《上林賦》所謂「梬棗」。《說文》：「梬，棗，似柿。」即今「輭棗」，其樹葉實皆頗似柿。《齊民要術》所謂「可於根上插柹」者也，今人亦依其法。雖冒「棗」名，其實柹類，郭以此爲「羊棗」，恐誤。

洗者，《釋文》「屑典反」。《本草别録》：「大棗，一名美棗。」陶注云：「世傳河東猗氏縣棗特異，今青州出者，形大而核細，多膏甚甜。」猗氏今屬蒲州，是郭鄉里，故獨舉以爲言。《魏志》〔一〕·杜畿傳》注：「畿爲河東太守，劉勳嘗從畿求大棗。」即郭所謂大如雞卵者矣。又按：《白帖》以「洗犬」儷「遵羊」，又以「蹲鴟」對「洗犬」，「犬」「大」形淆，可知唐本「大」一作「犬」。《釋文》不收，陸德明蓋未見此本也。

煑塡棗者，須煑熟又鎮壓之，迮取其油。「鎮」與「塡」古字通也。《齊民要術》説「棗油法」引鄭氏曰：「棗油，擣棗實，和以塗繒上，燥而發之，形似油也，乃成之。」此所引鄭義，即古煑棗法也。今荷澤有煑棗城。《漢書·樊噲傳》云：「屠煑棗。」晉灼注：「清河有煑棗城。」《史記》蘇秦説魏襄王云：「大王之國，東有煑棗。」徐廣注：「在宛句。」「宛」當作「寃」。又《功臣表》有「煑棗侯」。張守節《正義》云：「煑棗城在信都縣，六國時於此煑棗油。」然則煑棗氏城亦猶酸棗名縣矣。

〔一〕志，原誤「注」，楊胡本同，據《經解》本改。

蹶洩者，今登萊人謂物之短尾者爲「蹶洩」，音若「厥雪」。棗形肥短，故以爲名。《釋文》：「蹶，居衛反。洩，息列反。」《初學記》引《廣志》曰：「有桂棗、夕棗之名。」然則「桂」「蹶」聲同，「夕」「洩」聲轉，疑桂夕即蹶洩矣。

晳者，「無實棗」名。《晏子春秋》所謂「東海有棗，華而不實」者也。今樂陵棗無核，非此。

還者，《說文》作「檈」，云：「檈味，棯棗。」《繫傳》引《爾雅》注：「還味，短苦也。」與今本異。

櫬，梧。今梧桐。

《說文》：「梧，梧桐木。一名櫬。」然則此云「櫬，梧」，下云「榮，桐」，蓋二物通名，《爾雅》或曰「梧」，或曰「桐」，互言之耳。今驗二樹，葉形相類，但皮色異。一種皮青碧而滑澤，今人謂之「青桐」，即此「櫬，梧」是也。一種皮白材中樂器，即下「榮，桐」是也。樹皆大葉濃陰，青桐尤爲妍美，人多種之，以飾庭院。四月開小黄華，結莢亦黄，至秋莢裂作槖鄂如小瓢，其子纍纍綴瓢閒，可煼食之，其味腴美，醫家作丸如桐子大，正謂此也。《文選·風賦》注引《莊子》曰：「桐乳致巢。」司馬彪注：「桐子似乳。」是矣。梧桐亦單言「梧」，《孟子》云：「舍其梧檟。」亦單言「桐」，《詩》云：「其桐其椅。」是也。棺謂之櫬，古者以桐爲棺，因而「桐」亦名「櫬」。《本草》陶注以白者爲梧桐，無子者爲青桐，失之。《齊民要術》説之極明，又引郭注「今梧桐」下有「皮青者」三字，今脱去之。

樸，枹者。 樸屬，叢生者爲枹。《詩》所謂「棫樸」「枹櫟」。

樸猶薄也，薄謂相迫近也。枹即苞也，苞稹相叢緻也。《方言》云：「樸，聚也。」郭注：「樸屬。藂，相著貌。」《考工記》注：「樸屬。附著堅固貌。」《詩・棫樸》傳：「樸，枹木也。」《正義》引孫炎曰：「樸屬。叢生謂之枹。」郭義亦同。又《詩》：「山有苞櫟。」郭引作「枹櫟」，「苞」與「枹」古字通，「樸」「枹」音相轉也。枹櫟即柞櫟，方俗亦名爲「槲」，其小而叢生者爲枹也。今棲霞、福山人呼「柞櫟」爲「樸櫨」，聲轉呼爲「薄羅」。沂州人名「槲不落」，以其葉冬不凋，然「不落」亦即「薄羅」語聲之轉也。又沂州、日照、棲霞，俱饒薄羅，既收山繭之利，野人兼可樵採爲薪。然則《爾雅》此條與下相屬，蓋言樸枹及櫬梧皆堪採取爲薪。樸枹即薄羅矣。

謂櫬，采薪。采薪，即薪。 指解今樵薪。

《釋文》：「謂，舍人本作彙。」按：李、孫亦作「彙」。故《釋文》云：「舍人引上句

『櫬，梧』來合在此句，以謂字作𣗥，釋云：櫬梧者，樸樕者，櫬者，其理也；樸者，相迫附也；𣗥者，莖也，如竹箭。一讀曰枹也。櫬名采薪，又名即薪。樊引《詩》云：『「薪是穫薪」，荆州曰柞木、采木，詩人不曉薪意，言薪謂身即薪伐之也。』李云：『采薪，一名𣗥櫬，言即薪，謂二薪也。』孫引《詩》云：『薪是穫薪。薪，一名𣗥櫬。』郭云：『指解今樵薪。』今依郭氏説。」然則四家説義略同，惟郭「謂」不作「𣗥」，故云「依郭説」也。鄭注《易》「𣗥征」，「𣗥」作「胃」，舍人等「謂」作「𣗥」，竝古字通。

棪，槤其。棪實似柰，赤可食。

《説文》：「棪，遬其也。讀若『三年導服』之『導』。」按：「導」與「禫」古字通，見鄭注《喪大記》。然則「棪」讀爲「禫」，《釋文》音「餘念反」，非古音矣。《齊民要術》引《異物志》曰：「梓棪材貞勁，堪作船，其實類棗。」曹毗《魏都賦》云：「果則谷棪山椁。」《南山經》云：「堂庭之山多棪木。」

劉，劉杙。劉子生山中，實如梨，酢甜，核堅。出交趾。

或疑《説文》無「劉」字，然「杙」云：「劉，劉杙。」又偏旁多有之，徐鍇以「鎦」爲劉，非矣。《南方草木狀》云：「劉樹子大如李實，三月花色仍連著，實七八月熟，其色黃，其味酢，煑蜜藏之，仍甘好。」《吴都賦》云：「棎榴禦霜。」劉逵注：「榴子出山中，實如棃，核堅，味酸美，交趾獻之。」是榴即劉也。或以爲安石榴，非。《廣雅》云：「楉榴、石榴，柰也。」《初學記》引《埤蒼》云：「石榴，柰屬。」則與此異。

櫰，槐大葉而黑。槐樹葉大色黑者名爲「櫰」。守宮槐，葉晝聶宵炕。槐葉晝日聶合而夜炕布者，名爲「守宮槐」。

《秋官》：「朝士面三槐。」注：「槐之言懷也。」《類聚》引《莊子》曰：「槐之生也，入季春五日而兔目，十日而鼠耳。」槐皆細葉繁陰，一種葉大而黑者，別名「櫰」也。《西山經》云：「中曲之山有木焉，其狀如棠，而圓葉赤實，實大如木瓜，名曰櫰。」郭氏無注。《漢書·西域傳》：「罽賓國奇木有櫰。」《集注》以爲「槐類，葉大而黑」，即本此爲説也。《釋文》：「炕，樊本作抗。」《初學記》引孫炎曰：「聶，合。炕，張也。」又引郭注：「炕，布也。」下云：「江東有樹，與此相反，俗因名爲合昏，既晝夜各一，其理等耳。」此二十三字蓋本注文，今脱去之。《御覽》引晉儒林祭酒杜行齊説：「在朗陵縣南有一樹似槐，葉晝聚合相著，夜則舒布而守宫也。江東有樹與此相反。」《類聚》亦引此二句，誤作正文，益知必注文矣。

槐，小葉曰榎。「槐」當爲楸。楸細葉者爲榎。大而皵，楸。老乃皮麤皵者爲楸。小而皵，榎。小而皮麤皵者爲榎。《左傳》曰：「使擇美榎。」

《説文》：「楸，梓也。」「檟，楸也。」引《春秋傳》曰：「樹六檟於蒲圃。」《襄四年傳》文。「榎」與「檟」同，字之或體。楸，檟同物異名，小葉者名「檟」，即知大葉者名「楸」，今則通名小葉爲「楸」，大葉如桐葉者爲檟楸矣。「楸」借作「萩」。《左・襄十八年傳》：「伐雍門之萩。」《史記・貨殖傳》：「河濟之閒，千樹萩，其人與千户侯等。」皆以「萩」爲楸也。云「大而皵」「小而皵」者，《左・襄二年》正義引樊光云：「大，老也。皵，棤皮也。皮老而麄棤者爲楸。小，少也。少而麤棤者爲檟。」《爾雅》釋文引孫、郭云：「老乃皮麤皵者爲楸。」是郭與孫同。今亦二種通名「楸」矣。

椅，梓。即「楸」。

《説文》：「椅，梓也。」又云：「賈侍中説檹即椅，木可作琴。」是「檹」「椅」同。

《詩》：「椅桐梓漆。」傳云：「椅，梓屬。」似爲二物。實則楸也，檟也，椅也，梓也，皆同類而異名。故《詩》正義引舍人曰：「梓，一名椅。」郭云：「即楸也。」陸璣云：「楸之疏理白色而生子者爲梓，梓實桐皮曰椅。」則大類同而小别也。《齊民要術》云：「楸、梓二木相類。白色有角者名爲梓。似楸有角者名爲角楸，或名子楸。黄色無子者爲柳楸，世人見其色黄，呼爲荆黄楸也。」按：椅木有美文。故庾信賦云：「青牛文梓。」《尸子》云：「荆有長松文椅。」是「椅」「梓」同矣。

栜，赤楝。白者楝。赤楝樹葉細而岐[一]鋭，皮理錯戾，好叢生山中，中爲車輞。白楝葉圓[二]而岐，爲大木。

《詩》：「隰有杞栜。」毛傳、《説文》俱用《爾雅》。《正義》引舍人曰：「栜名赤楝也。」某氏曰：「白色爲楝，其色雖異，爲名同。江淮閒楝可作鞍。」邢疏引陸璣《疏》云：「楝葉如柞，皮薄而白。其木理赤者爲赤楝，一名栜。白者爲楝。其木皆堅韌，今人以爲車轂。」

[一] 岐，《爾雅》宋刊十行本作「岥」。此條郭注同。

[二] 圓，《爾雅》宋刊十行本作「員」。

終，牛棘。即馬棘也。其刺麤而長。

棘即小棗叢生者，其一種大棘，刺麤而長者，名「終」，一名「牛棘」也。牛棘即王棘。鄭注《大司徒》云：「莢物，薺莢王棘之屬。」《士喪禮》云：「決，用正王棘，若檡棘。」鄭注：「王棘與檡棘善理堅刃者，皆可以爲決。世俗謂王棘矺鼠。」《釋文》：「矺，劉音託。」《夏官・繕人》注亦引「檡棘」。然則「矺」「檡」音同，其「矺鼠」則不知何語也。「牛棘」，一名「牛傷」。《中山經》云：「大菩之山有草焉，其狀葉如榆，方莖而蒼傷，其名曰牛傷。」郭注：「即牛棘也。」然則棘刺傷人，因名「傷」矣。「棘」與「朸」通。《詩》：「如矢斯棘。」《韓詩》作「朸」。《水經・淯水注》云：「棘、力聲相近，世以棘子木爲力子木也。」「棘」，一名「棒」。左思《招隱詩》注引高誘《淮南注》云：「小栗小棘曰棒。」是棒即棘也。「棒」與「終」聲相轉。

灌木，叢木。《詩》曰：「集于〔一〕灌木。」

《詩・葛覃》傳用《爾雅》。《皇矣》正義引李巡曰：「木叢生曰灌木。」《夏小正》云：

〔一〕于，《爾雅》宋刊十行本作「於」。

「啟灌藍蓼。灌也者，聚生者也。」又云：「灌，聚也。」然則灌訓爲叢，叢訓爲聚，故《説文》云：「叢，聚也。」《顔氏家訓·書證》云：「江南《詩》古本皆爲叢聚之叢，古叢字似㝡字，近世儒生因改爲㝡。」按：「㝡」不成字，蓋「冣」字之譌。「冣」「最」才句、祖會二切。形近而音義別，與「叢」「聚」二字聲俱相轉，古或叚借通用，故《詩》舊本「叢」，或作「冣」，或作「最」，此皆通借，非爲改字。又云：「叢，周續之音祖會反，劉昌宗音在公反，又祖會反。」二音亦俱可通，顔之推以爲穿鑿，非矣。《爾雅》釋文：「灌，本作樌。菆，或作叢。」皆別體字。

瘣木，苻婁。謂木病尫傴癭腫，無枝條。

《説文》：「瘣，病也。」引《詩》：「譬彼瘣木。」今《詩》作「壞」。毛傳：「壞，瘣也。」本《爾雅》。又云：「謂傷病也。」釋「瘣」之義，徐幹《中論·藝紀》篇云：「木無枝葉，則不能豐其根幹，故謂之瘣。」與毛義相發明也。苻蔞者，疊韵字，猶傴僂也。《説文》：「痀，傴病也。瘻，頸腫也。」義亦通也。《釋文》樊引《詩》云：「譬彼瘣木，疾用無枝。」苻婁者，尫傴内病，磈磊無枝也。《詩》正義引作某氏注。李云：「苻婁，一名瘣木，無枝木。」郭注本樊光。《詩》正義引舍人注「苻蔞」屬下句，則與

「蕡藹」義近，諸家所不從也。

蕡，藹。樹實繁茂菴藹。

《説文》：「蕡，雜香艸。」《詩·桃夭》傳：「蕡，實貌。」是郭所本。菴藹者，雙聲字。《蜀都賦》云：「豐蔚所盛茂，八區而菴藹焉。」江淹《梩頌》云：「碧葉菴藹。」今按：「菴藹」二字，詞人競用，蓋本《離騷》「揚雲霓之晻藹兮」。王逸注：「晻藹，猶蓊鬱，蔭貌也。」又作「晻薆」。《上林賦》云：「晻薆咇茀。」《史記》作「晻曖」。又作「闇藹」。《高唐賦》云：「隨波闇藹。」《羽獵賦》：「登降闇藹。」又作「奄藹」。《上林賦》注引《説文》曰：「馣馤，香氣奄藹也。」今《説文》無。然則「菴藹」二字，古無正文，皆可通借，但取其聲，不論其字也。

枹，遒木，魁瘣。謂樹木叢生，根枝節目盤結磈磊。

枹即上云「樸，枹」。遒者，《説文》：「遒，迫也。」或作「遒」。《釋文》：「謂叢攢迫而生。」又云：「魁，字亦作魁。瘣，郭盧罪反。」則與「瘣木」之「瘣」異音。「磈磊」，本或作「傀儡」。然則「魁瘣」「磈磊」皆字之疊韻，亦論聲不論字也。

棫，白桵。桵，小木，叢生，有刺，實如耳璫，紫赤，可啖。

《説文》：「棫，白桵也。」《通志》引陸璣《疏》云：「《三蒼》説棫即柞也。其葉繁茂，其木堅韌有刺[一]，今人以爲梳，亦可以爲車軸。其材理全白，無赤心者爲白桵，直理易破，可以爲犢車軸，又可爲矛戟矜。今人謂之白梂，或曰白柘。」按：《詩·緜》正義引此疏，無「其葉」以下二十一字，趙鹿泉師《草木疏校正》據《通志》所引補，今從之也。《詩》每「柞」「棫」竝稱，當爲二物。《漢·郊祀志》有棫陽宫，而漢又别有五柞宫，柞又無刺，知與棫非一物。又郭云「小木，叢生」，則非可爲車軸及梳者，與陸説又異矣。「桵」通作「蕤」。薛綜《西京賦》注：「棫，白蕤也。」《本草》「蕤核」，陶注：「形如烏豆，大圓而扁，有文理，狀似胡桃核。」《蜀圖經》云：「樹生，葉細似枸杞而狹長，花白，子附莖生，紫赤色，大如五味子，莖多細刺。」《圖經》所説與郭注合。然則此樹高不過數尺，故《詩》以「柞棫斯拔」爲言矣。

梨，山樆。即今梨樹。

〔一〕刺，原誤「剌」，據楊胡本、《經解》本改。

《本草》陶注：「棃種殊多，竝皆冷利，多食損人，故俗人謂之快果，不入藥用。」按：棃生人家者即名「棃」，生山中者别名「樆」也。「樆」本作「離」。《子虛賦》云：「檗離朱楊。」《文選》注引張揖云：「離，山棃也。」是「樆」，古本作「離」。《釋文》反以作「離」爲非，謬矣。郭注亦非。

桑辨有葚，梔。辨，半也。女桑，桋桑。今俗呼桑樹小而條長者爲「女桑[一]」。

《說文》：「桑，蠶所食葉木。」「葚，桑實也。」通作「黮」。《詩》：「食我桑黮。」傳：「黮，桑實也。」王禎《農書》云：「荆桑多葚，魯桑少葚。」按：「魯桑」蓋今之大葉桑也。「辨」讀若「革中絶謂之辨」之「辨」。辨，半分也。俗本作「辨」，非也。《釋文》引舍人云：「桑樹一半有葚，半無葚，名梔也。」樊本同。

《詩》：「猗彼女桑。」傳：「女桑，荑桑也。」「荑」即「桋」之正文，謂木更生細者，故鄭箋云：「女桑，少枝長條。」是也。王照圓《詩小紀》云：「桋，當爲夷。『夷』與『薙』音義同，謂芟夷復生者，桑樹芟夷彌茂，猗言茂美也，女言柔弱也。《齊民要術》言：『種椹長

〔一〕桑下《爾雅》宋刊十行本有「樹」字。

遲，不如壓枝之速。』是矣。」

榆白，枌。枌榆先生葉，卻著莢，皮色白。

《詩》：「東門之枌。」傳：「枌，白榆也。」《正義》引孫炎曰：「榆白者名枌。」《内則》云：「堇荁枌榆。」鄭注：「榆白者，枌。」《本草》云：「榆名零榆。」《博物志》云：「食枌榆則眠不欲覺。」故嵇康《養生論》云：「豆令人重，榆令人眠也。」榆有赤、白二種。赤榆先著莢，後生葉；白榆先生葉，後著莢，以此爲異。白榆皮白，剥其麤皵，中更滑白，今人礲爲屑，以和香也。

唐棣，栘。似白楊，江東呼「夫栘」。常棣，棣。今山中有棣樹，子如櫻桃，可食。

《説文》：「栘，棠棣也。」《文選·甘泉賦》注引《爾雅》正作「棠棣，栘也」。《類聚》引《詩》「何彼穠兮，棠棣之華」。是「唐」當作「棠」，經典通借作「唐」。《論語》疏引舍人曰：「唐棣，一名栘。」又引陸璣云：「奥李也，一名雀李，亦曰車下李，所在山皆有，其華或白，或赤，六月中熟，大如李子，可食。」是陸璣以「唐棣」即奥李也。「奥」，《本草》作「郁，一名雀李，一名車下李」。《廣雅》云：「山李、爵某、爵李，薁也。」「爵」與「雀」，「某」

與「梅」竝同，是張揖又以「雀李」即鬱也。《詩·七月》傳：「鬱，棣屬也。」《齊民要術》引《詩義疏》云：「其樹高五六尺，實大如李，正赤色，食之甜。」是陸璣與張揖俱以「鬱」即奥李也。「奥」「郁」聲同，「奥」「鬱」聲轉。「雀李」，今東齊人呼爲「策李」，順天人呼爲「側李」，「側」「策」「雀」亦聲相轉也。其樹高二三尺，華葉實俱如李而形小爾，其實正赤，甘酸微澀，寡於肉而豐於核，今藥中郁李用此。而以爲唐棣，則非也。牟願相爲余言，唐棣華白，即今小桃白也，其樹高七八尺，華葉俱似常棣，其華初開反背，終乃合并，《詩》所謂「偏其反而」者也。但其樹皮色紫赤，不似白楊耳。郭云「江東呼夫移」者，《類聚》八十九引《詩》：「夫移，燕兄弟也，閔管蔡之失道。夫移之華，鄂不煒煒。」所引蓋三家詩，此郭所本。《漢書》蘇武爲移中監，「移」與「夫移」未審同不？

《說文》：「棣，白棣也。」《詩·常棣》傳無「白」字。《正義》引舍人曰：「常棣，一名棣。」按：《詩》有單言「棣」者，《晨風》篇云：「山有苞棣。」是也。亦有單言「常」者，《采薇》篇云：「維常之華。」是也。《齊民要術》引《詩義疏》云：「其實似櫻桃，薁麥時熟，食美，北方呼之相思也。」邢疏引陸《疏》云：「許慎曰白棣樹也，如李而小如櫻桃，正白，今官園種之。又有赤棣樹，亦似白棣，葉如刺榆葉而微圓，子正赤如郁李而小，五月始熟，自關西、天水、隴西多有之。」今按：赤棣，棲霞山中尤多，白棣殊少，人俱呼爲「山櫻桃」，小於櫻桃而多毛，味酢不美。《閒居賦》云：「梅杏郁棣之屬。」李善注：「棣，山櫻桃也。」

檟，苦荼。 樹小似梔子，冬生，葉可煑作羹飲。今呼早采者爲荼，晚取者爲茗，一名「荈」，蜀人名之「苦荼」。

《釋文》：「檟，與榎同。荼，《埤蒼》作𣘻。今蜀人以作飲。音直加反。茗之類。」按：今「荼」字古作「荼」。故陶注《本草》「苦菜」，云：「疑此即是今茗，一名荼，又令人不眠，亦淩冬不凋。」此說非是。蘇軾詩云：「周詩記苦荼，茗飲出近世。」又似因陶注而誤也。郭云：「樹小似梔子。」今茶樹高或數丈，小乃數尺，其葉都似梔子，南中人說春初早採者佳，郭以早采爲「荼」，晚取爲「茗」。陸璣《詩疏》云：「椒，蜀人作茶，吴人作茗。」 樗，吴人以其葉爲茗。」是皆以茗與茶異。《爾雅》釋文云：「荈、荼、茗，其實一也。」故《茶〔一〕經》云：「其名有五，一茶，二檟，三蔎，四茗，五荈。」則「茗」「荼」亦通名耳。《茶經》又引《凡將篇》有「荈詫」，是知茗飲起於漢世，王褒《僮約》亦有「武陽買荼」之語。

〔一〕 茶，原誤「荼」，據楊胡本、《經解》本改。

《吴志·韋曜傳》云:「曜初見禮異,或密賜茶荈以當酒茗。」事見史始此。而《雲谷雜紀》引《晏子春秋·雜下》篇云:「食脱粟之食,炙三弋,五卯茗菜。」《困學紀聞集證》八云:「今本茗作苔。考《御覽》八百六十七引作茗菜,載入茗事中,知今作苔誤。」據此,茗又起於漢以前矣。又諸書説茶處,其字仍作「荼」,至唐陸羽著《茶經》始減一畫作「茶」,今則知「茶」,不復知「荼」矣。

椒樸,心。槲椒别名。

《詩》:「林有樸樕。」《正義》引孫炎曰:「樸樕,一名心。」某氏曰:「樸樕,槲樕也。有心能溼,江河閒以作柱。」是《爾雅》古本依《詩》作「樸樕」,惟《釋文》誤倒作「樕樸」,今本仍之,宜據《詩》以訂正。郭注「槲樕别名」,蓋本某氏注。《説文繫傳》引作「槲,别名樕」,非也。槲與櫟相似,其樹樸屬,叢生,故名「樸樕」;有心耐溼,故即名「心」。毛傳及《説文》竝作「樸樕,小木」,「小」字疑誤,隸書立「心」似「小」,「小木」當爲「心木」。

榮,桐木。即梧桐。

《説文》:「榮,桐木也。」「桐,榮也。」是「桐」一名「榮」。《月令》:「季春桐始華。」

《夏小正》：「三月拂桐芭。」蓋桐華尤繁茂，故獨擅「榮」名矣。《初學記》引《詩義疏》云：「有白桐，有青桐，有赤桐，雲南牂牁人績以爲布。」《齊民要術》云：「白桐無子，任爲樂器，於山石閒生者，爲樂器則鳴。」今按：「白桐」亦名「梧桐」，華紫黄色，有華無實，其皮白色。故《顏氏家訓·風操》篇云：「有諱桐者，呼梧桐樹爲白鐵樹。」正謂此矣。《本草》陶注：「白桐與岡桐無異。岡桐無子，是作琴瑟者。白桐，一名椅桐，人家多種之。」

棧木，干木。殭〔一〕木也。江東呼「木觡」。

《説文》：「棧，棚也。」蓋棚以棧木爲之，因名「棧」。棧，閣也，猶車以棧木爲之，因名「棧車」；道以棧木爲之，因名「棧道」矣。干者，叚借字。《釋文》：「干，樊本作杆。」《廣雅》云：「杆，柘也。」「杆」與「榦」同。《禹貢》：「荆州厥貢杶榦。」《考工記》疏引鄭注：「榦，柘榦也。」蓋弓人取榦柘爲上。此柘所以名「榦」，杆木爲棚棧，亦所以立榦也。《詩》之「干旄」，《左傳》引作「竿旄」。是「竿」「杆」「干」竝古字通。郭云「殭木也」者，《玉

〔一〕殭，《爾雅》宋刊十行本作「橿」。

篇》：「杅，殭木也。」《釋文》引《字書》云：「死而不朽，本或作僵。」郭云「江東呼木觡」者，觡之言猶格也，格猶閣也。《説文》：「格，木長皃。」

檿桑，山桑。似桑，材中作弓及車轅。

《詩》：「其檿其柘。」《説文》：「柘，桑也。」「檿，山桑也。」按：「柘」「檿」同類，故通名。其實桑、柘非一物也。今山桑葉小於桑而多缺刻，性尤堅緊。《禹貢》：「青州，厥篚檿絲。」蘇軾注：「壓絲出東萊，以織繒，堅韌異常，東萊人謂之山繭。」然則檿絲可供織作，即如今登州山繭織成者，非獨絲中琴瑟取貴也。《書》正義引郭注有「柘屬也」三字，疑今本脱去之。郭云「材中作弓」者，《考工記・弓人》：「取榦，柘爲上，檿桑次之。」《周語》所謂「檿弧」是矣。其木堅勁，故又可作車轅。

木自獘，柛。獘，踣。立死，椔。不獘頓。蔽者，翳。樹蔭翳覆地者。《詩》云：「其椔其翳。」

《説文》：「獘，頓仆也。」「獘」或作「斃」。無「柛」字，有「槇」，云：「仆木也。」《繫傳》引《書》：「若顛木之有由枿。」本作此字，作「顛」叚借也。按：「槇」，从真聲，與「柛」聲義俱近。柛猶伸也，人欠伸則體弛懈如顛仆也。

榴者，《詩・皇矣》篇作「菑」，傳云：「木立死曰菑。」《正義》引李巡曰：「以當死害生曰菑。」今按：菑者，植也。鄭衆《輪人》注云：「泰山平原所樹立物爲菑，聲如截，博立梟棊亦爲菑。」然則菑有植立之義，故木立死爲菑也。《釋文》「菑」作「甾」，云：「《字林》作榴。」今從宋本。

翳者，《皇矣》傳云：「自斃爲翳。」是「蔽」當作「斃」，作「蔽」亦叚借也。李巡曰：「斃，死也。」是《爾雅》古本「蔽」作「斃」。故《詩》正義云：「自斃者，生木自倒。枝葉覆地爲蔭翳，故曰翳也。《爾雅》直云斃者，傳以其非人斃之，故曰自斃。」按：此則「斃」即蒙上「自斃，柛」而言，作「斃」於義爲長。

木相磨，槸。樹枝相切磨。 棤，皵。謂木皮甲錯。 梢，梢擢[一]。謂木無枝柯，梢擢長而殺者。

《說文》：「槸，木相摩[二]也。」或从草作「蓺」。又云：「柖，樹搖皃。榣，樹動也。」然則樹因搖動而相摩槸。槸之言猶曳也，掣曳亦切摩之意。

[一] 擢，《爾雅》宋刊十行本作「櫂」。此條郭注同。
[二] 摩，原誤「磨」，楊胡本、《經解》本同，據《說文解字》改。

　　棤散者，《釋文》：「棤，七各反。散，謝音舄，郭音夕。」上文「大而散」，「小而散」，《釋文》：「散，孫七各、七路二反，下同。」然則「散」依孫讀爲是。「散」之聲轉爲「皵」，言皮甲湊皵也；又轉爲「錯」，言皮甲麤錯也。

　　《説文》：「梢，木也。」《釋文》：「梢，郭音朔。擢，直角反。」引《方言》云：「拔也。」《蒼頡篇》云：「抽也。」《廣雅》云：「出也。」按：《説文》：「擢，引也。」是「擢」有引長之義。「梢」，讀如「輪人掣爾而纖」之「掣」。鄭注：「掣纖，殺小貌也。」然則梢之言掣，擢言其長而翹出也。此蓋謂木喬竦無旁枝者謂之「梢」，亦謂之「梢擢」。下云「無枝爲檄」，又謂之「檄擢」。

樅，松葉柏身。今大廟梁材用此木。《尸子》所謂「松柏之鼠不知堂密之有美樅」。檜，柏葉松身。《詩》曰：「檜楫松舟。」

　　《説文》：「樅，松葉柏身。」按：老子師常樅，以此木爲名也。《類聚》八十九引魯連子曰：「松樅高十仞而無枝，非憂正室之無柱。」是樅任爲棟梁材也。今棲霞縣太虚宫前舊有二株，其一久枯，菑立不殭，其一嘉慶初年生意猶存，葉如松葉，身則似柏，扣之銅聲，枝幹類鐵，俗人呼之「鐵樹」，余以《爾雅》知爲樅也。

《説文》：「檜，柏葉松身。」通作「栝」。《禹貢》：「杶榦栝柏。」《史記集解》引鄭注云：「柏葉松身曰栝。」薛綜《西京賦》注及《玉篇》竝作「栝」。《廣雅》云：「栝，柏也。」「栝」「檜」聲轉字通，葉形似柏，故名「柏」耳。《類聚》引《祀應記》曰：「孔子廟列七碑，無象，檜柏猶茂。」《爾雅翼》云：「檜，今人謂之圓柏。」按：今檜葉似柏而圓，體榦類松，但無鱗爾。

句如羽，喬。樹枝曲卷，似鳥毛羽。下句曰朻，上句曰喬。如木楸曰喬，楸樹性〔一〕上竦。如竹箭曰苞，篠竹性叢生。如松柏曰茂，枝葉婆娑。如槐曰茂。言亦扶疏茂盛。

《説文》：「句，曲也。」《釋文》：「句，居具反。下同。」按：「句」，古讀如「鉤」，不必依《釋文》也。此言樹枝上繚如鳥羽脩曲者名「喬」，《説文》：「喬，高而曲也。」《釋詁》云：「喬，高也。」

朻者，《説文》云：「高木下曲也。」从段本。通作「樛」。《詩·樛木》傳：「木下曲曰樛。」《釋文》：「樛，馬融、《韓詩》本竝作朻。」是「朻」「樛」同。李善《高唐賦》注引《爾雅》

〔一〕性下《爾雅》宋刊十行本有「其」字。

作「下句曰糾」。「糾」與「朻」聲義同也。《廣雅》云：「下支謂之橁槲。」《廣韵》：「橁，木枝下也。」然則橁之爲言卑也，下句則枝卑下垂。朻之爲言糾也，糾繚相結謂枝曲下垂之貌也。又言「上句曰喬」者，《詩·喬木》傳：「喬，上竦也。」如木楸曰喬者，楸性上竦，凡如是者，咸被斯名，《禹貢》「厥木惟喬」是也。「喬」之一字，實兼「高」「曲」二義，故此言「如羽」「如楸」皆謂之「喬」。下云「槐棘醜，喬」，「小枝上繚爲喬」。

如松柏曰茂者，《詩·斯干》云：「如松茂矣。」《天保》云：「如松柏之茂。」言其密葉繁陰，望之鬱蔚也。如槐曰茂者，郭云：「亦扶踈茂盛。」《説文》云：「扶疏，四布也。」

《釋言》云：「苞，稹也。」《詩·斯干》云：「如竹苞矣。」言其叢生稹密如竹箭也。《釋文》：「苞，本作枹。」

祝，州木。髦，柔英。皆未詳。

「祝」「州」古讀音同字通。衛「州吁」，《穀梁傳》作「祝吁」，是也。此「祝」一名「州木」，「髦」一名「柔英」。《廣韵》引「髦，柔英」於「柷」字下，非也。「州」，《玉篇》《集韵》竝作「栦」，云：「木名，俗所加也。」《齊民要術》引《南方記》曰：「州樹野生，三月花已乃連著實，五月熟，剥核滋味甜，出武平。」然則此即州木矣。《釋草》有「髦，顛棘」，《廣雅》謂之「女木」，與此柔英疑同類。

槐棘醜，喬。枝皆翹竦。桑柳醜，條。阿那垂條。椒榝醜，菉。菉萸子聚生成房貌，今江東亦呼「菉」。榝似茱萸而小，赤色。桃李醜，核。子中有核人。

槐棘之類，年久枝皆喬竦，即下云「小枝上繚爲喬」也。《秋官》：「朝士掌外朝之灋，左九棘，右九棘，面三槐。」鄭注：「樹棘以爲位者，取其赤心而外刺，象以赤心三刺也。槐之言懷也，懷來人於此，欲與之謀。」按：槐棘樹於外朝，後世街彈樹槐曰「槐街」矣。

《説文》：「條，小枝也。」《詩・汝墳》傳：「枝曰條，榦曰枚。」《廣雅》則云：「枚，條也。」是「枚」「條」對文則別，散文則通。《七月》篇云：「蠶月條桑。」是「桑」稱「條」也。傅玄《柳賦》云：「阿那四垂，凱風振條。」是「柳」稱「條」也。

「椒」，《説文》作「茮」，云：「茮，菉。」又云：「榝似茱萸，出淮南。」《廣雅》則云：「榝即茱萸也。」《説文》又云：「藙，煎茱萸。」《漢律》：「會稽獻藙一斗。」《内則》云：「三牲用藙。」鄭注與《説文》同。又云：「藙，《爾雅》謂之榝。」是「榝」一名「藙」。故孔疏引賀氏云：「煎茱萸，今蜀郡作之，九月九日取茱萸，折其枝，連其實，廣長四五寸，一升實可和十升膏，名之藙也。」「榝」又名「欓」。《廣雅》云：「榄、榝、欓、越、椒，茱萸也。」《唐本草》：「櫄子謂之食茱萸，以別於吳茱萸，又可調食也。」《南都賦》云：「蘇蔱紫薑，拂徹羶腥。」「蔱」與「榝」同。是古人調味用榝。「椒」「榝」同類，故《茶經》引《凡將篇》云：「芫椒茱萸。」是也。莍者，《說文》云：「茮榝實裏如裘者。」《詩·椒聊》正義引李巡曰：「榝，茱萸也。椒、茱萸皆有房，故曰梂。梂，實也。」今按：上云「櫟，其實梂」，「梂」與「莍」聲義同。莍之言裘也，芒刺鋒攢如裘自裏，故謂之「莍」也。

核者，人也。古曰「核」，今曰「人」。《曲禮》云：「賜果於君前，其有核者懷其核。」《玉藻》云：「食棗桃李，弗致於核。」《初學記》引孫炎曰：「桃李之類，實皆有核。」按：「核」當作「覈」。《說文》云：「覈，實也。」《大司徒》注：「覈物，李梅之屬。」經典叚借作「核」耳。醜者，類也。汪氏中曰：「古醜、疇二字音義同。《洪範》九疇，《宋微子世家》作九類。」

瓜曰華之，桃曰膽之，棗、李曰疐之，樝、梨曰鑽之。皆啖食治擇之名。樝似梨而酢澀〔一〕，見《禮記》。

〔一〕 澀，《爾雅》宋刊十行本作「澁」。

《説文》云：「瓜，胍也。」《曲禮》云：「爲天子削瓜者副之，巾以絺；爲國君者華之，巾以綌。」鄭注：「華，中裂之，不四析也。」孔疏云：「謂半破也。」按：華猶刳也。蓋言析之而不絶也。《夏官・形方氏》云：「無有華離之地。」音義竝與此同。《内則》云：「棗曰新之，栗曰撰之，桃曰膽之，柤、棃曰鑽之。」鄭注：「皆治擇之名也。」《初學記》及《御覽》引舊注云：「膽，擇取其美者。」《内則》疏云：「桃多毛，拭治去毛，令色青滑如膽也。或曰膽謂杏，桃有苦如膽者，擇去之也。」棗、李曰疐之者，《初學記》引孫炎曰：「疐，去其柢也。」《曲禮》言「削瓜」，亦曰「士疐之」，其義同也。樝者，《説文》云：「果似棃而酢。」《内則》注云：「樝棃之不臧者。」《莊子・天運》篇云：「柤、棃、橘、柚，其味相反，而皆可於口。」鄭言「不臧」，莊言「可口」者，張揖《子虚賦》注：「樝似棃而甘。」《齊民要術》引《風土記》曰：「柤，棃屬，肉堅而香。」陶注《本草》「木瓜」，云：「樝子小而澀。」王禎《農書》云：「樝似小棃，西山唐鄧閒多種之，味劣於棃，與木瓜而入蜜煑湯，則香美過之。」按：樝即今鐵棃，黄赤而圓，肉堅酸澀，而入湯煑熟則更甜滑，今順天人呼之「鐵棃」。《要術》所云「凡醋棃易水熟煑則甘美」，斯言信矣。樝、棃曰鑽之者，《内則》疏云：「恐有蟲，故一一鑽，看其蟲孔也。」《本草》陶注謂「鑽，去核」，非。

小枝上繚爲喬。謂細枝皆翹繚上句者，名爲「喬木」。無枝爲檄。檄擢〔一〕直上。木族生爲灌。族，叢。

此皆申釋上文之義。枝者，《說文》云：「木別生條也。」蓋木之喬者，其細枝皆翹繚上竦，此即上句曰「喬」也。檄者，猶言弋也。弋，橜也，樹無旁枝，檄擢直上，即上「梢，梢擢」也。族者，猶言「叢」也。叢，聚也，即上「灌木，叢木」也。《顏氏家訓·書證》篇釋《爾雅》云：「族亦叢聚也。」又《廣雅》云：「木藂生曰榛。」「榛」「叢」「族」「聚」俱一聲之轉。《詩·葛覃》正義引孫炎曰：「族，叢也。」是郭所本。

〔一〕擢，《爾雅》宋刊十行本作「櫂」。

爾雅郭注義疏下之三

釋蟲弟十五

《説文》云：「有足謂之蟲。」「蚰，蟲之總名也。」又云：「虫，一名蝮，象其臥形。物之微細，或行或飛，「或飛」二字，從《釋文》增。或毛或蠃，或介或鱗，以虫爲象。」按：此則凡蟲屬字旁作虫，音許偉反，既非「蚰」之省文，亦非「蟲」之叚借。今人相承，以「虫」爲「蟲」，或書「蟲」作「虫」，胥失之矣。《考工記·梓人》云：「外骨、内骨、卻行、仄行、連行、紆行，以脰鳴者、以注鳴者、以旁鳴者、以翼鳴者、以股鳴者、以胷鳴者，謂之小蟲之屬。」《月令》：「鱗、毛、羽、介通謂之蟲。」《大戴記·易本命》篇又以人爲倮蟲，而聖人爲之長。是人與物通有「蟲」名。此篇則云「有足爲蟲，無足爲豸」，然亦對文，散則通耳。《易本命》及《淮南·墬形》篇云：「風生蟲，蟲八日而化。」《古微書》引《春秋考異郵》云：「蟲之爲言屈伸也。」是「蟲」「豸」通名，故題曰「釋蟲」。

螜，天螻。 螻蛄也。《夏小正》曰：「螜則鳴。」

《説文》：「螻，螻蛄也。一曰螜，天螻。」本《夏小正》文。又云：「蠹，螻蛄也。」是「蠹」與「螜」同物。《方言》云：「蛄詣謂之杜蛒，螻螲謂之螻蛄，或謂之蟓蛉，南楚謂之杜狗，或謂之蛞螻。」蓋此類皆方俗語異，「蛞」「狗」「蛒」俱聲相轉。《廣雅》又云：「炙鼠、津姑、螻蜮，螻蛄也。」「炙鼠」，邢疏作「碩鼠」。《易》云：「晉如鼫鼠。」《釋文》引《本草》：「螻蛄，一名鼫鼠。」《廣韵》：「一名石鼠，一名仙蛄。」「石」「鼫」「碩」俱聲義同。但《廣雅》「炙鼠」不謂碩鼠，《詩》言「碩鼠」又非螻蛄，《本草》「螻蛄」亦無鼫鼠之名，此皆誤耳。鄭注《月令》「螻蟈鳴」，以「螻蟈」爲蛙。高誘注《呂覽》以爲蝦蟇。《月令》釋文引蔡邕《章句》以螻爲螻蛄，蟈爲蛙，蓋蛙與螻蛄竝以立夏後鳴，故諸家異説，唯《廣雅》以「螻蜮」爲螻蛄，此説得之。「蜮」「蟈」字同，見於《説文》。「蟈」「蛄」聲轉，故其字通。諸説紛如，不足辨矣。「螻蛄」又聲轉爲「蟉蛄」。《埤雅》引《廣志·小學》篇云：「螻蛄，會稽謂之蟉蛄。」《孟子·滕文公》篇云：「蠅蚋姑嘬之。」《釋文》：「蚋，諸本或作蟉。一説云蟉姑即螻蛄也。」按：今順天人呼「拉拉古」，亦「螻蛄」之聲相轉耳。《埤雅》又引孫炎《正義》云：「螜是雄者，喜鳴善飛，雌者腹大羽小，不能飛翔，食風與土也。」今按：螻蛄翅短，不能遠飛，黄色四足，頭如狗頭，俗呼土狗，即杜狗也，尤喜夜鳴，聲如蚯蚓，喜就燈光。陶注《本草》云：「此物頗協鬼神，今人夜見多打殺之，言爲鬼所使也。」又按：《本草》「螻蛄，一名蟪蛄」，與「蟬」同名，疑相涉而誤耳。

蜚，蠦蜰。 蜰即負盤，臭蟲。

《說文》「蟲」，或作「蜚」，云：「臭蟲，負蠜也。」「蜰，盧蜰也。」《廣雅》云：「蟦蟘，蜰也。」又「飛蟅，飛蠊也」。《本草》作「蜚蠊」。《別録》云：「形似蠶蛾，腹下赤。」陶注：「形亦似䗪蟲而輕小能飛。本在草中，八月九月知寒，多入人家屋裏逃爾。有兩三種，以作廉薑氣者爲真，南人亦噉之。」唐本注云：「此蟲味辛辣而臭，漢中人食之，言下氣，名曰石薑，一名盧蜰，一名負盤。」然則此蟲氣如廉薑，故名「飛廉」。圓薄如盤，故名「負盤」；今俗人呼之殨般蟲。其大如錢，輕薄如葉，黄色解飛，其氣殨惡。《春秋·莊廿九年》「有蜚」，《漢·五行志》劉歆以爲負蠜也。性不食穀，食穀爲災，介蟲之孽。是《說文》從劉歆，以蜚爲負蠜。「蠜」「盤」聲近。邢疏以作蠜爲涉草蟲負蠜而誤，其說是也。又云「此蟲名蜚」，舍人、李巡皆云：「蜚蠦，一名蜰。」非也。

蟥蛢，入耳。 蚰蜒。

鄭注《梓人》云：「卻行，螾衍之屬。」《釋文》「此蟲能兩頭行」，是卻行也。《淮南·泰族》篇云：「昌羊《説林》篇注：「即昌蒲。」去蚤蝨而人弗席者，爲其來蛉窮也。」《御覽》引高誘注：「蛉窮，幽、冀謂之蛷蝛，入耳之蟲也。」《方言》云：「蚰蜒，自關而東謂之螾蜇，或謂之入耳，或謂之蜧蠝，趙、魏之閒或謂之蚨虷，北燕謂之蛆蚭。」郭注：「江東又呼蜇。」按：「蜇」即「蛉窮」之合聲，「螾蜇」「蚰蜒」聲相轉，「蛆蚭」「蛷蝛」聲相近，「入耳」「螾蜇」亦音轉字變也。邢疏云：「此蟲象蜈蚣，黄色而細長，呼爲吐古。」陳藏器《本草》云：「好脂油香，能入耳及諸竅中，以驢乳灌之，化爲水。」按：今蚰蜒青黑色，多足，雞食之死，其所食脂油，人食之亦死。

蜩，蜋蜩。《夏小正》傳曰：「蜋蜩者，五彩具。」螗蜩。《夏小正》傳曰：「螗蜩者，蝘。」俗呼爲「胡蟬」。江南謂之「螗蜣」，音「荑」。蚻，蜻蜻。如蟬而小。《方言》云：「有文者謂之螓。」《夏小正》曰：「鳴蚻，虎懸。」䘃，茅蜩。江東呼爲「茅截」，似蟬而小，青色。蝒，馬蜩。蜩中最大者爲馬蟬。蜺，寒蜩。寒螿也。似蟬而小，青赤。《月令》曰：「寒蟬鳴。」蜓蚞，螇螰。即蝭蟧也。一名蟪蛄，齊人呼「螇螰」。

《詩·蕩》正義引舍人曰:「皆蟬也,方語不同。」《初學記》引李巡曰:「自蜩螗以下,皆分别五方之語而名不同也。」《説文》:「蟬,以旁鳴者。」《梓人》注云:「旁鳴,蜩蜺屬。」《淮南·説林》篇云:「蟬無口而鳴,三十日而死。」《方言》云:「秦、晉之閒謂之蟬,海、岱之閒謂之蛴。」郭注:「齊人呼爲巨蛴,音技。」《廣雅》云:「蛴、蛣,蟬也。」蛣,曹憲音去結反。今黄縣人謂之「蛣蟟」,棲霞謂之「蠽蟟」,順天謂之「蝍蟟」,皆語聲之轉也。《類聚》引郭氏《讚》云:「蟲之潔清,可貴惟蟬。潛蜕棄穢,飲露恒鮮。萬物皆化,人胡不然?」《論衡·無形》篇云:「蠐螬化爲復育,復育轉而爲蟬,蟬生兩翼,不類蠐螬。」《奇怪》篇云:「夫蟬之生復育也,闓背而出。」按:復育所解皮即蟬蜕。《説文》云:「秦謂蟬蜕曰蛩。」然則蛩即復育,《論衡》以爲蠐螬所化,或言朽木所爲,舊説蟯蜋所變。斯皆非也。今驗雌蟬不鳴,遺子入地而生也。

《説文》:「蜩,蟬也。」或从舟作「蚼」,引《詩》:「五月鳴蜩。」毛傳:「蜩,螗也。」又「鳴蜩嘒嘒」,「如蜩如螗」,傳竝云:「蜩,蟬也。」是蜩爲諸蟬之總名。蜋者,《方言》云:「蟬,楚謂之蜩,陳、鄭之閒謂之蜋蜩。」《初學記》引孫炎曰:「蜋,五色具。蜩,宫中小青蟬也。」是孫、郭俱本《夏小正》。「蜋」,彼作「良」,同。

螗蜩者,《詩·蕩》傳云:「螗,蝘也。」亦本《夏小正》。彼「蝘」作「匽」,「螗」作「唐」,

同。《方言》云：「蟬，宋、衛之閒謂之螗蜩。」郭注：「今胡蟬也，似蟬而小，鳴聲清亮，江南呼螗蛦。」與此注同。《詩》疏引舍人曰：「三輔以西爲蜩，梁、宋以東謂蜩爲蝘。」按：今螗蜩小於馬蜩，背青緑色，頭有花冠，喜鳴，其聲清圓，若言烏友。「烏友」與「胡蛦」之聲相轉，「蛦」「蝘」又聲相轉也。蛦，讀如「夷」。《爾雅》釋文作「蛥」，宋本作「蛦」，今從《釋文》。

蚻者，《夏小正》作「札」。寧縣，郭引作「虎懸」。「蜻蜻」者，《方言》云：「有文者謂之蜻蜻，其雌蜻謂之尐。」《詩·碩人》傳：「螓首顙廣而方。」箋云：「螓，謂蜻蜻也。」《正義》引孫炎曰：「《方言》云：『有文者謂之螓。』今《方言》作『蜻』者，『螓』『蜻』聲相轉也。」《正義》又引舍人曰：「小蟬，色青青者。」某氏曰：「鳴蚻蚻者。」然則「蚻蚻」象其聲，「蜻蜻」象其色。今驗此蟬棲霞人呼「桑蠽蟟」，順天人呼「咨咨」，其形短小，方頭廣頟，體兼彩文，鳴聲清婉，若咨咨然，與「蚻蚻」之聲相轉矣。

蠽者，《說文》云：「小蟬蜩也。」《方言》云：「蜩蟧謂之蟊蜩。」郭注：「江東呼爲蟊蠽也。」是「蟊」「茅」同。《方言》又云：「蟬，其小者謂之麥蚻。」郭注：「今關西呼麥蠽音癰癥之癥。」然則麥蠽即蟊蠽，「麥」、「蟊」聲亦相轉。今此蟬形尤小，好鳴於草稍也。

蝒者，《說文》云：「馬蜩也。」《方言》云：「其大者謂之蟧，或謂之蝒馬。」此言非矣，蝒乃馬蜩，非名蝒馬，故郭議其誤耳。《初學記》引孫炎曰：「蝒馬，蜩蟬最大者也。」今此蟬呼爲「馬鱉蟟」，其形龐大而色黑，鳴聲洪壯，都無回曲。《本草》云：「蚱蟬生楊柳上。」「蚱」，音「笮」，此蟬之聲似之今馬鱉蟟，好登樹顛，尤喜楊柳林中噪，殆此是矣。

蜺者，《說文》云：「寒蜩也。」《夏小正》云：「寒蟬鳴。寒蟬也者，蝭蠑也。」《方言》云：「蟪謂之寒蜩。寒蜩，瘖蜩也。」郭注：「似小蟬而色青。」高誘《淮南》注：「寒蟬，青色也。」今此蟬青緑色，鳴聲幽抑，俗人呼之「秋涼」者也。郭云「寒蜚」，《本草》陶注：「寒蜚，九月十月中鳴，甚悽急。」然則寒蜚能鳴，《方言》以爲瘖蜩，《廣雅》以爲闇蜩，「闇」與「瘖」同。郭引《月令》以駁《方言》，謂寒蜩非瘖。竊詳古記，驗以今所見聞，寒蟬悽咽，抱樹苦吟，及至秋晏，默爾聲沈。故《後漢書·杜密傳》云：「劉勝知善不薦，聞惡無言，隱情惜己，自同寒蟬。」李賢注云：「寒蟬，謂寂默也。」是寒蟬閟響，當在深秋，涼風初至，方始有聲，故《月令》記其鳴，而《方言》謂之瘖，其義各有當也。陶注以蚱蟬爲瘂蟬，雌不能鳴，亦非矣。

《說文》：「螇，螇鹿，蛁蟟也。」又云：「蛜蚗，蛁蟟也。」《方言》云：「蛥蚗，齊謂之螇螰，楚謂之蟪蛄，或謂之蛉蛄，秦謂之蛥蚗，自關而東謂之虭蟧，或謂之蝭蟧，或謂之蜓蚞，西楚與秦通名也。」郭注：「江東人呼蟂蟧。」按：《方言》作「虭蟧」，《夏小正》作「蝭蠑」，《廣雅》作「蝷蟧」，《説文》作「蛁蟟」，《淮南·道應》篇注作「貂蟟」，今東齊人謂之「德蟧」，或謂之「都盧」，楊州人謂之「都蟟」，皆「蜓蚞」「螇螰」之語聲相轉，其不同者，方音有輕重耳。陶注《本草》云：「七月、八月鳴者名蛁蟟，色青。」按：今德蟧正以七月鳴，其鳴自呼，其色青碧，形小修長，順天人謂之「夫爹」「夫娘」者也。《鹽鐵論·散不足》篇云：「諸生獨不見季夏之螇乎？音聲入耳，秋風至而無聲。」今此蟬八月中即不鳴矣。

蛣蜣，蜣蜋。黑甲蟲，噉糞土。

《説文》：「渠蜋，一曰天社。」《廣雅》云：「天社，蜣蜋也。」《集韵》《類篇》引《説文》作「渠蜋蜋」，《御覽》九百四十六引作「蜋蜋」，無「渠」字。《玉篇》云：「蜋與蜣同，又其虐切。」《廣韵》：「蜋，其虐切，又丘良切。」是「蜣」字正作「蜋」，故《説文》以「蜋」爲蜣，今本「渠蜋」下脱「蜋」字，當據《集韵》《類篇》增補。然則蜋蜋即蜣蜋，「渠」字似衍，故《御覽》引無渠字。然以聲義求之，「渠」「蜋」雙聲，「蜣」「蜋」疊韵，「蛣」「蜣」亦雙聲也。準是而言，《説文》之「渠蜋」，即《爾雅》之「蛣蜣」，《御覽》蓋脱渠字耳。證以「蛶蝣，渠略」，《説文》作「蟸蜋」，蟸與渠同，竝古字異文，是其例矣。蜣蜋體圓而純黑，以土裹糞，弄轉成丸，雄曳雌推，穴地納丸，覆之而去，不數日閒有小蜣蜋出而飛去，蓋字乳其中也。《莊子·齊物論》篇云：「蛣蜣之智在於轉丸。」是矣。此有二種，小者體黑而闇，晝飛夜伏，即轉丸者；一種大者，甲黑而光，頂上一角如錐，腹下有小黄子附母而飛，晝伏夜出，喜向燈光，共飛聲烘烘然，俗呼之鐵甲將軍。宜入藥用，處處有之。《御覽》引《廣志》云：「交州無蜣蜋。」

蝎，蛣蝠。木中蠹蟲。

「蝠」，《説文》作「蚍」，云「蛣蚍也」。「蛣蚍，蝎也」。蝎即蝤蠐，今亦通呼「蝎蟲」。《詩·碩人》正義引孫炎曰：「蝎，木蟲也。」下又云：「蝎，桑蠹。」

蠰，齧桑。似天牛，長角，體有白點，喜齧桑樹，作孔入其中，江東呼爲「齧髮」。

《玉篇》：「蠰，齧桑蟲也。」《淮南·道應》篇云：「猶黄鵠與蠰蟲也。」《釋文》：「蠰，孫音傷。」郭云「似天牛」者，陳藏器《説蠐螬》云：「蝎在朽木中，至春羽化爲大牛，兩角狀如水牛，色黑，背有白點，上下緣木，飛騰不遥。」是其形狀也。天牛夏月有之，俗言出則主雨。今齧桑蟲形似天牛，淺黄色，角差短，喜緣桑上。郭云「齧桑樹作孔」，蓋指此矣。是蠶桑、天牛，非一物，説者多不辨之。

諸慮，奚相。未詳。

《釋文》：「慮，本或作𧊯。相，舍人本作桑。」是此蟲名「奚桑」，與「蠶桑」相次，疑是其類。翟氏《補郭》云：「諸慮與山櫐同名。」

蜉蝣，渠略。似蛣蜣，身狹而長，有角，黄黑色，叢生糞土中，朝生暮死，豬好啖之。

「渠略」，《説文》作「蟸蟟」，一曰「蜉蝣」。朝生莫死者，《方言》云：「蜉蟻，秦、晉之閒謂之蟝蟷。」郭注：「似天牛而小，有甲角，出糞土中，朝生夕死。」《夏小正》：「五月，浮游有殷。殷，衆也。浮游者，渠略也，朝生而莫死。」《詩》傳本《小正》文，《正義》引孫炎亦用《小正》。舍人曰：「蜉蝣，一名渠略，南陽以東曰蜉蝣，梁、宋之閒曰渠略。」陸璣《疏》云：「蜉蝣，方土語也，通謂之渠略，似甲蟲，有角，大如指，長三四寸，甲下有翅，能飛，夏月陰雨時地中出，今人燒炙噉之，美如蟬也。」樊光謂之「糞中蝎蟲，隨陰雨時爲之，朝生而夕死」。今按：此蟲形狀一如樊、郭所説。《淮南·詮言》篇云：「龜三千歲，蜉蝣不過三日。」《説林》篇云：「蜉蝣不食不飲，三日而死。」是蜉蝣雖短期，非必限以朝夕，説者甚其詞耳。《莊子・逍遥游》篇云：「朝菌不知晦朔。」《淮南・道應》篇引作「朝秀」，《廣雅》作「朝蟒」，高誘注：「朝秀，朝生莫死之蟲也，生水中，狀似蠶蛾，一名孶母，海南謂之蟲邪。」如高所説，則此蟲生水中。故《抱朴子・對俗》篇云：「魚伯識水旱之氣，「魚伯，青蚨」，見《廣雅》。蜉蝣曉潛泉之地。」《類聚》引《廣志》曰：「蜉蝣在水中，翕然生，覆水上，尋死隨流。」竝以蜉蝣爲水蟲，與高注合。然則蜉蝣即朝秀矣。「朝秀不知晦朔」與「蟪蛄不知春秋」，正以二蟲爲對，又據晦朔而言，可知非以朝夕爲限矣。

蛂，蟥蛢。甲蟲也。大如虎豆，緑色，今江東呼「黄蛢」，音「瓶」。

「蛂」，《説文》作「蟠」，云「蟠蟥也。」又云：「蛢，蟠蟥，以翼鳴者。」鄭注《梓人》云：「翼鳴，發皇屬。」蓋「發」「蛂」聲近，「皇」「蟥」字通也。但詳許、鄭竝以蛂蟥名蛢，郭以黄蛢名蛂，師讀不同。又以緑甲蟲爲黄蛢，今甲蟲緑色者長二寸許，金碧熒然，江南有之，婦人用爲首飾，郭義或當指此，然未聞此蟲能翼鳴也。《御覽》引孫炎曰：「翼在甲裏。」今驗甲蟲能飛，皆甲下有翅，不獨此耳。《一切經音義》十五引注「緑色」下作「江南呼爲黄瓦蛂，音扶結反」。與今注異。《釋文》：「蛂，謝音弗，沈符結反。蟥，郭音王，本或作黄。」

蠸，輿父，守瓜。今瓜中黄甲小蟲，喜食瓜葉，故曰「守瓜」。

《説文》：「蠸，蟲也。」《玉篇》：「蠸，食瓜蟲。」是蠸一名「輿父」，一名「守瓜」也。《莊子·至樂》篇云：「瞀芮生乎腐蠸。」《釋文》引司馬彪云：「蟲名也。《爾雅》云：一名守瓜。」《列子·天瑞》篇釋文謂瓜中黄甲蟲也。今按：此蟲黄色，小於盤蝥，常在瓜葉上，食葉而不食瓜，俗名「看瓜老子」者也。《齊民要術》引崔寔曰：「十二月臘時祀炙萐，樹瓜田四角，去蟲。」蟲，胡濫反，瓜蟲，非此。

蝚，蛖螻。蛖螻，螻蛄類。

不蜩，王蚁。未詳。

蛖螻，郭既云：「螻蛄類」，則不蜩亦必蜩類。翟氏《補郭》云：「《詩》《書》及古金石文不多通丕。丕，大也。王蚁亦大之稱，此必蜩中之大者。前文蜩凡五見。《方言》云：『蟬大而黑者謂之蛥。』是『蝒，馬蜩』之外，尚有名蛥一種，爲蜩之大者。此丕蜩疑其物。今呼黑大蜩爲老鑱，鑱即蛥音之轉。」《集韵》「蛥亦才仙切」，是也。「俗人或謂之王師太，猶古王蚁之遺言也。」

蛄䗐，强蛘。今米穀中蠹小黑蟲是也。建平人呼爲「蛘子」，音「芉姓」。

《說文》：「䗐，蛄䗐，强芉也。」《釋文》引《說文》作「羊」。《字林》作「蛘」，云「搔蛘」，非也。《方言》云：「姑䗐謂之强蛘。」郭注：「米中小黑甲蟲也。江東謂之蛪，音加；建平人呼蛘子，音芉，芉即姓也。」今按：此蟲大如黍米，赤黑色，呼爲牛子，音如甌子，登萊人語也。廣東人呼「米牛」，紹興人呼「米象」，竝因形以爲名。《廣雅》云：「蚲、蠽、蝔蜡，蛘也。」未審即此蟲否？

不過，蟷蠰。蟷蠰，螗蜋別名。其子蜱蛸。一名䗃蟭，蟷蠰卵也。

《說文》：「蠰，蟷蠰也。」「蟷，蟷蠰，不過也。」又云：「蟲，蟲蛸也。」「蟲蛸，堂蜋子。」「蟲」，或作「蜱」。《月令》云：「小暑至，螳蜋生。」鄭注：「螵蛸母也。」《正義》引舍人云：「不蝸名蟷蠰，今之螳蜋也。」孫炎云：「蟷蠰，螳蜋，一名不蝸。」李巡云：「其子名蜱蛸，即螵蛸。」按：「蜱」「螵」聲轉，「蟷」「螳」「蠰」亦聲相轉也。《類聚》九十七引王瓚問曰：「《爾雅》云：『莫貈，螳蜋。』同類物也。今沛魯以南謂之蟷蠰，三河之域謂之螳蜋，燕趙之際謂之食肬，齊濟以東謂之馬敫。然名其子則同云螵蛸，是以注云：螳蜋，螵蛸母也。」此蓋《鄭志》之文，《月令》疏引作《方言》，誤也。《本草》：「桑螵蛸，一名蝕肬，生桑枝上。」《蜀圖經》云：「此物多在小桑樹上，叢荆棘閒，竝螳蜋卵也。三月四月中，一枝出小螳蜋數百。」故《御覽》引《范子計然》云：「螵蛸出三輔。」又引《吴普本草》云：「桑螵蛸，一名冒焦。」按：「冒焦」「螵蟭」亦皆「螵蛸」聲之轉也。《廣雅》以螵蛸爲鳥洟，《酉陽雜俎》以爲野狐鼻洟，今驗螵蛸初著樹，未凝時有似鼻洟，及至堅成，如繭包裘裹，黏著樹枝，不能解也。

蒺蔾，蝍蛆。似蝗而大腹，長角，能食蛇腦。

《廣雅》云：「蝍蛆，吴公也。」《玉篇》云：「蝀蟍，蝍蛆，能食蛇，亦名蜈蚣。」《莊子·齊物論》篇云：「蝍蛆甘帶。」《釋文》引司馬彪云：「帶，小蛇也，蝍蛆好食其眼。」《淮南·説林》篇云：「騰蛇游霧而殆於蝍蛆。」《關尹子·三極》篇云：「蝍蛆食蛇，蛇食蛙，蛙食蝍蛆，互相食也。」是皆以蝍蛆即蜈蚣也。蜈蚣似蚰蜒而長大，尾末有岐。郭云「似蝗而大腹，長角」，則必非蜈蚣矣。高誘《淮南》注以蝍蛆爲蟋蟀，但蟋蟀似蝗而小，亦非大腹。《唐本草》注：「山東人呼蜘蛛，一名蝍蛆，亦能制蛇。」但蜘蛛雖大腹而無長角，又不似蝗，此二物亦未聞能食蛇也。《初學記》十九引蔡邕《短人賦》云：「蟄地蝗兮蘆蝍蛆。」以蝍蛆與蝗爲類。又以譬況短人，決非蜈蚣之比。今有一種蚚蜢蟲，大腹長角，色紫緑而形麤短，俚人呼之「山草驢」，亦名「蛆蛆」，與「蝍蛆」聲近。蔡賦、郭注疑俱指此物，而食蛇之説又所未聞。《淮南・説林》篇注：「蝍蛆，蟋蟀，《爾雅》謂之蜻蛪，大腹也，上蛇，蛇不敢動，故曰殆於蝍蛆。」然則蝍蛆似蜻蛚而大腹，高注所説與郭義正合，但未識是今何物耳，姑存之，以俟知者。

蝝，蝮蜪。蝗子未有翅者。《外傳》曰：「蟲舍蚳蝝。」

《説文》：「蝝，復陶也。劉歆説：蝝，蚍蜉子。董仲舒説：蝗子也。」按：《五行志》引董仲舒、劉向竝以爲蝗始生，劉歆則謂蚍蜉之有翼者，食穀爲災。今驗飛螘未聞食穀，歆説爲短。《春秋・宣十五年》「冬蝝生」，杜預注從董、劉，以爲螽子，是也。《魯語》云：「蟲舍蚳蝝。」韋昭注：「蝝，復陶也，可食。」鄭注《祭統》亦以陸産之醢爲蚳蝝之屬矣。今呼蝝爲「蝮蝻子」，「蝻」讀若「闌」。《釋文》：「蝮，郭蒲篤反。」

蟋蟀，蛬。今促織也。亦名蜻〔一〕蛪。

〔一〕蜻，《爾雅》宋刊十行本作「青」。

《說文》：「蛪，悉蛪也。」「蛚，蜻蛚也。」《考工記》「以注鳴者」，鄭云：「精列屬。」《方言》云：「蜻蛚，楚謂之蟋蟀，或謂之蛬，南楚之閒謂之蚟孫。」《詩》毛傳云：「蟋蟀，蛬也。」《正義》引李巡曰：「蛬，一名蟋蟀。蟋蟀，蜻蛚也。」陸璣《疏》云：「蟋蟀似蝗而小，正黑有光澤如漆，有角翅，一名蛬，一名蜻蛚，楚人謂之王孫，幽州人謂之趨織，里語曰『趨織鳴，嬾婦驚』，是也。」《月令》疏引孫炎曰：「蜻蛚也，梁國謂之蛬。」按：今順天人謂之「趨趨」，即「促織」「蟋蟀」之語聲相轉耳。蔡邕以蟋蟀爲斯螽，高誘以蝍蛆爲蟋蟀，皆異說也。

蟼，蟆。蛙類。

《說文》：「蟆，蝦蟆也。」《急就篇》云：「水蟲科斗鼃蝦蟆。」顏師古注：「蛙，一名螻蟈，色青，小形而長股。蝦蟆，一名蟼，大腹而短腳。」今按：蝦蟆居陸，蛙居水，此是蟆非蛙也。郭注失之。《釋魚》云：「在水者黽。」郭注：「耿黽也。」「耿黽」「蟼蟆」聲雖相轉，而非一物也。

蛝，馬蝬。馬蠲，蚐，俗呼「馬蝬」。

《廣雅》云：「蛆蟝，馬蠲，馬蚿也。」又云：「馬蚿，北燕謂之蛆蟝，其大者謂之馬蚰。」郭注：「蚿音弦，蚰音逐。」是「蚰」「蠲」同，「蚿」即「蚿」之異文，「蝬」即「蠲」之轉聲。「馬蠲」，《御覽》引《吴普》作「馬軸」，《本草》作「馬陸」，一名「百足」。《莊子·秋水》篇云：「使商蚷馳河，必不勝任矣。」司馬彪注：「商蚷，蟲名，北燕謂之馬蚿。」高誘《吕覽》注云：「馬蚿，幽州謂之秦渠。」然則「秦渠」「商蚷」亦即「蛆蟝」之聲轉，皆一物矣。郭云「馬蠲，蚐」者，「蚐」音「均」，《説文》：「蠲，馬蠲也。」引《明堂月令》曰：「腐草爲蠲。」《吕覽·季夏紀》作「腐草化爲蚈」，高注：「蚈，馬蚿也，蚈讀如蹊徑之蹊。」《御覽》引許慎《淮南·時則》篇注云：「蚈，馬蠸也。」是「蠸」「蚈」「蠲」「蚐」俱聲相轉。高注「馬蚈，一名螢火」，非也。今《月令》雖云「腐草爲螢」，而螢非蠲也。陶注《本草》「馬陸」云：「此蟲足甚多，寸寸斷便寸行。」又引李當之云：「蟲形長五六寸，狀如大蛩，夏月登樹鳴，冬則蟄，今人呼爲飛蚿蟲也。」今按：蚿不能飛，而鳴聲可聽。故《宋書·隱逸·王素傳》云：「山中有蚿蟲，聲清長，聽之使人不厭，而其形甚醜，素乃爲《蚿賦》以自況也。」《唐本草》注：「此蟲亦名刀環蟲，以其死側卧，狀如刀環也。」按：今人呼之「百腳蟲」，紫黑色而光潤，節間蹙起細紋，人觸之即側卧，非必死也。

皐螽，蠜。《詩》曰：「趯趯阜螽。」草螽，負蠜。《詩》曰：「喓喓草蟲。」謂常羊也。蜤螽，蜙蝑。蜙蠑也。俗呼「蝽蟒」。蟿螽，螇蚸。今俗呼似蜙蠑而細長，飛翅作聲者爲「螇蚸」。土螽，蠰谿。似蝗而小，今謂之「土蝶」。

《春秋・宣十五年》疏引李巡云：「皆分別蝗子異方之語也。」《說文》「螽」「蝗」互訓。「螽」或作「蝝」，《春秋》書「螽」，《公羊》作「蝝」。牟廷相說：「《詩》云『衆維魚矣』，衆疑蝝之省文，蓋蝝魚相化，協於夢占。」牟說是也。皐螽，蠜者，皐螽名「蠜」，《詩》作「阜螽」，《正義》引李巡曰：「皐螽，蝗子也。」陸璣云：「今人謂蝗子爲螽子，兖州人謂之螣。」然則螽爲總名，皐螽亦螽之統稱矣。《漢書・文帝紀》注：「今俗呼爲簸蝩。」「蝩」蓋「螽」之或體，「簸蝩」即「皐螽」，聲之轉也。

「草螽」，《詩》作「草蟲」，蓋變文以韵句，「蟲」「螽」古字通也。負者，叚借字，《詩》作「阜」，《說文》作「𠂤」，云：「𠂤蠜也。」《詩》釋文引《草木疏》云：「草螽，一名負蠜，大小長短如蝗而青也。」《正義》引云：「奇音青色，好在茅草中。」如陸所說，蓋今之「青頭郎」，大小如蝗而色青，即蝗之類，未聞能鳴。今驗一種青色善鳴者，登萊人謂之「聒子」，濟南人謂之「聒聒」，竝音如「乖」，順天人亦謂之「聒聒」，音如「哥」。體青緑色，比蝗麤短，狀類蟋蟀，振翼而鳴，其聲清滑，及至晚秋，鳴聲猶壯。《詩·出車》箋：「草蟲鳴晚秋之時及。」陸璣《疏》：「奇音青色，唯此足以當之。」毛傳：「草蟲，常羊也。」常羊，今未聞。

《説文》：「蝑，蜙蝑也」，「蜙，蜙蝑，以股鳴者。」蜙或作蚣。鄭注《梓人》云：「股鳴，蚣蝑動股屬。」以動股、蚣蝑爲二物，非也。《詩》之「螽斯」「斯螽」，毛傳竝云「蚣蝑」，是一物也，「斯」與「蜇」聲義同。《釋文》「蜇亦作蟴」，或體字也。蚣蝑亦爲舂黍，《詩疏》引舍人曰：「蚣蝑，今所謂舂黍也。」《方言》云：「舂黍謂之𧍪蝑，又爲蚣蜙。」郭此注及《方言》注竝云：「蚣蜙是皆語聲之遞轉耳。」「舂黍」，《廣雅》作「蠢蝵」，又爲「舂箕」。《詩》正義引陸璣《疏》云：「螽斯，幽州人謂之舂箕。舂箕即舂黍，蝗類也，長而青，長角長股，股鳴者也。或謂似蝗而小，班黑，其股似瑇瑁文，五月中以兩股相切作聲，聞數十步。」今按：陸説未盡，嘗驗此類有三種：一種碧緑色，腹下淺赤，體狹長，飛而以股作聲戛戛者，蜙蝑也，陸《疏》前説是也；一種似蝗而班黑色，股似瑇瑁文，相切作聲咨咨者，陸《疏》後説是也；又一種亦似蝗而尤小，青黄色，好在莎草中，善跳，俗呼跳八丈，亦能以股作聲，甚清亮。此三者皆動股屬也。陸不知青而長者爲蜙蝑，鄭不知蜙蝑即動股，胥失之矣。

蟿螽者，《春秋・桓五年》正義引樊光云：「蟿螽、土螽，皆蚣蝑之屬。」郭以似蚣蝑而細長，飛翅作聲者爲蟿螇，郭説得之。今驗蟿螇全似蚣蝑而細小，飛翅作聲，尤清長，俗呼之「蛤蒼板」，是也。《釋文》：「螇，郭音歷，孫音昔。」

土螽者，今土蝁蚝也。亦有二種：一種體如土色，似蝗而小，有翅，能飛不遠；又一種黑班色而大，翅絶短，不能飛，善跳，俗呼之度音「鐸」。蝁蚝，即土蝁蚝也。郭云「土蠑」者，《釋文》：「蠑，又作蚝，竹宅反。詰幼云：蚝，蚝蜢也，善跳。蜢，音猛。」「蚝蜢」，《方言》作「蟅蟒」，郭注：「蟒，莫鯁反，蟅音近詐，亦呼蚝蝁。」今按：登萊人呼「蝁蚝」，音如「禡詐」，楊州人呼「抹扎」，班黑者爲土抹札也。

螼蚓，蜸蚕。即𧍯蟺也。江東呼「寒蚓」。

《説文》：「螼，螾也。」「螾，側行者。」「螾」，或作「蚓」。鄭注《梓人》則以「仄行，蟹屬，卻行，螾衍之屬」。劉昌宗云：「螾衍，或作衍蚓，今曲蟮也。」「蟮」，《説文》作「蟺」，云：「夗蟺也。」《廣雅》云：「蚯蚓，蜿蟺也。」「蚯蚓」即「螼蚓」，聲相轉也。《月令》：「孟夏之月蚯蚓出，仲冬之月蚯蚓結。」舊説蚯蚓無心而淫邪。故《御覽》引郭氏《讚》云：「蚯蚓土精，無心之蟲，交不必分，婬於阜螽，觸而感物，無有常雄。」《大戴禮・易本命》

篇云：「食土者無心而不息。」盧辯注：「蚯蚓之屬，不氣息也。」「蚯蚓」轉爲「朐腮」。《後漢書・吴漢傳》注：「朐腮縣屬巴郡。」《十三州志》云：「朐音蠢，腮音閏，其地下溼，多朐腮蟲，因以名焉。」又轉爲「蠢蝡」。高誘《淮南・時則》篇注：「丘螾，蠢蝡也。」《説山》篇注又云：「螾，一名蜷端也。」然則「蜷端」與「豎蚕」亦語聲之轉矣。《古今注》云：「蚯蚓，一名曲蟺，善長吟於地中，江東謂之歌女，或謂之鳴砌。」郭云「江東呼寒蚓」者，《廣韵》云：「螼，蚯蚓也，吴楚呼爲寒螼。」

莫貈，蟷蜋，蛑。螗蜋，有斧蟲，江東呼爲「石蜋」。孫叔然以《方言》説此，義亦不了。

「蟷蜋」，《説文》作「堂蜋」，云：「堂蜋，一名蚚父。」按：蚚父即拒斧也。高誘注《吕覽・仲夏紀》云：「螳蜋，一曰天馬，一曰齕疣，兖州謂之拒斧。」《淮南》注作「巨斧」，義俱通耳。此蟲有臂如斧。故《莊子・人閒世》篇云：「螳蜋怒其臂以當車軼，不知不勝任也。」《韓詩外傳》云：「此爲天下勇蟲矣。」「螳蜋」，今呼「刀蜋」，聲之轉也。郭云「江東呼爲石蜋」，與《方言》注同。又云「孫叔然以《方言》説此」者，《方言》云：「螳蜋，謂之髦，或謂之虰，或謂之蝆蝆。」孫炎取此《方言》以下文「虰」字上屬，郭所不從也。《釋文》：「貈，本又作貉，孫户各反。蛑，郭音牟，又亡牢反。」然則「蛑」與「髦」字異音同，

「莫」「貘」合聲亦爲「髦」，「蛑蛑」又與「髦」聲相轉，《方言》合於《爾雅》矣。

虰蛵，負勞。或曰即蜻蛉也。江東呼「狐黎」，所未聞。

《說文》：「丁蛵，負勞也。」又云：「蛉，蜻蛉也。一名桑根。」《方言》云：「蜻蛉謂之蝍蛉。」郭注：「六足四翼蟲也，江東名爲狐黎，淮南人呼蠊蛜。」《廣雅》云：「蜻蛉、蝍蛉，倉螘也。」「倉螘」「桑根」「蝍蛉」「蜻蛉」俱聲相轉，「蠊蛜」、「倉螘」「蜻蛉」「虰蛵」又聲相近也。《呂覽・精諭》篇云：「海上之人有好蜻者。」高誘注：「蜻，蜻蜓，小蟲，細腰四翅，一名白宿。」《淮南・說林》篇云：「水蠆爲蟌。」高注：「蟌，青蛉也。」《爾雅翼》云：「水蠆既化蜻蛉，蜻蛉相交，還於水上，附物散卵，復爲水蠆也。」《本草》陶注：「蜻蛉，一名諸乘。」《古今注》云：「一名青亭，色青而大者是也。小而黃者曰胡黎，一曰胡離。小而赤者曰赤卒，一名絳騶，一名赤衣使者，一名赤弁丈人，好集水上。」按：今呼赤色者爲「火壺盧」，即「紅胡黎」之聲轉也。大而青者，順天人呼「老琉璃」，亦曰「馬郎馬」。古讀如「姥」，「姥」「負」音近，「郎」「勞」聲轉，然則「馬郎」即「負勞」之遺語乎？

蜭，毛蠹。即蛓。

《説文》：「蜭，毛蠹也。」又云：「蛓，毛蟲也。讀若笥。三字據《釋文》補。」《釋文》云：「今俗呼爲毛蛓，有毒，螫人。《楚辭·九思》篇云：『蛓緣兮我裳。』」

蟔，蛅蟴。蛓屬也。今青州人呼蛓爲「蛅蟴」。孫叔然云「八角螫蟲」，失之。

《説文》云：「蛅斯，墨也。」《本草》：「雀甕，一名躁舍。」《别録》：「生樹枝閒，蛅蟴房也。」陶注：「蛅蟴，蚝蟲也，其背毛螫人。」陳藏器云：「蚝蟲好在果樹上，大小如蠶，背有五色斕毛，刺人有毒。欲老者口中吐白汁，凝聚如雀卵，以甕爲繭，在中作蛹，羽化而出，作蛾，放子如蠶子於葉閒。」按：今登萊人呼蛅蟴爲「蟤蛓」，「蟤」「蟔」聲相轉也。其甕呼蟤蛓甕，紫白光潤如漆，其中汁黄味甘，兒童恒破其甕吸之。孫炎以蛅蟴爲八角螫蟲者，背毛攢族如起棱角，非真有八角也。

蟠，鼠負。瓮器底蟲。

《説文》：「蟠，鼠婦也。」又：「䶈，讀若樊，或曰鼠婦。」是「䶈」「蟠」同，「婦」「負」古字通。《釋文》：「負又作婦。」是也。《詩》疏引陸璣《疏》云：「伊威，一名委黍，一名鼠婦，在壁根下甕底土中生，似白魚者，是也。」今按：鼠婦長半寸許，色如蚯蚓，背有横文，腹下多足，生水瓨底或牆根溼處，此蟲名蟠，不名負蟠。《本草》「鼠婦，一名負蟠」，非也。陶注「一名鼠姑」，又因鼠婦而爲名耳。《本〔一〕草》又有「䗪蟲」，一名「地鼈」，《别録》：「一名土鼈，其形圓扁，大可寸餘，背上亦有横文。」但其色黑不類鼠婦，好在鼠壤土中及屋壁下，二物形狀、大小迥别。《本草》亦分爲二。《廣雅》以「䗪」爲負蠜，「蠜」一作「蟠」，蓋沿《本草》「鼠婦，一名負蟠」而誤。《玉篇》遂云：「䗪，鼠婦，負蠜也。」則又沿《廣雅》而誤矣。《御覽》九百四十九引《説文》云：「蟠䗪，鼠婦也。」「蟅」乃衍字。《説文》「蟅」訓螽。《秋官·赤犮氏》注以「䗪」爲貍，蟲貍與薶同，是許、鄭皆不以䗪爲鼠婦也。説者多誤，故辨而正之。《本草》：「䗪蟲，即俗呼過蚤孃也。」《埤雅》云：「䗪逢申日則過街與燈蛾爲牝牡。」

蟫，白魚。衣書中蟲，一名「蛃魚」。

《説文》：「蟫，白魚也。」《廣雅》：「白魚，蛃魚」，是郭所本。《詩》疏引陸璣《疏》云：「蘭香草可箸粉中，藏衣箸書中，辟白魚。」《本草》：「衣魚，一名白魚。」鄭注《秋官·翦氏》云：「蠹物，穿食人器物者，蠹魚亦是也。」《穆天子傳》云：「蠹書於羽陵。」郭

〔一〕本，原誤「木」，據楊胡本、《經解》本改。

注：「暴書蠹蟲，因曰蠹書也。」今按：白魚長僅半寸，頗有魚形而岐尾，身如傅粉，華色可觀，亦名壁魚，一名蠹魚。古人簡版寫書，非如近今用紙，而白魚名狀，流播來今，瑰色殊形，含咀英華，異於凡蠹者也。

蛾，羅。 蠶蛾。

《說文》：「䖸〔一〕，蠶化飛蟲。或作蛾。」又《虫部》：「蛾，羅也。」《大戴禮》云：「食桑者有絲而蛾。」《廣雅》云：「蛢，蛾也。」《類聚》引《廣志》云：「有蠶蛾，有天蛾。凡草木蟲，以蛹化爲蛾甚衆。」然則「蛾」「羅」通名，凡蛺蜨之類皆是。郭以蠶蛾爲釋，恐非。《埤雅》引孫炎《正義》云：「蛾即是雄，羅即是雌。」今按：蟲類雖有雌雄，但「蛾」「羅」疊韵，古人多取聲近爲名，亦猶《釋草》之「莪，羅」，非草有雌雄也，孫炎此義理未通矣。此別是一孫炎，《宋史·藝文志》「孫炎《爾雅疏》十卷」。邢昺《序》謂爲《義疏》者，俗閒有孫炎、高璉，皆淺俗，即《埤雅》所引者也。

〔一〕䖸，原誤「蛾」，楊胡本、《經解》本同，據《說文解字》改。

䳜，天雞。小蟲，墨身，赤頭。一名莎雞，又曰「樗雞」。

《釋文》「翰，《字林》作䳜」，蓋别於《釋鳥》之「翰，天雞也」，今從宋本作「䳜」。莎雞者，《詩·七月》傳：「莎雞，羽成而振訊之。」《正義》引樊光云：「謂小蟲，黑身赤頭，一名莎雞。」孫、郭義同。李巡曰：「一名酸雞。」「酸」「莎」聲相轉也。陸璣《疏》云：「莎雞如蝗而班色，毛翅數重，其翅正赤，或謂之天雞。六月中飛而振羽，索索作聲，幽州人謂之蒲錯。」按：今謂「趿踏蟲」即「索索」，語聲之轉耳。郭又云「樗雞」者，《本草》「樗雞生樗樹上」，今驗其蟲，外翼灰色，内翅純紅，形似蠶蛾，因呼「灰花蛾」，飛翔樗樹閒，故《廣雅》以爲樗鳩，「鳩」「雞」聲亦相轉。王德瑛説：蘇頌《圖經》呼「紅娘子」，今俗亦同此名。然視其頭亦灰色而不赤，惟眼赤色，郭云「黑身赤頭」，殊不似也。余按：《廣雅》不云「樗雞」即「莎雞」，郭義未見所出。《御覽》引《廣志》云：「莎雞似蠶蛾而五色亦曰䳜雞。」「䳜」與「樗」雖聲轉，而樗雞非莎雞，《廣志》及郭志疑皆同名，非一物也。詳考諸家之説，俱非確義，惟陸璣《疏》於義爲長。

傅，負版。未詳。

《釋文》：「版，亦作蝂。」《玉篇》云：「蝜蝂，蟲大如蜆，有毒。」又云：「蝂，蟤蝜也。」

布莫、於犬二音。按：「蚹」「版」聲轉，「蟳蝜」即「版」之合聲。柳子《蝜蝂傳》云：「蝜蝂者，善負小蟲也。行遇物，輒持取，卬首負之。負逾重，雖困劇不止。背甚澀，物積不散，卒躓仆不能起。人或憐之，爲去負，苟能行，又持取如故。好上高，極其力至墜地死。」今驗此蟲黑身，爲性躁急，背有齟齬，故能負不能釋，但其名今未聞。

强，蚚。即强醜捋。

「强」「蚚」雙聲，《説文》「强」「蚚」互訓，《玉篇》「强，米中蠹小蟲」，是强、蚚即上「蛄䗐，强蝆」也。郭以下文「强醜捋」爲釋，是矣。

蛶，螪何。未詳。

《説文》：「蛶，商何蟲。」《釋文》引《字林》：「螪，蓋作螪，故音之赤反。何，或作蚵。音河。」《玉篇》：「蛶，螪蚵也。」又云：「蚵蠪，蜥易。」本於《廣雅》。《集韵》引《爾雅》「蛶，螪何」，亦以爲蜥易類也。蓋「螪」字作「螪」，依吕忱音正「蜥易」之合聲，《集韵》説是。

蜆，蛹。蠶蛹。

《説文》：「蛹，繭蟲也。」「蜆，蛹也。讀若潰。」荀子《蠶賦》云：「蛹以爲母，蛾以爲父。」《埤雅》引孫炎《正義》：「蜆即是雄，蛹即是雌。」

蜆，縊女。小黑蟲，赤頭，喜自經死，故曰「縊女」。

《説文》：「蜆，縊女也。」《六書故》引《説文》蜀本曰：「蛻爲蝶也。」《御覽》九百四十八引孫炎曰：「小黑蟲，赤頭，三輔謂之縊女。此蟲多，民多縊死。」又引《異苑》云：「蜆長寸許，頭赤身黑，恒吐絲自懸。」按：今此蟲吐絲自裹，望如披蓑，形似自懸，而非真死，舊説殊未了也。《爾雅翼》云：「有蟲半寸以來，周圍植以自裹，行則負以自隨，亦化蛹其中，俗呼避債蟲。」羅願説此於「蛄蟴」下，不知此乃「蜆，縊女」也。蜆之言猶磬也。「磬於甸人」與「自經於溝瀆」之經義同，而音亦近。《釋文》：「蜆，孫音俔。俔，若見反。」「俔天之妹」，《毛詩》作「俔」，《韓詩》作「磬」，「磬」「俔」聲相轉也。孫炎讀「蜆」爲「俔」，得其音矣。《釋文》「蜆，下顯反」，《字林》「下研反」，俱失之。

蚍蜉，大螘。俗呼爲「馬蚍蜉」。小者螘。齊人呼蟻爲「蛘」。蠪，朾螘。赤駮蚍蜉。蠞，飛螘，有翅。其子蚳。蚳，蟻卵。《周禮》曰：「蜃，蚳醬。」

《說文》「蠶蠹」或爲「蚍蜉」，「大螘也」，「螘，蚍蜉也」。《方言》云：「蚍蜉，齊、魯之閒謂之蚼蟓，西南、梁、益之閒謂之玄蚼，燕謂之蛾蛘，其場謂之坻，或謂之垤。」《廣雅》云：「蟞蜉，螘也。」餘同《方言》。是蟞蜉即蚍蜉，聲相轉。「蛾」與「蟻」，「蛘」與「蟓」，「蚼」與「駒」，竝字異音同。「螘」「蟻」古今字也。今棲霞人呼螘蛘音如「几養」，蓋「蚼蟓」之聲相轉耳。《夏小正》云：「玄駒賁。玄駒也者，螘也。」《學記》云：「蛾子時術之。」鄭注：「蛾，蚍蜉也。」《易林》云：「蟻封户穴，大雨將集。」又云：「蚍蜉戴粒，留不上山。」是皆以「螘」爲蚍蜉之通名。《爾雅》則以「蚍蜉」爲大螘之名。故《詩·東山》正義引舍人曰：「蚍蜉即大螘也，小者即名螘也。」《楚辭·招魂》注亦云：「小者爲蟻，大者爲蚍蜉。」本於《爾雅》也。蚍蜉，今順天人呼「馬螘」，棲霞人呼「馬螘蛘」。

《說文》：「蠪，丁螘也。」「丁」與「朾」音同。《釋文》：「朾，孫丈耕反。」然則朾之爲言赬也，「赬」「朾」音近，此螘赤駮，故以爲名。《海内北經》云：「朱蛾，其狀如蛾。」郭注引《楚辭》曰：「赤蛾如象。」今螘亦有赤黄色者。

《釋文》：「蠞，於貴反。《說文》《字林》從蚰。」按：今《說文》無「蚰」字，「蚰」又非聲，唯「蝝」字引劉歆説「蚍蜉子」，其義疑也。《類聚》引《廣志》曰：「有飛蟻，有木蟻。」《爾雅翼》云：「螘有翅者，柱中白螘之所化也。以泥爲房，詰曲而上，往往變化生羽，遇天晏温，羣隊而出，飛不能高，尋則脱翼藉藉，在地而死。」今按：劉歆以蝝爲蚍蜉之有翼者，蓋謂此也。今黑色螘亦有生翼者，但不解飛耳。

《説文》：「蚳，螘子也。《周禮》有蚳醢，讀若祁。」鄭注《醢人》云：「蚳，蛾子。」《夏小正》：「二月抵蚳。蚳，螘卵也，爲祭醢也。」《魯語》云：「蟲舍蚳蝝。」

次蟗，鼅鼄。鼅鼄，鼄蝥。今江東呼「蝃蝥」，音「掇」。土鼅鼄，在地中布網者。草鼅鼄。絳〔一〕幕草上者。

「次蟗」，《説文》作「蠿蟊」，云：「作罔蛛蟊也。」又云：「鼅鼄，鼄蟊也。」或作「蜘蛛」。然則「蜘蛛」「次蟗」「蠿蟊」「鼄蟊」竝聲轉聲近字也。《釋文》：「蟗，或作蝥，郭音秋。」《方言》俱本《爾雅》，又云：「或謂之蠾蝓。蠾蝓者，侏儒語之轉也。北燕、朝鮮、洌水之閒謂之蝳蜍。」郭注：「齊人又呼社公，亦言罔工。」蓋蜘蛛工於結網。故《賈子·

〔一〕絳，《爾雅》宋刊十行本作「絡」。

禮》篇云：「蛛蝥作罟。」《抱朴子》云：「太昊師蜘蛛而結網。」《本草》陶注云：「蜘蛛數十種，《爾雅》止載七八種爾。今用懸網，狀如魚罾者，亦名蚍蟱，赤斑者俗名絡新婦。」郭注《方言》《爾雅》竝云：「今江東呼蝃蝥。」《釋文》：「蝃，或作蚍，音章悦反。」是蚍蟱即蝃蝥，「蠾蝓」「蝳蜍」亦聲相近。

土鼅鼄者，《本草拾遺》所云：「蚍蟱在孔穴中作網，開一門出入。」是也。草鼅鼄者，《類聚》引《廣志》云：「草蜘蛛在草上，色青，土蜘蛛在地上，春行草閒，秋系在草。」按：此有數種，青班色及黄赤色竝雜色者，或扁如榆莢，或大如菜子及粟粒，竝布網絡幕草上，亦作孔出入，如土蜘蛛。

土蠭，今江東呼大蠭在地中作房者爲「土蠭」，啖其子，即馬蠭。今荆巴閒呼爲「蟺」，音「憚」。**木蠭**。似土蠭而小，在樹上作房，江東亦呼爲「木蠭」，又食其子。

《説文》：「蠭，飛蟲螫人者。」「逢，蠭甘飴也。」或作「蜜」。《方言》云：「蠭，燕、趙之閒謂之蠓螉。」按：「蠓螉」之合聲爲「蜂」，「蜂」，古讀如「蓬」，見《廣韵》，云出《蒼頡篇》。又音「峰」，是「蜂」與「蠭」同也。土蠭者，《本草》云：「一名蜚零」，陳藏器云：「赤黑色，穴居，最大，螫人至死。」按：土蠭今呼「蠶蜂」，大者氂牛，其房層累，大於十斗甕器。

木蠭者，陶注《本草》「石蜜」云：「木蜜懸樹枝作之，色青白，樹空及人家養作之者亦白而濃厚，味美。又有土蜜於土中作之，色青白，味醶。」今按：木蠭有數種。《方言》云：「其大而蜜謂之壺蠭。」郭注：「今黑蠭穿竹木作孔亦有蜜者，或呼笛師。」然則壺蠭亦木蠭，今呼之「瓠瓟蜂」，陶注所謂「瓟瓠蜂」也。郭云「啖其子」「食其子」者，蜂子肥白，古人珍之。故《内則》云：「爵鷃蜩范。」鄭注：「范，蜂也。」《嶺表録異》云：「宣歙人脱蜂子鹽炒曝乾，寄京洛爲方物。」

蟦，蠐螬。在糞土中。蝤蠐，蝎。在木中。今雖通名爲「蝎」，所在異。

《説文》：「齏，齏螬也。」《方言》作「蠀螬謂之蟦」，《本草》「一名蟦蠐」，《别録》「一名蜸齊，一名教齊」，此皆語聲相轉而爲名也。《莊子·至樂》篇云：「烏足之根爲蠐螬。」《論衡·無形》篇云：「蠐螬化爲復育，復育轉而爲蟬。」《御覽》引陸璣《疏》云：「蠐螬生糞土中。」《别録》云：「生積糞草中。」陶注：「大者如足大指，以背行，乃駃於腳。」按：此物有足而任背行，亦不駛也。

《説文》：「蝤，蝤齏也。」「蝎，蝤齏也。」《詩·碩人》傳用《爾雅》。《方言》云：「蟦螬，自關而東謂之蝤蟦，或謂之卷蠾，或謂之蝖蠀。梁、益之閒謂之蛒，或謂之蝎，或謂之蛭蛒。秦、晉之間謂之蠹，或謂之天螻。」然則此物與螻蛄齊名矣。《詩》正義引孫炎曰：「蠐螬謂之蟦蠐，關東謂之蝤蠐，梁、益之閒謂之蝎。」義本《方言》。但據孫炎及《本草》，則蟦蠐名「螬」，蝤蠐名「蝎」，分明不誤。「蝤」「螬」「蠐」三字俱聲轉，「蠐螬」倒言之即「蝤蠐」，故司馬彪注《莊子·至樂》篇「蠐螬」作「螬蠐」，云：「螬蠐，蝎也。」是螬蠐即蝤蠐，一名溷淆，蓋本之《方言》而誤也。今蠐螬青黃色，身短足長，背有毛筋，從夏入秋，蜕爲蟬。蝤蠐白色，身長足短，口黑無毛，至春羽化爲天牛，陳藏器説如此。今驗二物，判然迥别，以爲一物，非矣。

伊〔一〕威，委黍。舊説鼠婦别名，然所未詳。

《説文》：「蛜威，委黍。委黍，鼠婦也。」《詩·東山》傳用《爾雅》，疏引舍人曰：「伊威名委黍。」陸璣《疏》與舍人同，已見上文「蟠，鼠負」。《本草》「一名蛜蝛」，《别録》「一名蟒蟒」，是舊説俱無異詞，郭云「未詳」，蓋失檢矣。

〔一〕伊，《爾雅》宋刊十行本作「蛜」。

蠨蛸，長踦。小鼅鼄長脚者，俗呼爲「喜子」。

「蠨」，《説文》作「蟰」，云：「蟰蛸，長股者。」《詩》傳用《爾雅》。舍人曰：「蠨蛸名長踦。」陸璣《疏》云：「蠨蛸，長踦，一名長脚，荆州、河内人謂之喜母。此蟲來箸人衣，當有親客至，有喜也。幽州人謂之親客，亦如蜘蛛爲羅網居之。」今按：此蟲作網，但有縱理而無横文，如絡絲之狀。陶注《本草》：「蜘蛛赤斑者名絡新婦。」疑此是也。但所見皆黄色，無赤斑者，其腹榦其瘦小。

蛭蝚，至掌。未詳。

《説文》：「蛭蝚，至掌也。」《本草》「水蛭」，《别録》「一名蚑，一名至掌」。然則《釋魚》「蛭蟣」，即是物也。然水族而在《釋蟲》者，陶注《本草》有「山蚑」，唐本注有「草蛭」，在深山草中，蜀本注有「石蛭」「泥蛭」，《論衡·商蟲》篇云：「下地之澤，其蟲曰蛭，蛭食人足。」此則蛭屬，有在草、泥、山、石閒者，竝能齧人手足，恐人不識，是以《爾雅》流「至掌」之稱矣。

國貉，蟲蠁。今呼蛹蟲爲「蠁」。《廣雅》云：「土蛹蠁蟲。」

《説文》：「蠁，知聲蟲也。司馬相如作蚼。」又云：「禹，蟲也。象形。」《玉篇》：「蠁，禹蟲也。」是禹蟲即蠁，今謂之「地蛹」，如蠶而大，出土中。故《廣雅》云：「土蛹，蠁蟲也。」蠁蟲即蟲蠁。蠁猶嚮也，言知聲嚮也；亦猶向也，言知所向也。《埤雅》引《類從》云：「帶蠁醒迷，遶祠解惑。」《香祖筆記》一引《物類相感志》云：「山行慮迷，握蠁蟲一枚於手中，則不迷。」然則蟲有靈應，故有肸蠁之言矣。

蠖，蚇蠖。今蝍蝛。

《説文》：「蠖，尺蠖，屈申蟲也。」《易·繫辭》云：「尺蠖之屈，以求信也。」「尺」通作「㡿」。《考工記·弓人》云：「麋筋㡿蠖灂。」鄭注：「㡿蠖，屈蟲也。」郭云「今蝍蝛」者，《方言》云：「蠀蝛謂之蚇蠖。」郭注：「即踧二音。」是蠀蝛即蝍蝛。《一切經音義》九引舍人曰：「一名步屈，宋地曰尋桑也，吴人名桑闔。」今驗步屈，小青蟲也，在草木葉上懸絲自縋，亦作小繭，化爲飛蝶，或在桑上，故有「尋桑」「桑闔」諸名。其在它樹上者亦隨所染，故《晏子春秋·外篇》云：「尺蠖食黄則黄，食蒼則蒼。」是矣。其行先屈後申，如人布手知尺之狀，故名「尺蠖」。今作「蚇」，非。《類聚》引《爾雅》正作「尺」，又引郭氏《讚》云：「貴有可賤，賤有可珍。嗟兹尺蠖，體此屈申。論配龍蛇，見歎聖人。」

果臝，蒲盧。即細腰蠭也。俗呼爲「蠮螉」。螟蛉，桑蟲。俗謂之「桑蟃」，亦曰「戎女」。

《説文》云：「蠣臝，蒲盧，細要土蠭也。天地之性，細要，純雄無子。」引《詩》：「螟蠕有子，蠣臝負之。」「蠣」或作「蜾」。又云：「螟蠕，桑蟲也。」《詩·小宛》箋：「蒲盧取桑蟲之子負持而去，煦嫗養之以成其子。」疏引陸璣云：「螟蛉者，桑上小青蟲也，似步屈，《御覽》引舍人同。其色青而細小，或在草萊上。蜾臝，土蜂也，似蜂而小腰，取桑蟲負之於木空中、筆筒中，三字《御覽》引有。七日而化爲其子。」里語曰：「祝云象我象我也。」二〔一〕語亦《御覽》引。《法言·學行》篇作「類我類我，久則肖之」。是陸璣所本也。《莊子·天運》篇云：「細腰者化。」《庚桑楚》篇云：「奔蜂不能化藿蠋。」《釋文》引司馬彪注：「奔蜂，小蜂也，一云土蜂。」是舊説相承，皆以細腰土蜂取它蟲爲己子也。唯陶注《本草》「蠮螉」云：「今一種蜂，黑色，腰甚細，銜泥於人壁及器物邊作房，如併竹管者是也。其生子如粟米大，置中乃捕取草上青蜘蛛十餘枚，滿中仍塞口，以擬其子大爲糧也。其一種入蘆竹管中者，亦取草上青蟲。」《詩》云：「螟蛉有子，蜾臝〔二〕負之。」言細腰物無

〔一〕二，原誤「三」，據楊胡本、《經解》本改。
〔二〕臝，原誤「蠃」，楊胡本同，據《經解》本改。

雌，皆取青蟲，教祝便變成己子，斯爲謬矣。牟應震爲余言，嘗破蜂房視之，一如陶説，乃知古人察物未精，妄有測量。又言其中亦有小蜘蛛，則不必盡取桑蟲，詩人偶爾興物，説者自不察耳。《方言》云：「蠭，其小者謂之蠮螉，或謂之蚴蜕。」「幽」「悦」二音。「蠮螉」「蚴蜕」一聲之轉。郭云「桑蝁」者，《玉篇》云：「蝁，螟蛉蟲也。」亦曰「戎女」者，廣異名。

蝎，桑蠹。即蛣蝠。

《説文》：「蠹，木中蟲。」或作「蝨」，「象蟲在木中形」。《論衡·商蟲》篇云：「桂有蠹，桑有蝎。」《本草别録》有「桑蠹蟲」，即此是矣。《詩·碩人》疏引孫炎曰：「即蛣蝠也。」今按：亦即蝤蠐，孫義見上。《御覽》九百四十九引《爾雅》云：「蝎，桑蠹，還自食。」疑引舊注之文。

熒火，即炤。夜飛，腹下有火。

《詩·東山》傳：「熠燿，燐也。燐，螢火也。」「螢」與「熒」同。燐，光明也。《劇秦美新》云：「炳炳麟麟。」即燐燐之叚借，猶言熒熒也。是皆火光明貌，故《説文》：「熒，屋下鐙燭之光。」是也。然則《淮南·氾論》篇云：「久血爲燐。」注以「燐」爲鬼火，不必然也，且鬼火與螢火其色俱青，無妨「燐」爲通名。曹植《螢火論》以燐鬼火爲疑，非矣。《本草》：「螢火，一名夜光。」《類聚》引《吴普本草》：「一名夜照，一名熠燿，一名景天，一名挾火。」《詩》疏引舍人云：「熒火，即炤，夜飛有火蟲也。」《月令》疏引李巡云：「熒火夜飛，腹下如火光，故曰即炤。」《本草》陶注：「此是腐草及爛竹根所化，初時猶如蛹蟲，腹下已有光，數日便變而能飛。」陶説非也。今驗螢火有二種，一種飛者，形小頭赤；一種無翼，形似大蛆，灰黑色而腹下火光大於飛者，乃《詩》所謂「宵行」。《爾雅》之「即炤」，亦當兼此二種，但説者止見飛螢耳。又説「茅竹之根，夜皆有光，復感溼熱之氣，遂化成形」，亦不必然。蓋螢本卵生，今年放螢火於屋内，明年夏細螢點點生光矣。又名「丹良」。《夏小正》云：「丹鳥羞白鳥。丹鳥謂丹良，白鳥謂蚊蚋。」《月令》疏引皇侃説，丹良是熒火也。「即」與「蝍」，蓋古字通。蝍，燭跋也，見《弟子職》。「炤」，《玉篇》同「照」。《顔氏家訓·風操》篇云：「劉紹、緩兄弟，其父名昭，一生不爲照字，唯依《爾雅》火旁作召。」即此「炤」字也。

密肌，繼英。未詳。

《釋鳥》有「密肌，繫英」，與此同名，或説此蟲即「肌求」也。《秋官·赤犮氏》注：

「貍物，蠆肌求之屬。」《釋文》：「求，本作蛷。」《說文》：「蝨，或作蛪，多足蟲也。」《廣雅》云：「蛷蝬，蛷蛷也。」《一切經音義》九引《通俗文》云：「務求謂之蚑〔一〕蛷，關西呼蛷蝬爲蚑蛷。」然則「蚑蛷」即「肌求」，聲之轉也。「蛷蝬」又轉爲「蠼蝬」。《博物志》云：「蠼蝬蟲溺人影，隨所箸處生瘡。」《本草拾遺》云：「蠼蝬狀如小蜈蚣，色青黑，長足。」陶注：「雞腸草主蠼蝬溺也。」按：此蟲足長，行駛其形鬖髿，今棲霞人呼「草鞵底」，亦名「穿錢繩」，楊州人呼「蓑衣蟲」，順天人呼「錢龍」，是也。「密肌」，《廣韵》作「密蚅」，「蠿英」，《玉篇》作「蠿蟆」，俱或體字。

蚅，烏蠋。大蟲，如指，似蠶，見《韓子》。

《釋文》引《說文》云：「蜀桑中蟲也。」與《詩·東山》傳合。今《說文》作「葵中蠶」，非也。引《詩》：「蜎蜎者蜀。」今《詩》作「蠋」，亦非。箋云：「蠋，蜎蜎然特行。」按：蜀之言獨也，《方言》云：「一，蜀也。南楚謂之獨〔二〕。」郭注：「蜀，猶獨耳。」然則此蟲性好

〔一〕蚑，原誤「蚑」，楊胡本同，據《一切經音義》改。《爾雅郝注刊誤》亦作「蚑」。
〔二〕獨，原誤「蜀」，楊胡本、《經解》本同，據《方言》改。

獨行，箋說是矣。《御覽》九百五十引孫炎曰：「蚅，一名烏蠋。」《詩·韓奕》傳：「厄，烏蠋也。」《韓非·内儲説》云：「蟺似蛇，蠶似蠋。」《淮南·説林》篇云：「鱓之與蛇，蠶之與蠋，狀相類而愛憎異。」皆其義也。「蠋」，今謂之「豆蟲」，司馬彪注《莊子·庚桑楚》篇云：「藿蠋，豆藿中大青蟲也。」

蠓，蠛蠓。小蟲似蚋，喜亂飛。

《説文》用《爾雅》。《釋文》：「蠓，莫孔反。」「蠛」「蠓」雙聲，今呼「蠓蟲」，猶古音也。《甘泉賦》云：「浮蠛蠓而撇天。」李善注引孫炎曰：「蠛蠓，蟲小於蚊。」《埤雅》引孫注云：「此蟲微細羣飛。」竝郭所本。蚋即蚊也，又引郭曰：「蠓飛，磑則天風，舂則天雨。」蓋郭《音義》之文。又引《圖讚》曰：「風舂雨磑。」二説不同。蓋蠓飛而上下如舂，主風；回旋如磑，主雨。今俗語猶然也。《史記·周本紀》云「蜚鴻滿野」，《淮南·本經》篇作「飛蟲滿野」，索隱引高誘注：「飛蟲，蠛蠓也。」今本蟲作蝱，注亦小異。《埤雅》又云：「蠓，一名醯雞。」非也。「醯雞」，今「醋蟲」，與蠓異。

王蛈蜴。即螲蟷。似鼅鼄，在穴中，有蓋，今河北人呼「蛈蜴」。

「蚨蝪」，又爲「蛭蟷」，又爲「顛當」，俱雙聲字也。《酉陽雜俎》云：「齋前雨後多顛當窠，深如蚓穴，網絲其中，土蓋與地平，大如榆莢。常仰捍其蓋，伺蠅蠖過，輒翻蓋捕之。纔入復閉，與地一色，無隙可尋。而蜂復食之，秦中鬼謡云：『顛當顛當牢守門，蠮螉寇汝無處奔。』」劉崇遠《金華子》云：「長安閭里中小兒常以纖草刺地穴間，共邀勝負，以手撫地，曰顛當出來。既見草動，則鈎出赤色小蟲，形似蜘蛛，江南小兒謂之鈎駱駝。其蟲背有若駝峰然也。」今按：此蟲穴沙爲居，其穴如釜而鋭底，潛伏其下，游蟲誤墮，因爪取之，不見其形，俗謂之「哈喇模」。小兒以髮繫蟲爲餌，謂之「鈎哈喇模」，其形狀一如《金華子》所説也。

蟓，桑繭。食桑葉作繭者，即今蠶。雔由：樗繭、食樗葉。棘繭、食棘葉。欒繭。食欒葉。

蚢，蕭繭。食蕭葉者。皆蠶類。

《説文》：「繭，蠶衣也。蠶，任絲也。」《夏官·馬質》：「禁原蠶者。」鄭注：「原，再也，蠶與馬同氣。」鄭以禁原蠶爲傷馬，《淮南書》則以爲殘桑也。「原蠶」，今呼「晚蠶」，北人爲其收薄，不甚養之。南方蠶盛，有八繭之蠶也。《淮南·説林》篇云：「蠶食而不飲，二十一日而化。」荀子《蠶賦》云：「三俯三起，事乃大已。」今南方養蠶者三十六日而化，其原蠶則二十一日而化也。「三俯」，今曰「三眠」，亦有四眠者。繭分黄、白二色，俱名爲「蟓」。蟓者，象也，言能象物賦形也。陶注《本草别録》云：「原蠶俗呼爲魏蠶。」雠由者，樗繭、棘繭、欒繭之總名也。樗即臭椿，其繭爲椿紬，今之小繭紬也。棘即柘類，其繭爲柘繭。欒者，《説文繫傳》「木蘭也」，又《本草》有「欒華」，唐本注：「葉似木槿而細薄。」今按：野蠶隨樹食葉，皆能爲繭，「樗」「棘」「欒」《爾雅》特略舉三名耳。今驗椒繭出椒樹上，其紬紫色光燿，貨之甚貴。又有柞繭出柞樹上，其紬爲大繭紬，又爲雙絲，今登萊人貨之以爲利。漢元帝永光四年，東萊郡東牟山野蠶繭收萬餘石，人以爲絲絮，即此繭也。《鹽鐵論·散不足》篇云：「繭紬縑練者，婚姻之嘉飾也。」然則繭紬爲世所重久矣。

蚢者，《玉篇》云：「蠶類，食蒿葉。」蒿即蕭也，今草上蟲吐絲作繭者甚衆，不獨蒿也。嶺南蠶或食紫蘇葉作繭矣。

翥醜罅，剖母背而生。螽醜奮，好奮迅作聲。强醜捋，以脚自摩捋。蠭醜螸，垂其腴。蠅醜扇。好摇翅。

《説文》：「翥，飛舉也。」凡飛翥之類多剖母背而生，邢疏以爲蟬屬，今驗水蠆爲蟌，蛣蟩爲蚊，皆是也。䗃，坼裂也。《玉篇》引《爾雅》「䗃」作「塼」，《廣韵》引「螚」作「蠢」，云：「蟲名。」

《説文》：「奮，翬也。」「翬，大飛也。」螽蝗之類好奮迅，其羽作聲，故《詩》傳云：「莎雞羽成而振訊之。」

强即强蚚也。捋者，摩捋也。米中小黑甲蟲，好以腳自摩挲。《釋文》引李、孫云：「以口捋其翅。」非也。郭義爲長。

螸者，《説文》云：「𧒽䖇螸，垂〔一〕腴也。」《爾雅翼》引《孝經援神契》曰：「蜂蠆垂芒。」按：𧒽類腹多肥腴下垂，以自休息，非必欲螫人也，《説文》得之。徐鍇本「𧒽」作「蝨」，蓋「𧒽」古文作「蝨」，與「蝨」形近，故譌耳。

「扇」，《説文》作「蝙」，云：「蠅䖇蝙，摇翼也。」蓋蠅蚊之類好摇翅作聲。

食苗心，螟。食葉，蟘。食節，賊。食根，蟊。分别蟲啖食禾所在之名耳。皆見《詩》。

《詩·大田》云「螟螣」「蟊賊」，此釋之也。螟者，《春秋·隱五年》「螟」，《正義》引舍

〔一〕垂，原誤「腹」，楊胡本同，據《經解》本改。

人曰：「食苗心者名螟，言冥冥然難知也。」李巡曰：「食禾心爲螟，言其姦，冥冥難知也。」《詩》疏引陸璣《疏》云：「螟似子方而頭不赤。」按：子方即虸蚄，見《齊民要術》。今食苗心小青蟲，長僅半寸，與禾同色，尋之不見，故言「冥冥難知」。余族弟卿雲言：「又有小白蟲藏在苗心，幺麼難辨，俗呼口音即樵反。蟲，有此即禾葉變白色而不能放穗矣。」余按：《説文》以「螟」爲「食穀葉者」，誤。又云：「蟘一曰螟子。」然則《説文》「螟」蓋同「蟘」，「蟘」「螟」聲轉也。

蟘者，《説文》作「蟘」，云：「蟲，食苗葉者。吏乞貸則生蟘。」《左傳》疏引李巡曰：「食禾葉者，言其假貸無厭，故曰蟘也。」高誘注《吕覽·任地》篇云：「蜮，或作螣。食葉曰蜮，兖州謂蜮爲螣，音相近也。」今按：「蜮」，當作「蟘」。蟘似槐樹上小青蟲，長一寸許，既食苗葉，又吐絲纏裹餘葉，令穗不得展，今登萊人呼爲「縣蟲」。其食豆葉者呼爲「穿蟲」，亦長寸許，身赤頭白，亦食豆粒也。

賊者，《釋文》作「蠈」，云：「本今作賊。」《詩》疏引李巡云：「食禾節者言貪狠，故曰賊也。」陸璣《疏》云：「賊似桃李中蠹蟲，赤頭，身長而細耳。」按：今食苗節者俗呼「截蟲」，身白，頭紫色，不及木中者肥而長也，善鑽禾稈，令禾不蓄。

「蟊」，《説文》作「𧖅」，或作「蝥」，古文作「蛑」，云：「蟲食草根者。吏抵冒取民財則生。」按：「草」，疑當作「苗」。《左傳》疏引李巡曰：「食其根者，言其稅取萬民財貨，故曰蟊也。」《詩》疏引陸璣《疏》或說云：「蟊，螻蛄也，食苗根爲人患。」今按：螻蛄不名「蟊」，亦不食苗根，今蟲食根者有二種：其一肥長，灰黑色，名「鐵埽」，最饒猛；其一細而差短，淺黃色，體堅殭，因名「殭蟲」。二種竝截苗根爲患。《類聚》引《詩義疏》曰：「蟊長而細。」此說是矣。陸《疏》又云：「舊說螟、螣、蟊、賊，一種蟲也，如言寇、賊、姦、宄，内外言之耳。故犍爲文學曰：此四種蟲皆蝗也。實不同，故分別釋之。」此說非也。《春秋》書「螟」又書「螽」，則非一蟲，亦無四蟲共一名者。又許慎、李巡、孫炎竝言政惡吏貪所致，大意皆本《漢·五行志》《京房易傳》而爲說，然水旱災厲，天道難詳，《論衡·商蟲》篇辨之當矣。郭氏但分別蟲啖食所在爲名，其義較諸家爲長也。卿雲乂言：「春夏常有小白蛾，飛翔樹閒，遺子爲小青蟲，如遺在禾閒，即食苗葉蟲矣。」余謂此言近理，亦猶螽子遇旱還爲螽，遇水即爲魚，故云「衆維魚矣，實維豐年」也。

有足謂之蟲，無足謂之豸。

邢疏：「此對文爾，散言則無足亦曰蟲。」王逸《九思》云：「蟲豸兮夾余。」豸者，《說文》以爲「獸，長脊，行豸豸然」。蓋凡蟲無足者，身恒橢長，行而穹隆，其脊如蝍蛷、蚯蚓之類是也。「豸」，通作「蛾」。《史記·黄帝紀》云：「淳化鳥獸蟲蛾。」《索隱》曰：「蛾，一作豸。」正義曰：「蛾音豸，直起反。」引《爾雅》。又通作「止」。《莊子·在宥》篇云：「災及草木，禍及止蟲。」「止」即「豸」之聲借。又通作「廌」。《左氏·宣十七年傳》：「庶有豸乎。」杜預訓豸爲解，「解」「止」義亦近也。「豸」與「廌」古同音通用，「廌」與「解」又疊韻，故古以爲訓。《左傳》「豸」，古作「廌」，故陸氏《釋文》本作「廌，解也」，孔氏《正義》本作「豸，解也」，是「豸」「廌」通。而陸、孔竝云出《方言》，今《方言》無，蓋脱去之。此條義本《説文》段注，今録存之也。

爾雅郭注義疏下之四

釋魚弟十六

《説文》：「魚，水蟲也。」《大司徒》「土會之灋」云：「川澤宜鱗物，墳衍宜介物。」《天官·鼈人》：「春獻鼈蜃，秋獻龜魚。」《晉語》云：「黿鼉魚鼈，莫不能化。」韋昭注：「化，謂蛇成鼈黿，石首成鳧之類。」按：《曲禮》云：「水潦降，不獻魚鼈。」《論衡·無形》篇云：「臣子謹慎，故不敢獻。」是也。兹篇所釋兼包鱗、介之屬，《魯語》謂之川禽，而此總曰《釋魚》。

鯉。今赤鯉魚。

陶注《本草》云：「鯉魚，最爲魚之主，形既可愛，又能神變，乃至飛越江湖。」《月令》：「孟夏之月獺祭魚。」《呂覽》及《淮南·時則》篇注竝以「魚」爲鯉也。《齊民要術》引《養魚經》云：「鯉不相食，又易長。舊説鯉脊中鱗一道，每鱗有小黑點，大小皆三十六鱗。」今驗唯脇正中鱗一道，如舊説耳，非脊鱗也。《廣雅》云：「黑鯉謂之鯶。」《古今注》云：「兗州人呼赤鯉爲赤驥，謂青鯉爲青馬，黑鯉爲玄駒，白鯉爲白騏，黄鯉爲黄雉。」是鯉有數色，《廣雅》舉其黑，郭注舉其赤耳。今所見有赤、黑、黄三色。

鱣。鱣，大魚，似鱏而短鼻，口在頷下，體有邪行甲，無鱗，肉黄，大者長二三丈。今江東呼爲「黄魚」。

《詩·碩人》疏引陸璣云：「鱣、鮪出江海，三月中從河下頭來上。鱣身形似龍，鋭頭，口在頷下，背上腹下皆有甲，縱廣四五尺。今於盟津東石磧上釣取之，大者千餘斤，可烝爲臛，又可爲鮓，魚子可爲醬。」《顏氏家訓·書證》篇引魏武《四時食制》：「鱣魚大如五斗奩，長一丈。」皆其形狀也。郭云「似鱏短鼻」者，《釋文》：「鱏音尋，又音淫。《字林》云：『長鼻魚也，重千斤。』」然則鱣與鱏同，唯鼻爲異耳。云「體有邪行甲」者，即《西山經》注：「體有連甲。」是也。鱣乃無鱗，高誘注《淮南·氾論》篇云：「鱣，細鱗，黄首，白身。」非也。今鱣止作灰色，其肉黄，通呼「黄魚」，亦呼「鱘鱑魚」，「鱘」「鱣」聲相轉也。郭氏《江賦》謂之「王鱣」，李善《蜀都賦》注謂之「䱥鱑」。

鰋。今偃額白魚。

「鰋」，《説文》作「鰕」，或作「鰋」。郭云「白魚」者，《書大傳·大誓》篇云：「中流白魚入于舟中。」按：白魚名「鮊」，《廣雅》云：「鮊，鱎也。」《玉篇》：「鱎，白魚也。」「鮊」一作「鮊」。石鼓文云：「又鱄又鮊。」是也。「鮊」又名「鮿」。《説文》：「鮿，白魚也。」今白魚生江湖中，細鱗，白色，頭尾俱昂，大者長六七尺也。郭注「偃額」，諸本皆作「鰋」，蓋與正文相涉而誤。唯《六書故》引作「偃」，今據以訂正。

鮎。別名「鯷」。江東通呼鮎爲「鮧」。

《廣雅》云：「鮷、鯷，鮎也。」「鮷」與「鯷」「鮧」竝同。《説文》：「鮷，大鮎也。」《蜀都賦》云：「鮷鱧魦鱨。」李善注：「鮷，似鰌。」陶注《本草別録》云：「鮧即鯷也，今人皆呼慈音，即是鮎魚，作臛食之。」《釋文》引《字林》云：「青州人呼鮎鯷。」按：今通呼爲「鮎」。《爾雅翼》云：「鮧魚偃額，兩目上陳，頭大尾小，身滑無鱗，謂之鮎魚，言其黏滑也。」《釋文》：「鮎，舍人本無此字。」

鱧。鮦也。

《詩·魚麗》傳：「鱧，鮦也。」《説文》作「鱶」，云：「鮦也。」《本草》作「蠡」，云：「一名鮦魚。」《廣雅》作「鱺」，云：「鰑，鮦也。」是皆聲借之字。《説文》「鱶」爲正體，餘爲叚借。其魚形狀則《御覽》引陸璣《疏》云：「似鯉，頰狹而厚。」陶注《本草》：「舊言是公蠣蛇所變，然亦有相生者，至難死，猶有蛇性。」《埤雅》云：「鱧，今玄鱧是也。諸魚中唯此魚膽甘可食，有舌，鱗細有花文，一名文魚，與蛇通氣。其首戴星，夜則北嚮。」《爾雅翼》云：「鱧魚圓長而斑點，有七點作北斗之象。」皆其狀也。《韓詩外傳》：「南假子曰：『聞君子不食鱺魚。』」即此。

鯇。今鯶魚，似鱒而大。

《説文》：「鯇，魚。」不言其狀。郭云「今鯶魚」者，「鯶」「鯇」聲同，一讀聲轉，蓋古今字也。陳藏器云：「鯇似鯉，生江湖。」李時珍云：「有青鯇、白鯇，白者味勝，南人多鯇之，俗名草魚也。」今按：鯉、鱣、鰋、鮎、鱧、鯇，依郭注爲「六魚」，舊説不同。《説文》「鯉」「鱣」互訓，《詩》傳「鰋」「鮎」同條，舍人「鯉，一名鱣。鱧，一名鯇」，孫炎「鰋、鮎一魚，鱧、鯇一魚」，是皆以爲魚有兩名，郭氏不從，故《詩》疏引郭《音義》云：「先儒及《毛詩》訓傳皆謂魚有兩名，今魚種類、形狀有殊，而緣强合之爲一物，是郭不從舊説也。六魚皆單名，或古無兼名，聖門蓋闕之意也。」

鯊，鮀。今吹沙小魚，體圓〔一〕而有點文。

《詩·魚麗》傳用《爾雅》。《釋文》引舍人云：「鯊，石鮀也。」《正義》引陸璣《疏》云：「魚狹而小，常張口吹沙，故曰吹沙。」《後漢書·馬融傳》注引《廣志》曰：「吹沙大如指，沙中行。」《御覽》引《臨海異物志》云：「吹沙長三寸，背上有刺，犯之螫人。」《爾雅翼》云：「今人呼爲重脣，脣厚特甚。」按：「鯊」「鮀」疊韻，「鯊」亦作「魦」，今呼「花花公子」是也。巨口細鱗，黄白雜文，亦有黑點，背鬐甚利，故呼皮匠刀子。

鮂，黑鰦。即白鯈魚〔二〕。江東呼爲「鮂」。

《説文》：「鯈，魚。」鯈即鮂，《玉篇》「鮂」或作「鰌」，《釋文》：「鯈，本亦作鰌。」「鰌」「鮂」形近，疑相涉而誤也。孫氏星衍説「鯈」古多爲「儵」，「儵」字缺壞作「黑」耳。《詩·周頌·潛》箋：「鰷，白鰷也。」蓋「鯈」字變爲「鰷」，因音變爲「絛」矣。性好羣游，故《莊子》云：「鯈魚出游從容，是魚樂也。」《釋文》引李頤注：「白魚也。」「鯈」，一作「鮍」。郭

〔一〕圓，《爾雅》宋刊十行本作「員」。

〔二〕魚，《爾雅》宋刊十行本無。

注《西山經》云：「小魚曰鯈。」《爾雅翼》云：「其形纖細而白，故曰白鰷。」《埤雅》云：「鰷魚形狹而長，江湖之閒謂之餐魚。」按：「餐」與「鰦」聲相轉，今俗呼「白鰷」，音如「白漂」，蓋語聲之譌耳。

鰼，鰌。今泥鰌。

《説文》「鰼」「鰌」互訓。《釋文》引《字林》云：「鰌似鱓，短小也。」《埤雅》引孫炎《正義》云：「鰼，尋也，尋習其泥，厭其清水。」按：「鰼」「鰌」雙聲，合之爲「鱃」，聲近爲「鰍」，故《廣雅》云：「鱃、鰍、鰻、鰌也。」「鰻」亦「鰍」聲之轉。《玉篇》：「鰻，小鰌也。」郭注《東山經》云：「今蝦鰌字，亦或作鱃，秋音。」是「鱃」「鰌」字又通也。《莊子·庚桑楚》篇云：「尋常之溝，巨魚無所旋其體，而鯢鰌爲之制。」《達生》篇云：「以鳥養養鳥者，宜食之以委蛇。」《釋文》引司馬彪注：「委蛇，泥鰌也。」今按：泥鰌，鋭頭無鱗，身青黄色，以涎自潤，滑不可握，出水能鳴，性至難死，大者能攻隄岸。

鱦，大鮦，小者鯢。今青州呼小鱺爲「鯢」。

此申釋鱧大小之異名也。大者名「鱦」，小者名「鯢」，然則中者名「鱧」。郭注上文

「鱧，鮦」，據中者而言也。今鱧大者形似蝮蛇，腹背有鬣連尾，尾末無岐，頭尾相等。郭引時語者以鱺即鱧也。《廣雅》「鱧」作「鱺」。

鮂，大鱯，小者鮡。鱯，似鮎而大，白色。

此申釋鮎大小之異名也。《説文》：「鮂，大鱯也。其小者名鮡。」又云：「鮷，鱧也。鱧，鱯也。」《廣雅》云：「鮎，鮷也。大鮷謂之鰒。」《六書故》云：「鮷，同鱯。」《廣韵》：「鮷，魚，似鮎也。」然則「鮷」「鱯」「鮎」俱一聲之轉。大鮷謂之「鰒」，即大鱯謂之「鮂」也。《一切經音義》十一引孫炎曰：「鱯似鮎而大，色白也。」是郭所本，郭注《北山經》與此注同。《御覽》引《廣志》云：「鱯魚似鮎大口，大口，故名爲鱯。」然則鱯是大口之名，今南方人呼鱯爲「鮠」，「鮠」「鱯」亦聲轉也。《廣雅疏證》云：「今楊州人謂大鮎爲鱯子，聲如獲，古方言之存者也。」

鰝，大鰕。鰕，大者出海中，長二三丈，鬚長數尺。今青州呼鰕魚爲「鰝」，音「酆鄗」。

《説文》：「鰝，大鰕也。」《古今注》云：「遼海間青鰕化爲紺蝶，似蜻蛉，羣飛闇天。」《桂海虞衡志》云：「天鰕狀如大飛蟻，秋社後有風雨則羣墮水中，有小翅。」然則鰕善躍，又解飛騰也。《北户録》云：「海中大紅鰕，長二丈餘，頭可作盃，鬚可作簪杖。」《水經·浪水注》引《廣州記》：「滕脩爲刺史，脩鄉人語脩鰕鬚長一丈，脩責以爲虚，其人乃至東海取鰕鬚，長丈四尺，示脩，脩始服謝也。」

鯤，魚子。凡魚之子總名「鯤」。

「鯤」「鰥」古通用。《詩·敝笱》箋：「鰥，魚子也。」《魯語》云：「魚禁鯤鮞。」韋昭注：「鯤，魚子也。」《内則》云：「濡魚卵醬實蓼。」鄭注：「卵，讀爲鯤。鯤，魚子。或作攔也。」然則「攔」「鰥」聲同，「鰥」「鯤」聲轉，故古皆相通借。《詩》疏引李巡曰：「凡魚之子，總名鯤也。」郭義同李。

鱀，是鱁。鱀，䱜屬也，體似鱏，尾如鯯魚，大腹，喙小鋭而長齒羅生，上下相銜，鼻在額中〔一〕，能作聲，少肉多膏，胎生，健啖細魚，大者長丈餘，江中多有之。

《釋文》：「鱀，其冀反，《字林》作鱭，音既，云：『胎生魚。』鱁，音逐，本亦作逐。」郭

〔一〕中，《爾雅》宋刊十行本作「上」。

云「鯌屬」者，《初學記》引《南越志》及《臨海記》「鯌有烏鯌、虎鯌、蝦鯌，皆其類也」。云「體似鱓」者，《説文》引傳曰：「伯牙鼓琴，鱓魚出聽。」《淮南·説山》篇作「淫〔一〕魚」，高誘注：「淫魚喜音，長頭身相半，長丈餘，鼻正白，身正黑，口在頷下，似鬲獄魚而身無鱗，出江中也。」云「尾如鯯魚」者，《釋文》引《字林》云：「魚有兩乳，出樂浪，一曰出江東。」陳藏器及李時珍竝以鱀爲江豚，但江豚名「鱄䱐」，即鯯魚，見《廣雅》。鱀尾似之，而體則異，郭云「鯌屬，體似鱓」，非江豚矣。

鱦，小魚。《家語》曰：「其小者，鱦魚也。」今江東亦呼魚子未成者爲「鱦」，音「繩」。

《説文》：「鮞，魚子也。」《魯語》韋昭注：「鮞，未成魚也。」然則「鯤」爲魚卵，「鮞」爲小魚之名，「鮞」即「鱦」聲之轉。《釋文》：「鱦，顧音孕。」是矣。郭引《家語·屈節》篇云：「魚之大者名鱄，其小者名鱦。」按：《書大傳》：「麥秀歌云禾黍蠅蠅。」疑即本此小魚名鱦之意，古字聲借爲「蠅」耳。

〔一〕淫，原誤「滛」，楊胡本同，據《經解》本改。

鮥，鮛鮪。鮪，鱣屬也，大者名「王鮪」，小者名「鮛鮪」，今宜都郡自京門以上江中通出鱏鱣之魚。有一魚狀似鱣而小，建平人呼「鮥子」，即此魚也，音「洛」。

《説文》：「鮪，鮥也。」「鮥，叔鮪也。」又云：「鮨，一曰鮪。」又云：「鮔魭，鮪也。周雒謂之鮪，蜀謂之鮔魭。」别作「鮔鰽」。《天官·𩰫人》：「春獻王鮪。」《周頌序》云：「潛季冬薦魚，春獻鮪也。」鄭箋：「冬魚之性定，春鮪新來薦獻之者，謂於宗廟也。」《月令》以季春薦鮪，《夏小正》二月祭鮪，皆以其新來重之也。《詩》疏引陸璣云：「鮪魚形似鱣而青黑，頭小而尖，似鐵兜鍪，口亦在頷下，其甲可以摩薑，大者不過七八尺。益州人謂之鱣鮪，大者爲王鮪，小者爲鮛鮪。一名鮥，肉色白，味不如鱣也。今東萊遼東人謂之尉魚，或謂之仲明。仲明者，樂浪尉也，溺死海中化爲此魚。」又云：「河南鞏縣東北崖上，山腹有穴，舊説云此穴與江湖通，鮪從此穴而來，北入河，西上龍門入漆沮。故張衡云：『王鮪岫居，山穴爲岫。』謂此穴也。」《漢書》李奇注云：「鮪出鞏縣穴中，三月遡河上，能渡龍門之，浪則得爲龍矣。」按：鮪化龍。高誘注《淮南·氾論》《修務》篇俱有此説，《水經·河水注》亦云「有鞏穴鮪渚」，竝與陸《疏》相證明也。郭云「鱏鱣之魚」者，《東山經》注：「鮪即鱏也，似鱣而長鼻，體無鱗甲。」然則《詩》以「鱣」「鮪」竝稱，實同類之物也。晉宜都郡今爲湖北宜昌府，建平郡今爲施南府。「京門」，《御覽》引作「荆門」，是也。「叔鮪」與「王鮪」對，俗書作「鮇」，非也。今館陶縣屯氏，河所經，其中有魚青黑色，長二尺許，彼人珍之，呼「尉王魚」，蓋「王鮪」之語倒，余謂此「叔鮪」耳。「鮪」「尉」聲近，陸疏言樂浪尉化魚，亦非。

鮥，當魱。海魚也。似鯿而大鱗，肥美多鯁，今江東呼其最大長三尺者爲「當魱」，音「胡」。

《説文》：「鮥，當互也。」《釋文》「鮥」云：「《字林》作鮥。」「鮥」云：「《字林》作鮥。」然則吕忱於此二文互有轉易，未審字誤，或所見本異也。近人説《爾雅》者，竝以此魚爲今「鰣魚」，但鰣魚出江中，郭以此爲海魚，即今登萊人呼「魱鮥魚」爲「何洛魚」。「魱」，郭音「胡」。「胡」「何」聲相轉也。魱鮥、鰣魚實一類，出於江海爲異耳。

鮤，鱴刀。今之鮆魚也。亦呼爲「魛魚」。

《説文》：「鮆，刀魚也。飲而不食，九江有之。」《南山經》云：「苕水注于具區，其中多鮆魚。」郭注：「鮆魚狹薄而長，頭大者尺餘，太湖中今饒之，一名刀魚。」《六書故》云：「側薄類刀，其大者曰母鮆，宜膾。」《御覽》引魏武《四時食制》曰：「望魚側如刀，可以刈草，出豫章明都澤。」按：望魚即「鱴」，「鱴」「望」聲轉，「望」古讀如「芒」也。今海中亦有林刀魚，色白如銀，身形似刀而大者，長餘五六尺，與鮆魚有鬚爲異耳。鄭注《鼈人》：「貍物謂鱴刀、含漿之屬。」似指蚌蛤而言，但《爾雅》方説魚類，鄭蓋失之。賈疏引孫氏注《爾雅》，「刀魚」與「鱴」別，則讀「鮤」「鱴」相屬，「刀」別爲句，郭亦當然，與鄭「鱴，刀屬」讀異也。

鱊鮬，鱖鯞。小魚也。似鮒子而黑，俗呼爲「魚婢」，江東呼爲「妾魚」。

郭云「似鮒子而黑」，《廣雅》云「鰿，鮒也」，鮒今之鯽魚，《説文》作「鰿」，「鰿」「鰿」聲同也。鯽魚似小鯉，體促腹闊而脊隆，鱖鯞形似之也。今此魚似鯽而狹長，黑色細鱗，大者僅三寸也。《爾雅翼》云：「鱖鯞似鯽而小，黑色而揚赤，今人謂之旁皮，鯽又謂之婢妾魚。其行以三爲率，一頭在前，兩頭從之，若媵妾之狀，故以爲名。」《古今注》云：「江東謂青衣魚爲婢𩼋也。」《釋文》：「鱊，郭古滑反。鮬，郭音步。鱖鯞，本亦或作厥帚。」段氏《説文》注云：「鯞音同婦，鱊、鱖音近，鮬、鯞音近。鯞音章酉反，非。」

魚有力者，鰴。强大多力。

劉逵《吴都賦》注：「鰴，鯨魚之有力者。魚大者莫若鯨，故曰鰴鯨也。」按：鰴鯨相儷，似爲魚名，《爾雅》衹言魚有力之通名耳。

魵，鰕。出穢邪頭國。見《呂氏》《字林》。

《説文》：「魵，魚名。出薉邪頭國。」《字林》本於《説文》也。《釋文》引郭云：「小鰕別名。」蓋郭《音義》之文，欲別於「鰝，大鰕」，不知此魚名耳。《御覽》引《廣志》云：「斑文魚出濊國，獻其皮。」《魏略》云：「濊國出斑魚皮，漢時恒獻之。」然則斑魚即魵魚，「魵」「斑」聲近，郭云「小鰕」，失之。

魮，鱒。似鯶子，赤眼。

前「鯇」注云：「今鯶魚，似鱒而大。」「鱒」「鯇」古今字也。《説文》：「魮，魚名。」「鱒，赤目魚。」《詩·九罭》傳：「大魚也。」《埤雅》引孫炎《正義》曰：「鱒好獨行。」《御覽》引陸璣《疏》云：「鱒似鯶魚而鱗細於鯶，赤眼，多細文。」《爾雅翼》云：「鱒魚目中赤色，一道横貫瞳，魚之美者，食螺蚌也。」

魴，魾。江東呼魴魚爲「鯿」，一名「魾」，音「毗」。

《說文》：「魴，赤尾魚。」或作「鰟」。按：《詩·汝墳》傳：「魚勞則尾赤。」今魴魚色青白而尾不赤，故毛説以魚勞，許便定以赤尾，非矣。陸璣《疏》云：「魴，今伊、洛、濟、潁魴魚也，廣而薄，肥恬而少力，細鱗，魚之美者。遼東梁水魴特肥而厚尤，美於中國魴，故其鄉語曰『居就糧，梁水魴』，是也。」郭以「魴」爲鯿者，《海内北經》云：「大鯾居海中。」郭注：「鯾，即魴也。」今按：鯿魚形扁，穹脊闊腹，小頭縮項，出漢水者尤佳，所謂「槎頭鯿」也。「鯿」「魴」「魾」俱聲相轉，「魴」古讀如「旁」也。

鮤，鮇。未詳。

《釋文》引《廣雅》云：「魾，鮤。」今《廣雅》缺。又引《埤蒼》云：「鮤，鮇，魾也。」竝與上文「魾」字相屬，此古讀也。《詩·九罭》疏引《釋魚》有「鱒魴」，樊光引此《詩》，然則樊讀「鱒」「魴」相屬，「魾」「鮤」「鮇」相屬，故張揖讀從古也。《釋草》有「蘦，蔓華」，《説文》「蘦」作「萊」，陸璣《疏》「萊，藜也」，鄭注《儀禮》云「貍之言不來也」，是「魾」「鮤」「鮇」三字古皆聲近，《爾雅》物名多取聲近之字，胥此類也。郭氏不從《埤蒼》《廣雅》，故云「未詳」。《廣韻》：「鰻鮇，魚名。」鰻鮇即鮤鮇，《本草别録》作「鰻鱺」，陶注：「能緣樹，食藤花，形似鱓。」是也。「鱺」「鮤」聲亦相借。《廣韵》得之，邵氏《正義》以爲鮹魚，引粵諺曰「三鮤不上銅鼓灘」，謂粵鮹不過潯州，今疑未敢定也。

蜎，蠉。井中小蛣蟩，赤蟲，一名孑孓，《廣雅》云。

《説文》：「肙，小蟲也。」「肙」與「蜎」同。鄭注《考工記·廬人》云：「蜎，掉也，讀若井中蟲蜎之蜎。」即此也。《莊子·秋水》篇釋文：「虷音寒，井中赤蟲也，一名蜎。」引《爾雅》及郭注。是「虷」與「蠉」同。《廣雅》云：「孑孓，蜎也。」孑孓即蛣蟩，又作「結蟨」。《淮南·説林》篇云：「孑孓爲蟁。」高誘注：「孑孓，結蟨，水上倒跂蟲。」按：今此蟲多生止水，頭大而尾小，尾末有歧，行則摇掉其尾，翻轉至頭，止則頭懸在下，尾浮水上，故謂之「倒跂蟲」。《爾雅翼》謂之「釘倒蟲」，釘倒猶顛倒也。今登萊人呼「跟頭蟲」，楊州人呼「翻跟頭蟲」。欲老則化爲蚊，尾生四足，遂蜕於水而蚊出矣。《一切經音義》引《通俗文》云：「蜎化爲蚊。」是也。「蜎」，狂兖反；「蠉」，香兖反，郭云「赤蟲」，乃别一種，細如綫而赤者，長寸許，穴泥中，其行蜿蟺，欲老頭上生毛，亦化蚊也。然與蜎非一物，郭注誤耳。

蛭，蟣。今江東呼水中蛭蟲入人肉者爲「蟣」。

《説文》：「蛭，蟣也。齊謂蛭曰蟣。」《廣韵》：「蛭，水蛭。」引《博物志》曰：「水蛭三斷而成三物。」蓋此物至難死，碎斷能復活也。《本草》：「水蛭一名蚑。」唐注：「一名馬蜞。」《釋文》亦名「馬耆」。竝與「蟣」音同也。寇宗奭云：「汴〔一〕人謂大者爲馬鼈，腹黄者爲馬黄。」按：今俗人呼「馬彫」，或呼「馬蜞」，喜生濁泥水中，有大如拇指者，其小者齧人尤猛也。賈子《春秋連語》云：「楚惠王食寒菹而得蛭，遂吞之，是夕也，惠王之後而蛭出，其久病心腹之疾皆愈。」《論衡·福虚》篇云：「蛭之性食血，惠王殆有積血之疾，故食食血之蟲而疾愈也。」

科斗，活東。蝦蟆子。

《釋文》引樊、孫云：「科斗，蟾諸子也。」「活東」，舍人本作「顆東」，與《釋草》「菟奚」同名。「活」有「括」音，「顆」「活」聲近，「活東」「科斗」俱雙聲字也。《東山經》云：「䔢山，湖水出焉，其中多活師。」郭注：「科斗也。」是活師即活東。《莊

〔一〕汴，原誤「汁」，據楊胡本、《經解》本改。

子·天下》篇云：「丁子有尾。」或云即蝦蟆子。《古今注》云：「一曰玄魚，一曰玄針，因形似爲名也。」今科斗狀如河豚，形圓而尾尖，并頭尾有似斗形，冬春遺子水中，有如曳繩，日見黑點，春水下時鳴聒而生，謂之「聒子」。初生便黑，無足有尾，或云聞雷尾脱，即生腳矣。

魁陸。《本草》云：「魁，狀如海蛤，圓〔一〕而厚，外有理縱橫，即今之蚶也。」

《説文》：「魁盒，一名復絫，老服翼所化。」《本草》：「海蛤，一名魁蛤。」《别録》：「魁蛤，一名魁陸，一名活東，生東海，正圓，兩頭空，表有文。」陶注：「形似紡軖，小狹長，外有縱橫文理，云是老蝙蝠化爲。」蜀本注云：「形圓長似大腹檳榔，兩頭有孔，今出萊州。」按：今出登州海中者，形如摺疊扇，縱橫文如刻鏤。鄭注《士冠禮》云：「魁，蜃蛤也。」是魁即魁蛤。《楚辭》云：「陵魁堆以蔽視。」《周語》云：「幽王蕩以爲魁陵糞土。」韋昭注：「小阜曰魁。」然則魁陵猶言魁陸，皆取高阜以爲名也。郭云「即今之蚶」者，《釋文》引《字書》云：「蚶，蛤也，出會稽，可食。」《嶺表録異》云：「瓦屋子，南中舊呼

〔一〕圓，《爾雅》宋刊十行本作「員」。

爲蚶子，以其殼上有棱如瓦壠，故名焉。殼中有肉，紫色而滿腹，廣人尤重之。」按：今東海人呼「瓦壠子」，不甚重也，餘如《録異》所説。郭氏《江賦》：「洪蚶專車。」注引《臨海水土記》云：「蚶徑四尺，背似瓦壠，有文。」

蜪蚅。未詳。

鼁䵶，蟾諸。似蝦蟆，居陸地，《淮南》謂之「去蚥」。在水者黽。耿黽也。似青蛙，大腹，一名「土鴨」。

《説文》：「蝳鼁，詹諸，以脰鳴者。」又云「鼁或作䵶」。是蝳鼁即鼁䵶，一聲之轉。「鼁」，七宿反，與「䵶」同字。《釋文》「音䵶爲秋」，非古音也。《書大傳》云：「濟中詹諸。」鄭注：「詹諸，䵶鼀也。」按：「䵶鼀」，《詩》借作「戚施」，以喻醜惡。但《大傳》所説是鼁黿在水中者，《爾雅》所言則詹諸居陸地者，本不同物，古多通名。故《本草》「蝦蟇」，《别録》：「一名蟾蜍，一名䵶，一名去甫，一名苦蠪。」陶注云：「此是腹大皮上多痱磊者。」今按：陶説正是詹諸，俗作「蟾蜍」，非蝦蟇也。蝦蟇小而土黄色，詹諸大而黑黄色，其行遲緩，故名「鼁䵶」。鼁䵶猶局蹙也。去蚥即去甫。《夏小正》「鳴蜮」，以蜮爲屈造；《淮南·説林》篇以屈造爲鼓造，「屈」與「鼀」、「造」與「䵹」，俱聲相轉。《月令》疏引李巡注：「蟾諸，蝦蟆也。」郭以「似蝦蟆，居陸地」別之，是矣。《説文》：「黽，鼀黽也。」郭云「耿黽」者，「耿」與「蟈」聲相轉。《秋官》：「蟈氏掌去鼃黽。」鄭注以鼃爲蟈，黽爲耿黽。今驗人家庭院止水中有小鼃，慘黃色，腹下赤大如指頭，其鳴如曰「孤格孤格」，即「蟈」之合聲，羣聒人耳，形尤可憎，《秋官》所去，疑指此物，鄭似失之。蓋鼃即青鼃，與耿黽別種，非一物也。陶注《別録》「鼃」云：「大而青脊者，俗名土鴨，其鳴甚壯。又一種黑色，南人名爲蛤子，食之至美。又一種小形，善鳴，唤者名鼃子，此則是也。」今按：陶注以土鴨與蛤子爲二物，亦非也。鼃似蝦蟆，背青緑色。喙尖腹細，其鳴哇哇者，是也。黽似青鼃大，腹背有黑文一道，其鳴蛤蛤者是也，鳴聲似鴨，故名「土鴨」。黽與耿黽似非一物，郭本鄭注以耿黽爲黽，亦非矣。

蜌，螷。今江東呼蚌長而狹者爲「螷」。

《説文》：「螷，蜌也。脩爲蠯，圜爲蠇。」「蠇，蚌屬。讀若賴。」《天官·鼈人》：「祭祀共螷、蠃、蚳，以授醢人。」《既夕禮》：「東方之饌有蠯醢。」鄭注竝云：「螷，蜯也。」《本草》「馬刀」，陶注引李當之云：「生江漢中，長六七寸，大都似今蝏碰而非。」今按：蝏碰即螷，「螷」「碰」聲轉，「蜌」「螷」亦雙聲也。蚌、蛤二物，古每通名。《廣雅》云：「蜌、蛤，蒲盧也。」鄭衆注《鼈人》云：「蠯，蛤也。」韋昭注《晉語》云：「蛤、蜃皆蚌類。」高誘注《淮南・道應》篇云：「蛤梨，海蚌也。」此皆通名。若其正稱，長則爲蚌，圓則爲蛤，今海邊人呼蛤梨爲「蛤刺」，「刺」即「蠣」聲之轉。《說文・魚部》：「鮩，蚌也。」「鮩」亦「螷」聲之轉。《禹貢》「蠙珠」，《說文》作「玭」，與「蜌」又疊韻矣。

蚌，含漿。蚌即蜃也。

《說文》：「蚌，蜃屬。」按：《月令》注：「大蛤曰蜃。」《晉語》注：「小曰蛤，大曰蜃。」是蜃爲蛤屬，許以釋蚌，亦通名耳。鄭注《鼈人》以含漿爲貍物之屬，蓋蚌類多薶伏泥中，含肉而饒漿，故被斯名矣。今江湖陂澤此類實繁，形脩而扁，如石決明而殼兩片相合，腹亦生珠。《禹貢》「蠙珠」，孔疏云：「蠙是蚌之別名。」「蚌」「蠙」聲亦相轉。《吳都賦》云：「蚌，蛤珠胎，與月虧全。」蓋凡蚌之屬，腹多孕珠者也。《類聚》引郭氏《讚》云：「雀雉之化，含珠懷璫，與月盈虧，協氣晦望。」

鼊三足，能。龜三足，賁。《山海經》曰「從山多三足鼊」，「大苦〔一〕山多三足龜」。今吴興郡陽羨縣君山上有池，池中出三足鼊。又有六眼龜。

《説文》：「鼊，甲蟲也。」「龜，舊也。外骨内肉者也。」鄭注《梓人》云：「外骨，龜屬；内骨，鱉屬。」又注《大司徒》以龜鼊之屬爲介物也。《左氏·昭七年》疏引樊光曰：「鼊皆四足，今三足，故記之。」《論衡·是應》篇云：「鼊三足曰能，龜三足曰賁，能與賁不能神於四足之龜、鼊。」然則此雖異種，非靈物也。郭引《中山經》文，又言有六眼龜，廣異聞耳。君山在今常州府宜興縣西南，濱大江，故《江賦》云：「有鼊三足，有龜六眸。」是此二物亦産江中。《初學記》引《宋略》云：「吴郡獻六眼龜。」《宋書·符瑞志》又云：「有四眼、八眼龜，見會稽及吴興。」然則龜鼊三趾，以少爲異，四八稱瑞，以多爲異，蓋不足致辨也。《中山經》言三足龜食者可已腫，三足鼊食之無蟲疫，而蘇頌《圖經》云食之殺人也。《釋文》「能，如字，又奴代反。賁，謝音奔，又音墳，顧彼義反」，是無正音。按：「能」，古以爲「三台」字，則當音奴代反。又《左·昭七年傳》「化爲黄熊」，《釋文》「熊」作「能」，本《爾雅》，則能應讀如字，古音能、熊同在東部也。

〔一〕苦，《爾雅》宋刊十行本作「若」。

蚹蠃，螔蝓。即蝸牛也。　蠃，小者蜬。螺大者如斗，出日南漲海中，可以爲酒杯。

《説文》：「蝸，蝸蠃也。」「蝓，虒蝓也。」又「蠃，蜾蠃也。一曰虒蝓」，俱本《爾雅》。按：虒，虎之有角者，蝸牛有角，故得虒名，俗加虫爲螔耳。蝸蠃與蜾蠃聲同，故蜾蠃名「蒲盧」，蝸蠃名「蚹蠃」，「蚹蠃」與「蒲盧」聲相轉，「螔」「蝓」亦雙聲也。「蚹蠃」轉爲「僕纍」，見《中山經》，僕纍即蠂螺。又轉爲「薄蠃」，高誘注《淮南・俶真》篇云：「蠃蠡，薄蠃也。」按：今海邊人謂蠃爲「薄蠃子」，棲霞人謂蝸牛爲「薄蠃」，楊州人呼「旱蠃」，順天人呼「水牛」。蠃蠡，《廣雅》作「蠡蠃」，語之轉耳。又轉爲「陵蠡」。《本草》：「蛞蝓，一名陵蠡。」《古今注》云：「蝸牛，陵蠡也。」《莊子・則陽》篇云「有所謂蝸者」，《釋文》引李頤注：「蝸蟲有兩角，俗謂之蝸牛。」又引《三倉》云：「小牛螺也，一云俗名黃犢。」然據《本草》既有蛞蝓，《別録》又有蝸牛，則非一物也。陶注：「蛞蝓無殼，蝸牛俗呼爲瓜牛，生山中及人家，頭形如蛞蝓，但背負殼爾。」《埤雅》引孫炎《正義》以爲負螺而行，因以名之。《古今注》云：「蝸牛形如螔蝓，殼如小螺，熱則自縣葉下。」是皆以蝸牛、螔蝓爲二物，但經典則不別，通謂之「蠃」也。故鄭注《鼈人》《醢人》及《士冠禮》竝以「蠃」爲螔蝓。《書大傳》云「鉅定蠃」，鄭注：「蠃，蝸牛也。」《士冠禮》注「今文蠃爲蝸」，又云《内則》「蝸，醢」，是「蝸」「蠃」古通用。

此蠃謂水蠃也，小者曰「蝸」，與貝同名，大者即名「蠃」，「蠃」與「螺」同，郭特據最大者言耳。《吴語》云：「其民必移就蒲蠃於東海之濱。」韋昭注分蒲蠃爲二，非也。蒲蠃即薄蠃，一聲之轉。《類聚》引《南州異物志》曰：「扶南海有大螺如甌，從邊直旁截破，因成杯形。」又曰：「鸚鵡螺狀如覆杯。」竝與郭義合。

蜎蠌，小者蟧。螺屬，見《埤蒼》。或曰即彭蜎也，似蟹而小。

《玉篇》「蜎蠌，蟲」，不言其狀。郭云「螺屬」者，《類聚》引《南州異物志》曰：「寄居之蟲，如螺而有腳，形如蜘蛛，本無殼，入空螺殼中戴以行，觸之縮足，如螺閉户也。火炙之，乃出走，始知其寄居也。」今按：蜎蠌，《釋文》：「滑澤、骨鐸二音。」滑澤猶言護宅也，即寄居之義；骨鐸猶言胍肫也，象其殼形。今海邊人凡戴殼者通謂之「螺」，「螺」與「蟧」聲相轉。今驗寄居形狀大小不一，其蟲俱如蜘蛛而有螯，如蟹戴殼而游，亦能走，出殼如小螺，形色瑰異。然則《埤蒼》以爲螺屬，殆指此也。郭又引「或説即彭蜎」者，《古今注》云：「蟛蜎，小蟹也，生海邊塗中，食土，一名長卿，其有一螯，大者名爲擁劒，一名執火。」《嶺表録異》云：「彭蜎，吴呼爲彭越，蓋語訛也。足上無毛，堪食，吴越間多以異鹽藏貨於市。」今按：郭注雖存兩説，前義爲長。「彭越」，《廣韵》作「蟚蚏」也。

蜃，小者珧。珧，玉珧，即小蚌。

《月令》注「大蛤」曰：「蜃是蛤，大者名蜃，小者名珧也。」《説文》：「珧，蜃甲也，所以飾物。」引《禮》云：「佩刀，天子玉琫而珧珌。」《詩》：「瞻彼洛矣。」傳亦援其文也。《東山經》云：「激女之水多蜃珧。」郭注：「蜃，蚌也。珧，玉珧，亦蚌屬。」《御覽》引《臨海異物志》云：「玉珧似蚌，長二寸，廣五寸，上大下小，其殼中柱啜之味酒。」《釋文》引《字書》云：「玉珧肉不可食，惟柱可食耳。」按：此即江瑶柱，亦名「車螯」，其殼紫色，有班文，故《王會》篇云：「東越海盒且甌文蜃。」是矣。《釋文》：「珧，衆家本皆作濯。」蓋「珧」，从兆聲，與「濯」音近，故相通借。

龜，俯者靈，行頭低。仰者謝，行頭仰。前弇諸果，甲前長。後弇諸獵，甲後長。左倪不類，行頭左庳，今江東所謂「左食」者，以甲卜審。右倪不若。行頭右庳，爲右食，甲形皆爾。

《春官·卜師》：「凡卜，辨龜之上下左右陰陽，以授命龜者。」《龜人》：「掌六龜之屬，各有名物。天龜曰靈屬，地龜曰繹屬，東龜曰果屬，西龜曰靁屬，南龜曰獵屬，北龜曰若屬。」是《周官》先有成文，此釋之也。

俯者，天龜也。《卜師》注：「下俯者也。」《龜人》注：「天龜俯。」《書大傳》云：「孟諸靈龜。」鄭注：「龜，俯首者靈。」《晉書・文帝紀》：「魏咸熙二年，朐腮縣獻靈龜。」蓋即此矣。《左氏・昭廿四年傳》：「竊其寶龜僂句。」張聰咸《杜注辨證》引高誘《吕覽》注：「傴僂，俯者也。句猶倨句之句，亦俯首向下貌。」然則僂句，蓋天龜矣。杜氏方之大蔡無據。

仰者，地龜也。鄭注：「上仰者也，地龜仰。」按：謝彼作「繹」，「謝」「繹」古同聲。《釋文》：「謝，衆家本作射。」蓋「射」有「繹」音，《韓詩》「斁」作「射」，即其例也。又「射」「序」古音同，「序」與「豫」通，見《鄉射禮》。「豫」「斁」聲相轉也。

諸與者，同「前弇」者，東龜也。《卜師》注：「陽前弇也。」《龜人》注：「杜子春讀果爲贏。」《釋文》：「果、贏，俱魯火反。」賈疏：「此龜前甲長，後甲短，露出邊爲贏露也。」《爾雅》釋文：「弇，古奄字，又作揜。果，衆家作裹，唯郭作此字。」然則裹有斂藏之意，弇在前故曰「裹」，露在後故曰「贏」。「贏」與「裸」同。

後弇者，南龜也。鄭注：「陰，後弇也。」又云：「東龜南龜長前後，在陽，象經也。」按：獵之言捷也，捷謂接續，義見《釋詁》。此龜後甲長，若後有接續也。

左倪者，西龜也。「倪」與「睨」同，賈疏以爲頭向左相睥睨，是也。《會稽録》云：

「孔愉買龜,放之中流,龜左顧。」即此矣。《莊子》言豫且得白龜,《搜神記》言毛寶釣得白龜,鄭注「龜人」「西龜白」,豈是歟?「類」「靁」聲近,故古字通。

右倪者,北龜也。鄭注:「西龜北龜長左右,在陰,象緯也。」然則左、右倪者謂頭偏向左右,故亦云長,非甲長也。「諸」「不」二字,鄭以爲語助及發聲,非義所存,故注從省。

貝,居陸贆,在水者蜬;水、陸異名也。貝中肉如科斗,但有頭尾耳。大者魧,《書大傳》曰:「大貝如車渠。」車渠謂車輞,即魧屬。小者鰿。今細貝。亦有紫色者,出日南。玄貝,貽貝。黑色貝也。餘貾,黄白文。以黄爲質,白爲文點。餘泉,白黄文。以白爲質,黄爲文點。今之紫貝。以紫爲質,黑爲文點。蚆,博而頯。頯者,中央廣,兩頭鋭。蜠,大而險。險者,謂污薄。

蟦,小而椭。即上小貝。椭謂狹而長。此皆説貝之形容。

《説文》:「貝,海介蟲也。古者貨貝而寶龜,周而有泉,至〔一〕秦廢貝行泉。」鄭注《士

〔一〕 至,原誤「到」,楊胡本、《經解》本同,據《説文解字》改。

喪禮》云：「貝，水物，古者以爲貨，江水出焉。」《類聚》引《詩義疏》云：「貝，鼅鼊屬。」《詩》：「錫我百朋。」箋：「古者貨貝，五貝爲朋。」李時珍云：「今貝獨雲南用之，呼爲海肥，以一爲莊，四莊爲手，四手爲苗，五苗爲索。」

「贆」，《説文》作「猋」，云：「居陸名猋，在水名蜬。」《類聚》引《爾雅》正作「猋」。按：蜬與水贏同名，蓋貝亦贏屬，而有文彩，故人異而珍之。

「魧」，《釋文》引《字林》作「蚢」，云：「大貝也。」郭氏《江賦》：「紫蚢如渠。」《書大傳》云：「散宜生之江淮之浦，取大貝如大車之渠。」鄭注：「渠，車罔也。」車輞爲渠，見《考工記》。《大傳》又云：「南海大貝。」《白虎通·封禪》篇云：「江出大貝。」《漢書》言尉佗獻大貝五百，蓋此物産於江海，故《類聚》引《廣志》云：「大貝出巨延州。」劉欣期《交州記》云：「大貝出日南，如酒杯。」《詩》疏引陸璣《疏》云：「其貝大者，常有徑至一尺六七寸者。今九真、交趾以爲杯盤寶物也。」

鰿者，小貝之名。《本草》名「貝子」，《别録》名「貝齒」，陶注「出南海」，此是小小貝子，人以飾軍容服物者。《虞衡志》云：「貝子，海傍皆有之，大者如拳，上有紫斑，小者指面大，白如玉。」按：《漢書·食貨志》：「玄貝二寸四分以上，二枚爲一朋，小貝一寸二分以上，二枚爲一朋。」然則小貝之外又有玄貝，《爾雅》但言小者以包之。

貽者，《釋文》：「顧餘之反，《字林》作蛤，大才反，黑貝也。」《王會》篇云：「共人玄貝。」孔晁注：「以共人爲吴越，玄貝即貽貝也。」《鹽鐵論·錯幣》篇云：「夏后以玄貝，周人以紫石。」按：紫石即紫貝，如彼所説則殷人蓋白貝歟？

蚳、泉者，《釋文》云：「或作貾、蟓。」《書·顧命》云：「文貝仍几。」《西山經》云：「蕃澤，其中多文貝。」郭注：「餘泉蚳之類也。」又云：「邽山，濛水出焉，其中多黄貝。」《詩》：「成是貝錦。」箋：「文如餘泉，餘貾之貝文也。」疏引李巡曰：「餘貾貝甲黄爲質，白爲文彩。餘泉貝甲白爲質，黄爲文彩。」陸璣《疏》同，云：「又有紫貝，其白質如玉，紫點爲文，皆行列相當。」郭説蚳泉與李同，其説紫貝與陸異，今所見紫貝質文正如陸説，郭所説者今未見也。《類聚》引萬震《南州異物志》曰：「素質紫飾，文若羅珠。」又引《相貝經》云：「赤電黑雲謂之紫貝。」

蚆者，雲南人呼貝爲「海肥」，「肥」「貝」聲轉也。尤侗《暹羅竹枝詞》云：「海𧴩買賣解香燒。」原注：「行錢用𧴩，羅斛香名。」然則「𧴩」與「肥」皆「蚆」之別體矣。「𩒻」與「頏」同，權也，郭音匡軌反，謂中央廣，兩頭鋭也。《士喪禮》注：「博，廣也。」

蜠者，魧之別名也。《釋文》：「魧，又口葬反。蜠，郭求隕反。」則「蜠」「魧」亦聲轉也。

險者，《春官·典同氏》「險聲斂」，注：「險謂偏弇也。」郭訓險爲薄，則讀與「儉」同。

《左襄・廿九年傳》:「大而婉,險而易行。」《史記》「險」作「儉」。《劉脩碑》云:「動乎儉中。」今《易》作「險」,「險」「儉」古字通也。

蟦即鰿也。橢者,《周頌・般》云:「嶞山喬嶽。」《楚辭・天問》篇云:「南北順橢,其循幾何。」皆以「橢」爲狹而長也。《詩・破斧》傳:「隋銎曰斧。」《士冠禮》注:「隋方曰篋。」「隋」俱「橢」字之省。

蠑螈,蜥蜴。蜥蜴,蝘蜓。蝘蜓,守宮也。 轉相解,博異語,别四名也。

《説文》:「榮蚖,蛇醫,以注鳴者。」又云:「虺以注鳴。」鄭注《梓人》則云:「胸鳴,榮原屬。」《説文》又云:「易,蜥易,蝘蜓,守宮也。」「在壁曰蝘蜓,在草曰蜥易。」按:「蜥」通作「蜴」。《詩》:「胡爲虺蜴。」傳:「蜴,螈也。」「蜴」即「蜥」字。故《釋文》云:「蜴,星歷反,字又作蜥。」是也。《爾雅》《説文》乃云「蜴音亦」,《説文》《字林》作「易」,此音誤矣。蓋《詩》之「虺蜴」,俗讀爲「易」,因而《爾雅》「蜥易」亦誤爲「蜴」,不知「蜴」即「蜥」之異文,經典轉寫多誤,唯《方言》作「易」。「蜴」,郭注音「析」,不誤,宜據以訂正焉。《詩》疏引李巡曰:「蠑螈,一名蜥易,蜥易名蝘蜓,蝘蜓名守宮。」孫炎曰:「别四名也。」陸璣《疏》云:「虺蜴,一名蠑螈,水蜴也。或謂之蛇醫,如蜥易,青緑色,大如指,形狀可惡。」《方言》云：「守宮，秦、晉、西夏謂之守宮，或謂之蠦蝘，或謂之刺易，其在澤中者謂之易，蜴，音「析」。南楚謂之蛇醫，或謂之蠑螈，東齊、海岱之閒謂之螔⿰虫侯，北燕謂之祝蜓。」《廣雅》俱本《方言》而增以「蚵蠪」，《玉篇》：「蚵蠪，蜥易也。」《一切經音義》七云：「守宮，江南名蝘蜓，山東謂之蝀⿰虫覓，陝西名壁宮。」按：今登萊人謂守宮爲「蠍虎」，青斑色，好在壁閒，即蝘蜓矣。其在草中者形細長，黄斑色，謂之「馬蛇子」，即蜥易矣。「蜥易」「蛇醫」，聲之轉耳。東方朔云：「是非守宮即蜥易。」然則此皆同類，故《爾雅》通名矣。邵氏《正義》據《御覽》引曹叔祥《異物志》云：「魚跳躍則蜥易從草中下，便共浮水上而相合。」此蜥易所由附見魚類也。

蛈，蛪。蝮屬，火眼，最有毒。今淮南人呼「蛪子」，音「惡」。螣，螣蛇。龍類也。能興雲霧而游其中。淮南云「蟒蛇」。蟒，王蛇。蟒，蛇最大者，故曰「王蛇」。蝮虺，博三寸，首大如擘。身廣三寸，頭大如人擘指。此自一種蛇，名爲「蝮虺」。

《説文》：「蛈，蛇，惡毒長也。」「蛪，虺屬。」按：蛪之言惡也，此蛇最毒惡，故淮南人呼「蛪子」。

《説文》：「它，虫也。」或作「蛇」。「螣，神蛇也」。通作「騰」。《大戴禮·勸學》篇云

「騰蛇無足而騰」，《荀子》作「螣蛇無足而飛」。《史記·龜策傳》云：「騰蛇之神，而殆於即且。」《後漢書》注引《爾雅》舊注云：「騰蛇有鱗。」是爲龍類也。《慎子》云：「飛龍乘雲，騰蛇游霧，雲罷霧霽而龍蛇與螾螘同矣，則失其所乘也。」一名「飛蛇」。《中山經》云：「柴桑之山多飛蛇。」郭注：「即螣蛇乘霧而飛者。」《淮南·泰族》篇云：「螣蛇，雄鳴於上風，雌鳴於下風，而化成形，精之至也。」郭引《淮南》云「蟒蛇」者，邢疏：「蟒當爲奔。」引《淮南·覽冥》篇云：「前白螭，後奔蛇。」許慎云：「奔蛇，馳蛇。」高誘注：「奔蛇，騰蛇也。」按：「螣」「騰〔一〕」二字形近。《釋文》：「上直錦反，字又作朕，下徒登反，字又作騰。」

孫氏星衍曰：「蟒字義當用莽。」《小爾雅》云：「莽，大也。」按：《爾雅》古本必作「莽」。「莽」形近「奔」，故上注引《淮南》「奔蛇」誤作「莽」，俗又加「虫」作「蟒」矣。王蛇者，王，大也。《楚辭·大招》篇云：「王虺騫只。」王虺即王蛇也。《類聚》引郭氏《讚》云：「惟蛇之君，是謂巨蟒，小則數尋，大或百丈。」《晉書·郭璞傳》：「客傲云：『蟒蛇以騰鶩暴鱗。』」今按：蛇有大者便能乘風騰鶩，非必螣蛇始然，今有菜蟒不能騰，人啖

〔一〕騰，原誤「螣」，楊胡本、《經解》本同，據疏文上下文意改。

之以爲珍味矣。

虺者，「虫」之叚借也。《説文》：「蝮，虫也。」又云：「虫，一名蝮，博三寸，首大如擘指。」是「虺」當作「虫」，借作「虺」。郭注《南山經》云：「虫，古虺字。」非矣。其説蝮虫，《南山經》及《北山經》兩處竝云：「色如綬文。」又云：「文閒有毛如豬鬐，大者百餘斤。」然則彼蓋蝮虫之最大者，《楚辭·招魂》所謂「復蛇蓁蓁」，與《爾雅》之「蝮虺」名同實異，非一物也。《爾雅》所釋乃是土虺，今山中人多有見者，福山、棲霞謂之「土腳蛇」，江淮閒謂之「土骨蛇」，長一尺許，頭尾相等，狀類土色，人誤踐之，躍起中人。故郭氏《圖讚》云：「蛇之殊狀，其名爲虺，其尾似頭，其頭似尾，虎豹可踐，此蛇忌履。」足盡其形狀矣。臂若然，《爾雅》「首大如擘」，「擘」蓋「臂」之叚借。《釋文》引劉昌宗「音薄歷反」，得之。擘謂手以上者，與身博三寸相等也。又引孫云「頭如拇指」，蓋失之矣。又引《説文》「擘」下無指字，今本有者，衍也。《詩》疏引舍人曰：「蝮，一名虺，江淮以南曰蝮，江淮以北曰虺。」郭云「此自一種蛇，名蝮虺」，亦非。《本草》陶注以蝮蛇及虺與蚖分爲三物。今按：「蚖」疑即「虺」之或體，陶誤分耳。《蜀圖經》云：「蝮形麁短，黄黑如土色。」《類聚》引《廣志》曰：「蝮蛇與土色相亂，長三四尺，其中人以牙櫟之，截斷皮出血，則身盡腫，九竅血出而死。」《廣志》《圖經》所説正是土虺，今北方土虺毒少減，中人亦不至死，與南方者異矣。

鯢，大者謂之鰕。今鯢魚。似鮎，四脚，前似獮猴，後似狗，聲如小兒啼，大者長八九尺。

《說文》："「鯢，刺魚也。」邢疏以爲雌鯨，非也。鯨，海大魚，雄曰鯨，雌曰鯢，與此同名，非一物也。《王會》篇云："「穢人前兒。」前兒若彌猴，立行，聲似小兒，蓋即此物。「兒」「鯢」古字通也。《北山經》云："「決決之水，其中多人魚，其狀如鯑魚，四足，其音如嬰兒，食之無癡疾。」郭注："「鯑見《中山經》，或曰人魚，即鯢也。似鮎而四足，聲如小兒啼，今亦呼鮎爲鯑，音蹏。」《水經・伊水注》引《廣志》曰："「鯢魚聲如小兒啼，有四足，形如鯪鯉，可以治牛，出伊水也。」《史記》："「始皇帝之葬，以人魚膏爲燭。」徐廣注："「人魚即鯢。」是也。《御覽》引《異物志》云："「鯢魚有四足，如鼈而行疾，有魚之體而以足行，故曰鰕魚。含水仰天不動，小鳥就飲，因而吞之。」《廣雅》云："「鰨，鯢也。」《史記・司馬相如傳》云："「禺禺鱋鰨。」徐廣注："「鰨，一作鰨。」郭注："「鰨，鯢魚也。」《漢書音義》云："「鰨，鯷魚也。」然則「鰨」「鰨」「鯷」俱「鯢」之別名也。《海外西經》云："「龍魚，陵居，一曰鰕，一曰鼈魚。」又云："「龍魚，其爲魚也，如鯉。」鯉即鯪鯉，其形似鼈，故又名「鼈魚」。

魚枕謂之丁，枕在魚頭骨中，形似篆書「丁」字，可作印。魚腸謂之乙，魚尾謂之丙。此皆似篆書字，因以名焉。《禮記》曰：「魚去乙。」然則魚之骨體，盡似丙、丁之屬，因形名之。

魚頭骨爲枕。郭云「似篆書丁字，可作印」者，謂作印章也。云「魚去乙」者，《内則》鄭注：「乙，魚體中害人者名也。今東海鰫魚有骨名乙，在目旁，狀如篆乙，食之鯁人，不可出。」鄭説非《爾雅》義，郭借引耳。魚尾歧與燕尾同，狀如篆書「丙」字。

一曰神龜，龜之最神明。二曰靈龜。涪陵郡出大龜，甲可以卜〔一〕，緣中文似瑇瑁，俗呼爲「靈龜」，即今觜蠵龜，一名「靈蠵」，能鳴。三曰攝龜，小龜也。腹甲曲折，解能自張閉，好食蛇，江東呼爲「陵龜」。四曰寶龜，《書》曰：「遺我大寶龜。」五曰文龜，甲有文彩者。《河圖》曰：「靈龜負書，丹甲青文。」六曰筮龜，常在著叢下潛伏。見《龜策傳》。七曰山龜，八曰澤龜，九曰水龜，十曰火龜。此皆説龜生之處所。火龜猶火鼠耳。物有含異氣者，不可以常理推，然亦無所怪。

《易·損卦》云：「或益之十朋之龜。」虞翻注：「謂神、靈、攝、寶、文、筮、山、澤、水、

〔一〕卜，原誤「十」，據《爾雅》宋刊十行本、楊胡本、《經解》本改。

火之龜也。」孔疏引馬、鄭注竝用《爾雅》。《禮器》疏云：「大凡神、靈、寶、文、攝唯五體而已。蓋筮龜、山、澤以下皆因所生處以爲名，故止言五體也。」《廣韵・十七登》下引《書》云：「武王悦箕子之對，錫十朋。」蓋在《逸周書・箕子》篇内，今缺其文也。

神龜者，《王會》篇「伊尹四方令」云：「正西神龜爲獻。」《史記・龜策傳》云：「神龜在江南嘉林中。」《禮器》疏引郭注：「此當龜以爲畜在宫沼者。」蓋郭《音義》之文，本《禮運》爲説也。《南齊書》謂神龜腹下有離、兑卦，此蓋異龜，非所恒有，郭氏未言，以此可見。

靈龜者，劉逵《蜀都賦》注引譙周《異物志》曰：「涪陵多大龜，其甲可以卜，其緣中叉似瑇瑁，俗名曰靈。」《華陽國志》亦云：「其緣可作叉，世號靈叉。」「叉」與「釵」同，竝郭所本。今郭注「叉」作「文」，字形之誤，宜據以訂正。郭又云「一名靈蠵，能鳴」者，《説文》：「蠵，大龜也，以胃鳴者。」《羽獵賦》云：「抾靈蠵。」《初學記》引《廣志》曰：「觜蠵形如龜，出交州。山龜在山上，食草，長尺餘。」《禮器》疏引郭云：「今江東所用卜龜黄靈黑靈者。」此蓋與天龜靈屬一也，是郭以此龜即天龜。《説苑・辨物》篇云：「靈龜文五色，似玉似金。」《類聚》引《吴謝承表》云：「伏覩靈龜出於會稽章安，臣聞靈龜告符，五色粲彰，則金則玉，背陰向陽。」

攝龜者，《禮器》疏引郭云：「以腹甲翕然攝斂，頭閉藏之，即當《周禮》地與四方之龜，知者，以皆有奄斂之義故也。」按：《釋文》：「攝，謝之涉反。」然則攝猶摺也，亦猶折也，言能自曲折解張閉如摺疊也。《本草別録》陶注又有鴦龜，小狹長尾，用以卜則吉凶正反。唐本注云：「鴦龜腹折，見蛇則呷而食之，荆、楚之閒謂之呷蛇龜。」郭云「江東呼陵龜」即攝龜矣。

寶龜者，《春秋·定八年》：「盜竊寶玉大弓。」《公羊傳》以龜青純爲寶，何休注：「千〔一〕歲之龜青髯。謂之寶者，世世寶用之辭。」郭引《書·大誥》文。《禮器》疏云：「即『遺我大寶龜』，及《樂記》曰『青黑緣者，天子之寶龜』，及《公羊》『龜青純』，皆是也。」

文龜者，《類聚》引《禮斗威儀》曰：「君乘土而王，則龜被文而見。」《尚書中侯》曰：「堯沈璧于雒，玄龜負書出，背甲赤文成字。」及郭所引《河圖》，皆其類也。

筮龜者，注言：「常在蓍叢下潛伏。」《龜策傳》引傳曰：「上有檮蓍，下有神龜。」又云：「聞蓍生滿百莖者，其下必有神龜守之，其上常有青雲覆之。」

山、澤、水、火龜者，皆因龜所生處以爲名，其火龜尤異，故舉火鼠以況之。郭注《山

〔一〕千，原誤「于」，楊胡本同，據《經解》本改。

海經》云：「有火山國，其山雖霖雨，火常然。火中白鼠，時出山邊求食，人捕得之，以毛作布，名之火浣布，是也。」《類聚》引郭氏《讚》曰：「天生神物，十朋之龜。或游於火，或游於蓍。雖云類殊，象二一歸。亹亹致用，極數盡幾。」

爾雅郭注義疏下之五

釋鳥弟十七

《説文》：「鳥，長尾禽總名也。」「隹，鳥之短尾總名也。」《左傳》：「郯子曰：『少皞摯之立也，鳳鳥適至，故紀於鳥，爲鳥師而鳥名。』」其述五鳩、五雉、九扈之屬，《爾雅》皆釋其名。《天官・庖人》「辨六禽」，鄭衆以鴈、鶉、鷃、雉、鳩爲釋。《爾雅》竝詳其目，旁及怪鴟、爰居之類，《翟氏》所稱大鳥也。鳥鴿、鼠鼷之倫，《禹貢》所標地望也。篇内既言「二足而羽謂之禽」，然則蝙蝠、夷由皆鼠屬而居鳥部者，《夏小正》云：「凡有翼者爲鳥也。」又鳥、隹以長尾、短尾爲别，兹篇所釋，則兼長尾、短尾而總題曰「釋鳥」。

隹其，鳺鴀。今鵓鳩。

《説文》：「雔，祝鳩也。」《左氏・昭十七年傳》：「祝鳩氏，司徒也。」杜預注：「祝鳩，鷦鳩也。鷦鳩孝，故爲司徒，主教民。」按：「鵻」即「雔」字，形譌，陸德明音「鵻」爲

「焦」，非也。「祝鳩」「鵻」，其聲相轉，「鵻」借作「隹」，《釋文》反以隹旁加鳥爲非，失之矣。「鳺鴀」當作「夫不」。《詩・四牡》傳：「鵻，夫不也。」箋云：「夫不，鳥之慤謹者，人皆愛之。」《南有嘉魚》傳：「鵻，壹宿之鳥也。」箋云：「壹宿者，壹意於其所宿之木也。」《左傳》疏引樊光曰：「《春秋》云『祝鳩氏，司徒』，祝鳩即隹其。夫不孝，故爲司徒。」《詩》疏引舍人曰：「鵻名其夫不。」《左傳》疏引無其字。李巡曰：「夫不，一名鵻，今楚鳩也。」又引郭曰：「今鵓鳩也。」《爾雅》注作「䳕鳩」，「䳕」即「夫不」之合聲也。「䳕鳩」聲轉爲「鵓鳩」，又轉爲「鳻鳩」，以其棲有定所，故南方有「鵓鴣定」之語。以其巢不完而卵易墮，故北方有「鳻鳩墮卵」之諺。一種形小而善鳴，俗謂之「水鵓鴣」，因其聲以爲名也。《方言》云：「鳩，自關而東謂之鵖鷎。音「郎皋」。其鶝鳩謂之鸊鷎，自關而西謂之鵴鳩，其大者謂之鳻鳩，音「班」。其小者謂之鶌鳩，今荆鳩也。或謂之鷄鳩，或謂之䳕鳩，或謂之鶻鳩，梁、宋之閒謂之鵻。」然則《方言》鳻鳩以下皆即《爾雅》之「鵻，夫不」，其鶻鳩乃鶻鳩，與鵻非一物，《方言》蓋誤。唯《廣雅》以鵖鷎爲鳩總名，以鶻鵃爲鶡鳩，鶡即班也，以鶌鳩以下爲鶡鳩，即夫不也，分爲三類，足正《方言》之失矣。陸璣《詩義疏》云：「鵻，今小鳩也，一名䳕鳩，幽州人或謂之鵖鷎，梁、宋之閒謂之隹，楊州人亦然。」又云：「䳕鳩，灰色，無繡項，陰則屏逐其匹，晴則呼之，語曰天將雨，鳩逐婦，是也。」陸

《疏》所説，得其形狀。李巡謂之「楚鳩」，郭氏謂之「荆鳩」，皆即今鴿鳩也。《水經・濟水注》引《廣志》云：「楚鳩，一名嘷啁。」《高唐賦》云：「正冥楚鳩。」楚猶荆耳。「隹」「其」疊韵，「夫」「不」雙聲也。

鶌鳩，鶻鵃。似山鵲而小，短尾，青黑色，多聲，今江東亦呼爲「鶻鵃」。

《説文》：「鶌，鶌鳩也。」「鳩，鶻鵃也。」《詩・氓》傳云：「鳩，鶻鳩也。」是鶌鳩即名「鳩」，以其多聲又名「鳴鳩」。《詩・小宛》傳：「鳴鳩，鶻雕。」「雕」「鵃」古字通，亦猶「舟」「周」古通用也。又名「滑鳩」。《莊子・逍遥遊》篇云「鷽鳩」，《釋文》引崔譔云：「鷽，讀爲滑。滑鳩，一名滑雕，即毛傳所謂鶻雕也。」又名「鶻嘲」。《禮記》疏引郭云：「鶌音九物反，鵃音嘲，後世即謂之鶻嘲。」所引蓋郭《音義》之文。今驗其聲正作「鶻嘲」。「鶻嘲」聲轉又爲「鉤輈〔一〕」，格磔也。《左・昭十七年》疏引舍人曰：「鶌鳩，一名鶻鵃，今之班鳩也。」樊光曰：「《春秋》云『鶻鳩氏，司事』，春來冬去。」孫炎曰：「鶻鳩，一名鳴鳩。」《月令》云：「鳴鳩拂其羽。」《爾雅》釋文引《毛詩草木疏》云：「班鳩也，杜陽人謂之班

〔一〕輈，原誤「轉」，據楊胡本、《經解》本改。

隹，似鶉鳩而大，項有繡文班然，故曰班鳩。」高誘《吕覽・季春紀》注亦云：「鳴鳩，班鳩也。」《廣雅》謂之「⿰盆鳥鳩」，「⿰盆鳥」與「班」同也。喜以春鳴，故《東京賦》云：「鶻鵃春鳴。」其背青黑，故今呼之「青肩」。其膺紫班，故謂之「班鳩」矣。《方言》以雛大者謂之鳻鳩，「鳻」與「班」雖同音，非同物也。

鳲鳩，鴶鵴。今之布穀也。江東呼爲「穫穀」。

《説文》「秸鞠，尸鳩。」《詩》作「鳲鳩」，《召南》及《曹風》毛傳竝作「秸鞠」，聲借字也。箋於《鵲巢》言其性拙，傳於養子言其平均，俱緣《詩》生訓也。《左・昭十七年》疏引樊光曰：「《春秋》云『鳲鳩氏，司空』。心平均，故爲司空。」《方言》云：「布穀，自關東西、梁、楚之閒謂之結誥。」「結誥」即「秸鞠」，聲之轉也。《西山經》云：「南山鳥多尸鳩。」郭注：「尸鳩，布穀類也。或曰鶻鵃也。」其注《方言》「鳲鳩」亦曰：「或云鵃也者。」《月令》：「仲春鷹化爲鳩。」鄭注：「鳩，搏穀也。」高誘《吕覽・仲春紀》注：「鷹化爲鳩，喙正直不鷙擊也。鳩，蓋布穀鳥。」《列子・天瑞》篇云：「鷂之爲鸇，鸇之爲布穀，布穀久復爲鷂也。」是皆鄭、高、郭注所本也。「布穀」轉爲「搏穀」，又爲「穫穀」，又爲「擊穀」。《方言》云：「布穀，周、魏之閒謂之擊穀。」《御覽》引陸璣《疏》云：「今梁、宋之閒謂布穀爲鵠鷎，一名擊穀，一名桑鳩。」然則「鵠鷎」「擊穀」聲相轉，「桑鳩」「鳲鳩」亦聲相轉矣。「擊穀」又轉爲「郭公」。陳藏器《本草拾遺》云：「江東呼爲郭公，北人云撥穀，似鷂，長尾，牝牡飛鳴，以翼相拂擊。」《六書故》云：「其聲若曰布穀，故謂之布穀，又謂勃姑，又謂步姑。」按：今楊州人謂之「卜姑」，東齊及德滄之閒謂之「保姑」，其身灰色，翅尾末俱雜黑色，農人俟此鳥鳴「布」種其穀矣。《左傳》疏引孫炎據《方言》以鳲鳩爲戴勝，《後漢書》注亦以布穀爲戴勝，今驗戴勝鳴聲亦曰「搏穀」，又曰「樓樓穀」，而非鵠鷎、布穀之倫，郭注《方言》辨其失也。

鷑鳩，鵧鷑。小黑鳥，鳴自呼，江東名爲「烏鷑」。

《釋文》：「鷑，吕、郭巨立反，施音及。鵧，謝苻悲反，郭方買反。」按：「鵧鷑」聲轉爲「批頰」，即批頰鳥也。又名「鵯札」。《淮南·説林》篇云：「烏力勝日，而服於鵯禮。」高誘注：「烏在日中而見，故曰勝日。服猶畏也。鵯禮，《爾雅》謂之裨笠，秦人謂之祝祝，蠶時晨鳴人舍者，鴻鳥皆畏之。」然則高注「裨笠」，即《爾雅》之「鵧鷑」，其鵯禮即鵯札，《廣雅疏證》以爲「札」與「礼」形相似，因而展轉致譌，其説是矣。「祝祝」、「鵯札」聲亦相轉。又名「車搞」，亦名「加格」，皆語聲相變耳。《廣雅》云：「車搞，鵯札也。」《荆楚歲時記》云：「春分有鳥如烏，先雞而鳴，聲如加格加格〔一〕，民候此鳥鳴，則入田，以爲催人駕犂格也。」今驗此鳥黑身長尾，其夜鳴之聲正如《歲時記》所說。郭云「江東名烏鴭」者，《玉篇》：「烏鴭，似鳩有冠。」《爾雅翼》云：「今烏鴭小於烏而能逐烏。」按：烏鴭即鵶鴭，因其色黑爲名，「鴭」「鵻」亦聲轉也。

鵙鳩，王鵙。鵰類，今江東呼之爲「鶚」，好在江渚山邊食魚。《毛詩》傳曰：「鳥鷙而有別。」

《說文》：「鵙，王鵙也。」《左傳》：「鵙鳩氏，司馬也。」杜預注：「王鵙也，鷙而有別，故爲司馬，主法制。」疏引李巡云：「王鵙，一名鵙鳩。」《詩》疏引陸璣《疏》云：「鵙鳩大小如鴟，深目，目上骨露。幽州人謂之鷲。而楊雄、許慎皆曰：『白鷢似鷹，尾上白。』」按：《爾雅》「鷢，白鷢」，與王鵙爲二物，楊、許欲合爲一，非矣。能扇波令魚出，食之，故《淮南·說林》篇謂之「沸波」。郭云：「鵰類，江東呼鶚。」《說文》：「鷻，雕也。」「鳶，鷙鳥也。」「鳶」與「鶚」同。《史記正義》云：「王鵙，金口鶚也。」毛傳：「摯而有別。」此引作「鷙」，而亦音「至」，《釋文》得之。

〔一〕加格加格，楊胡本、《經解》本同，《荆楚歲時記》作「架架格格」。

鵅，鵋鵙。今江東呼鵂鶹爲「鵋鵙」，亦爲之「鵅鵅」，音「格」。

「鵋」「鵙」疊韵，「鵂」與「舊」同，古讀「舊」如「鵋」，「鵋」「鵅」又雙聲也。轉爲「鵅鵅」，「鵅」與「鉤」同。《釋文》：「鉤，本今作鵅。」「鵅」「鵅」亦雙聲矣。《一切經音義》廿引舍人曰：「鵂鶹，南陽名鉤鵅，一名忌欺。」詳下「怪鴟」。

《說文》：「鵅，忌欺也。」郭以爲鵂鶹。《廣韵》云：「鵋鵙，鵂鶹鳥，今之角鴟也。」

鶹，鵅軌。未詳。

鴗，天狗。小鳥也，青似翠，食魚，江東呼爲「水狗」。

《說文》：「鴗，天狗也。」《本草拾遺》云：「穴土爲窠，取其尾爲飾，亦有斑白者，俱能水上取魚。」按：今所見者青翠色，大如燕而喙極長，尾絶短，喙足皆赤色。《爾雅翼》云：「今謂之翠碧鳥，又謂之魚狗，或曰小者爲魚狗，大者名翠奴。」

鷚，天鸙。大如鷃雀，色似鶉，好高飛作聲，今江東名之「天鷚」，音「綢繆」。

《説文》：「鷚，天龠也。」《釋文》：「鷚，孫音流。」「鸙」，《説文》作「龠」，則與《釋草》之「蘢，天蘥」同名。徐鍇本以鷚、䳭俱爲天鸙，非也。下云「雉之莫子爲䳭」，非天鸙矣。今此鳥俗謂之「天雀」，毛色全似阿鷚而形差小，高飛直上，鳴聲相屬，有如告訴，或謂之「告天鳥」，即此也。

鴾鷞，鶩。今之野鵝。

《説文》：「鯥蔞，鵝也。」《類聚》引《廣志》曰：「駕鵞，野鵞也。」《本草》陶注：「野鵝大如鴈，猶似家蒼鵞，謂之駕鵞也。」「駕」「鵞」疊韵，「鴾」「鷞」雙聲。

鶬，麋鴰。今呼「鶬鴰」。

《説文》用《爾雅》。「鶬」或作「鵤」。《列子·湯問》篇云：「蒲且子連雙鶬於青雲之際。」《史記·司馬相如傳》正義引司馬彪云：「鶬似雁而黑，亦呼爲鶬括。」顔師古《漢書》注：「鶬鴰，今關西呼爲鴰鹿，山東通謂之鶬，鄙俗名爲錯落，又謂鴰捋。鴰捋、鴰鹿皆象其鳴聲也。」按：「捋」「鹿」聲相轉，今萊陽人謂之「老鶬」，南方人謂之「鶬鷄」，「雞」「鴰」聲亦相轉。

鵅，烏鸔。水鳥也，似鶂而短頸，腹翅紫白，背上緑〔一〕色，江東呼「烏鸔」，音「駮」。

《説文》：「鵅，烏鸔也。」《釋文》：「鵅音洛。鸔，孫音暴。」郭云「似鶂」者，《莊子·天運》篇云：「鶂之相視，眸子不運而風化。」《白孔六帖》引《三蒼》云：「鶂鳥高飛似雁，目相擊而孕，吐而生子，其色蒼白，烏鸔似之也。」陶注《本草》「烏賊魚」云：「是鸔烏所化作，今其口腹具存，猶相似爾。」《蜀圖經》亦同茲説，然鸔烏非即烏鸔。

舒鴈，鵝。《禮記》曰：「出如舒鴈。」今江東呼「鴚」，音「加」。舒鳧，鶩。鴨也。

《説文》：「鴈，鵝也。」「鵝，鴚鵝也。」《方言》云：「鴈，自關而東謂之鴚鵝，南楚之外謂之鵝，或謂之倉鴚。」郭注：「今江東通呼爲鴚。」《廣雅》本《方言》云：「鴚鵝、倉鴚，鴈也。」「鳫」與「鴈」同，「鴚」與「鴐」同，通作「駕」，魯大夫有榮駕鵝。《漢書·司馬相如傳》「弋白鵠，連鴐鵞」，《史記》作「駕」。然則「鴚」「鵝」疊韵，言其聲也，倉鴚言其色也。《内則》疏引某氏云：「在野舒翼飛遠者爲鵝。」李巡云：「野曰鴈，家曰鵝。」《一切經音義》二引孫炎曰：「鵝，一名舒鴈。」今按：鴈、鵝同類而别，古人則通。《莊子·山木》篇

〔一〕緑，原誤「緣」，楊胡本同，據《爾雅》宋刊十行本、《經解》本改。

云：「命豎子殺鴈而烹之。」蓋鴈即鵝矣。鵝有蒼、白二色，蒼者全與鴈同。郭引「出如舒鴈」者，《聘禮・記》文。

《説文》：「鶩，舒鳧也。」「鳧，舒鳧，鶩也。」《廣雅》云：「鴸、鴄、鸗、鳧、鶩、䳺也。」「䳺」或作「鳨」，竝與「鴨」同。「鶩」音「木」，「鴸」「鶩」聲相轉也。「鴄」通作「匹」。《大宗伯》云：「庶人執鶩。」鄭注：「鶩，取其不飛遷，象庶人安土重遷也。」《説苑・修文》篇云：「鶩者，鶩鶩也，鶩鶩無他心，故庶人以鶩爲摯。」《曲禮》云：「庶人之摯匹。」鄭注：「説者以匹爲鶩。」疏引舍人及李巡云：「鳧，野鴨名；鶩，家鴨名。」某氏云：「在野舒翼飛遠者爲鳧。」《本草拾遺》引《尸子》亦云：「野鴨爲鳧，家鴨爲鶩。」然則鳧、鶩本有定名故《春秋繁露・郊祀對》云：「臣湯問仲舒：『祠宗廟或以鶩當鳧，鶩非鳧，可用否？』仲舒對曰：『鶩非鳧，鳧非鶩也。以鳧當鶩，鶩當鳧，名實不相應。』」其説是矣。鵝、鶩人家常畜，故連釋之。《内則》云：「舒鴈翠，舒鳧翠。」鄭注用《爾雅》。按：謂之舒者，以其行步舒遲也。

鳽，鵁鶄。似鳧，脚高，毛冠，江東人家養之，以厭火災。

《説文》：「鳽，鵁鶄也。」《白帖》引《禽經》云：「交目，其名鳽。」是鵁鶄以交目得名，故又云：「睛交而孕也。」《類聚》引《異物志》曰：「鵁鶄巢於高樹，生子在窟中，未能飛，皆銜其翼飛也。」今按：此鳥紅毛爲冠，翠鬛紫纓，駮羽朱掖，文彩爛然。宜鄭注《職方》與孔鸞竝列矣。通作「交精」。《上林賦》云：「交精旋目。」是也。「鳽」从「开」聲，《釋文》引《字林》音「肩」，得之。「鳽」「鵁」聲相轉也。云「厭火災」，未聞。

與〔一〕，鵛鷋。未詳。

《釋文》：「與，樊、孫本作鸒。」《玉篇》云：「鸒，鵛鷋」，又云：「鷋，鷋鳩也。」「鳩鷋，烏喙蛇尾也。」《廣雅》云：「鵛雀，怪鳥屬也。」《釋文》：「鵛，古形反。」

鵜，鴮鸅。今之鵜鶘也。好羣飛，沈水食魚，故名「洿澤」，俗呼之爲「淘河」。

《說文》：「鶇胡，污澤也。」鶇或从弟。《詩·候人》傳：「鵜污，澤鳥也。」鄭注《表記》云：「污澤善居泥水之中。」《淮南·齊俗》篇云：「鵜胡飲水數斗而不足。」《魏志·王朗

〔一〕與，《爾雅》宋刊十行本作「輿」。

傳》云：「黄初中，鵜鶘集靈芝池。」按：鵜鶘又名「鴮鸅」。《東山經》云：「沙水，其中多鴮鸅，其狀如鴛鴦而人足，其鳴自訆。」郭注：「今鵜鶘足頗有似人腳形狀也。」《詩》疏引舍人曰：「鵜，一名污澤。」陸璣《疏》云：「鵜，水鳥，形如鶚而極大，喙長尺餘，直而廣，口中正赤，頷下胡大如數斗囊。若小澤中有魚，便羣共抒水，滿其胡而棄之，令水竭盡，魚在陸地，乃共食之，故曰淘河。」按：「淘河」即「鵜鶘」聲之轉。今此鳥黑色，高腳垂胡，食多肉少，乃知貪者未必肥也。

鶾，天雞。鶾雞，赤羽。《逸周書》曰：「文鶾若彩雞，成王時蜀人獻之。」

「鶾」當作「翰」。《説文》：「翰，天雞，赤羽也。」《逸周書》曰：「文翰若翬雉，周成王時蜀人獻之。」本《王會》篇文也。「翬雉」，郭引作「彩雞」。《説文》「翰」與「鶾」別，「鶾」字解云：「雞肥翰音者也。魯郊以丹雞，祝曰：『以斯翰音赤羽，去魯侯之咎。』」「雞肥」本作「雉肥」，「翰音」作「鶾音」，今依段本改正。然則鶾是丹雞，不名天雞，此叚借耳，故《釋文》：「鶾，本又作翰。樊云：『一名山雞。』」按：山雞雖赤羽，復無天雞之名，山雞即鵕鸃、鷩雉，《釋名》所説是也。今所謂「天雞出蜀中」者，背文揚赤，膺文五彩，爛如舒錦，一名錦雞，又未知即《爾雅》所釋不也？徐鍇《繫傳》引謝靈運詩云：「天雞弄和風。」唐江南進士試此詩以《爾雅》天雞有二問之主司，蓋《釋蟲》亦有「翰，天雞」，與此相亂，見《困學紀聞》十七。然則此及《釋蟲》唐以前本俱作「翰」字，亦可知矣。

鸒，山鵲。似鵲而有文彩，長尾，觜腳赤。

《説文》：「鸒，雗鸒，山鵲，知來事鳥也。」鸒或作「鸓」。《繫傳》引《西京雜記》曰：「干鵲噪，行人至，亦猶猩猩知人往事也。」《禮》「射鳱鴠」即此也。《廣雅》：「鳱鴠，鵲也。」鄭注《大射儀》引《淮南子》「鳱鴠知來」，賈疏亦云「山鵲」，然則「鳱鴠」即「雗鸒」，聲相近。今《淮南·氾論》作「乾鵲知來而不知往」，高誘注：「乾鵲，鵲也。人將有來事憂喜之徵則鳴，此知來也。知歲多風，卑巢於木枝，人皆探其卵，故曰不知往也。」今按：高注即今乾鵲，非山鵲也。舊説山鵲今赤觜鳥，山中人諺云「朝鸒叫晴，暮鸒叫雨」，此亦知來事之證也。

鷣，負雀。鷣，鷂也。江南呼之爲「鷣」，善捉雀，因名云，音「淫」。

《説文》：「鷂，鷙鳥也。」《廣雅》云：「鷂鷹、鷂子、籠脱，鷂也。」「鷂」與「鷣」「鷂」俱聲相轉，鷂子即鷂子也。《類聚》引《詩義疏》云：「隼，鷂也，齊人謂之題肩，或曰雀鷹，春化爲布穀。此屬數種皆爲隼。」按：隼是總名，鸇是雀鷹。今雀鷹小於青肩，大者名「鷂子」，皆善捉雀。

鸐齒，艾。 未詳。

鄭樵注云：「艾即鳩也。巧婦鳥之雌者也。」説在下文。

鶨，鵋老。 鴮〔一〕鶨也。俗呼爲「癡鳥」。

《説文》：「鶨，欺老也。」《左·昭十七年》疏云：「舍人、李巡、孫炎、郭璞皆斷老上屬，鳸下屬，解云：『鶨，一名鵋老。鳸，一名鴮。鴮，雀也。』唯樊光斷『鶨鵋』爲句，以老下屬。」按：《説文》舉九鳸之名，有老鳸鷃，是許亦斷老下屬，蓋本賈逵説也。然則二讀俱通，故許兩從之。郭云「鴮鶨也」者，《釋文》引《字林》云：「句喙鳥。」今按：舊圖作「直喙」，誤。又作「長頸，短尾，鴻身，大鳥也」。

〔一〕鴮，《爾雅》宋刊十行本作「鴩」。

鳸，鴳。今鴳雀。

《説文》：「鴳，雇也。」又云：「老雇，鷃也。」是「鷃」「鴳」同。《晉語》云：「平公射鴳。」韋昭注：「鴳，鳸，小鳥也。」《莊子·逍遥遊》篇釋文引司馬彪注：「鴳，鴳雀也。」高誘注《吕覽·明理》篇云：「鴳，一名冠爵。」《一切經音義》十二引《纂文》云：「關中有鴳濫堆。」是也。顔師古《急就篇》注亦有鷃爛堆。今鷃爛堆如雀而大，東齊謂之「阿鸛子」，色如鶉鴿，善鳴多聲，一種有毛角者，高誘所謂「冠雀」，今俗呼「老兒角」，然則老鳸之名，豈以此歟？又《説文》「老鳸鷃」，徐鍇本作「鷃鷃」重文。《左·昭十七年》疏引《爾雅》「老鳸鴳」，賈、服竝云：「鷃鷃亦聲音爲名也。」然今驗其鳴聲殊不相似，服、賈蓋失之。杜預《左傳》注亦仍其失，張聰咸《辨〔一〕證》論之，是矣。

桑鳸，竊脂。俗謂之青雀。觜曲，食肉，好盜脂膏，因名云。

《説文》及《詩·小宛》傳俱用《爾雅》。《繫傳》引蔡邕《獨斷》云：「桑雇氏趣民養蠶。」鄭箋：「竊脂肉食。」《左傳》疏引李巡云：「竊脂，一名桑鳸。」又引陸璣《義疏》云：

〔一〕辨，原誤「辧」，楊胡本同，據《經解》本改。

「竊脂，青雀也。好竊人脯肉及筩中膏，故以名竊脂也。」《淮南·説林》篇云：「馬不食脂，桑扈不啄粟，非廉也。」高誘注亦以「桑扈」爲青雀。今驗青雀俗名「黑阿鸛子」，大如鸜鵒，背青黑色，腹下藍色，性喜食肉，雖多不饜，善鳴，發聲清壯，人或畜之以聽其聲。高誘、陸璣所謂青雀，蓋指此也。説「竊脂」者，舊無異義，唯孔穎達《左傳》疏深致駮難，而援《釋獸》虎竊毛之竊，謂「竊」即古「淺」字，此説似是而非。訓竊爲淺，但可施於下文「竊藍」「竊黄」，而説「竊脂」則舛，竊脂非白鳥也。《詩》言「有鶯其羽」，「有鶯其領」，蓋可見矣。《爾雅》所釋不妨互有異同，竊脂與竊黄、竊藍亦是也。孔疏欲變舊説而失之，故未可從。

鳭鷯，剖葦。好剖葦皮，食其中蟲，因名云。江東呼「蘆虎」。似雀，青斑〔一〕，長尾。

《説文》：「刀鷯，剖葦，食其中蟲。」《繫傳》云：「一名剖葦，食其中蟲，江東呼蘆虎。虎綺，蟲衣也。」按：「虎綺，蟲衣」，其説未聞。

〔一〕斑，《爾雅》宋刊十行本作「班」。

桃蟲，鷦，其雌鴱。 鷦䳄，桃雀也。俗呼爲「巧婦」。

《說文》：「䳄䳄，桃蟲也。」《詩・小毖》傳：「桃蟲，鷦也，鳥之始小終大者。」箋云：「鷦之所爲鳥題肩也，或曰鴞。」《正義》引舍人曰：「桃蟲名鷦，其雌名鴱。」陸璣《疏》云：「今鷦鷯是也，微小於黄雀，其雛化而爲鵰，故俗語鷦鷯生鵰。」按：「鷦」「鷯」疊韵，轉爲「鷦䳄」，又爲「啁噍」。《吕覽・求人》篇「鷦鷯」作「啁噍」也。「桃蟲」又爲「桃雀」。《易林》云：「桃雀、竊脂巢於小枝，摇動不安，爲風所吹。」《方言》云：「桑飛，自關而東謂之工爵，或謂之過贏，或謂之女匠。自關而東謂之鸋鳺，自關而西謂之桑飛。」郭注：「今亦名爲巧婦。」然則桑飛即鷦鷯，即鴟鴞，「鴟鴞」合聲爲「鷦」也。鴟鴞詳見下文。又爲「蒙鳩」。楊倞注《荀子・勸學》篇云：「蒙鳩，鷦鷯也。」「蒙」與「䳄」又一聲之轉。今鷦䳄青黄色，眉閒有白如粉，編麻爲巢，至爲緻密，故流「女匠」「巧婦」諸名矣。今東齊人謂之「屢事稽留」，楊州人謂之「柳串」。

鶠，鳳。其雌皇。 瑞應鳥。雞頭，蛇頸，燕頷，龜背，魚尾，五彩色，其高六尺許。

《說文》：「鶠，鳥也。其雌皇。一曰鳳皇也。」《左傳》：「鳳鳥氏，曆正也。」《鶡冠子・度萬》篇云：「鳳皇者，鶉火之禽，陽之精也。」《詩・卷阿》傳：「鳳皇，靈鳥，仁瑞也，雄曰鳳，雌曰皇。」《釋文》引陸璣《疏》云：「一名鶠，其雛名鸑鷟。或曰鳳，一名鸑鷟。」《説文》云：「神鳥也。天老曰：鳳之象也，鴻前、麐後、蛇頸、魚尾、鸛顙、鴛思、龍文、龜背、燕頷、雞喙，五色備舉，出於東方君子之國，翱翔四海之外，過崑崙，飲砥柱，濯羽弱水，莫宿風穴，見則天下大安寧。朋及鵬皆古文鳳字。」《南山經》云：「丹穴之山有鳥焉，其狀如雞，五采而文，名曰鳳。皇首文曰德，翼文曰義，背文曰禮，膺文曰仁，腹文曰信。是鳥也，飲食自然，自歌自舞，見則天下安寧。」《王會》篇云：「西申以鳳鳥。鳳鳥者，戴仁抱義掖信，方揚以皇鳥。」孔晁注：「皇鳥，配於鳳者也。」《論衡·講瑞》篇引《禮記·瑞命》篇云：「雄鳴曰即即，雌鳴曰足足。」《廣雅》本此又云：「昏鳴曰固常，晨鳴曰發明，晝鳴曰保長，舉鳴曰上翔，集鳴曰歸昌。」按：古書説鳳自《山海經》《逸周書》而下，互有異同，今不具録。郭注言鳳形狀本於《廣雅》，然龜背彼作鴻身，又言高六尺許，今按：《後漢書·光武紀》：「建武十七年有五鳳皇見於潁川之郟縣。」注引《東觀記》曰：「鳳高八尺。」又《京房易傳》：「鳳皇高丈二。」然則郭言六尺亦難定也。

鵙鳩，鶌渠。雀屬也，飛則鳴，行則搖。

《説文》：「鶌，鶌鶋也。」又云：「雃，石鳥。一名鶌鶋，一曰精列。」按：「精列」「鵙鴒」聲相轉。《詩》作「脊令」，《常棣》傳云：「脊令，雝渠也。飛則鳴，行則搖，不能自舍耳。」疏引陸璣云：「大如鷃雀，長腳，長尾，尖喙，背上青灰色，腹下白，頸下黑，如連錢，故杜陽人謂之連錢。」《廣韵》云：「鶺鴒，又名錢母，大於燕，頸下有錢文。」《埤雅》引《物類相感志》云：「俗呼雪姑，其色蒼白似雪，鳴則天當大雪。」按：今驗之良然。《漢書·東方朔》云：「辟若鶺鴒，飛且鳴矣。」蓋此鳥喜飛鳴作聲，行則首尾搖動，巢於沙上。故東齊謂之「沙稽留」。「稽留」又「脊令」之聲轉矣。郭注《上林賦》云：「庸渠似鳧，灰色而雞足。」《吴都賦》注作「鷛鸈」，蓋别一物，非此也。

鸒斯，鵯鶋。雅烏也。小而多羣，腹下白，江東亦呼爲「鵯烏」，音「匹」。

《説文》：「鸒，卑居也。」又云：「雅，楚烏也。一名鸒，一名卑居，秦謂之雅。」《詩·小弁》傳：「鸒，卑居。卑居，雅烏〔一〕也。」《夏官·羅氏》「掌羅烏烏」，鄭注以烏爲卑居之屬。《小爾雅》云：「純黑而反哺者謂之慈烏，小而腹下白不反哺者謂之雅烏。」《水經·㶟水注》引孫炎曰：「卑居，楚烏。犍爲舍人以爲壁居，《莊子》曰『雅賈』，馬融亦曰『賈

〔一〕烏，原誤「鳥」，楊胡本同，據《經解》本改。

烏』。」然則賈烏即雅烏。「卑居」，舍人作「壁居」，是「卑」讀如「壁」。郭音「匹」，非矣。「斯」字語詞，故《釋文》云「本多無此字」，是也。劉孝標《類苑·鳥部》遂立「鸒斯」之目，蓋失檢耳。今此烏大如鴿，百千爲羣，其形如烏，其聲「雅雅」，故名雅烏。《初學記》引此注作「楚烏」也，又曰：「雅烏多羣作多聲。」臧鏞堂據《水經注》定爲孫義，當是。

燕，白脰烏。脰，頸。

《小爾雅》云：「白項而羣飛者，謂之燕烏。」今此烏大於雅烏而小於慈烏。《禽經》云：「慈烏反哺，白脰不祥。」《漢書·五行志》云：「景帝三年十一月，有白頸烏與黑烏羣鬬楚國呂縣，白頸不勝墮泗水中，死者數千。」《世說·輕詆》篇云：「人問見諸王何如？荅曰：『見一羣白頸烏，但聞喚啞啞聲。』」皆謂此也。

鴽，鴾母。鵪也。青州呼「鴾母」。

《說文》：「雓，牟母也。」雓或作「鴑」。按：「鴑」，从奴聲，經典作「鴽」，則變从如，古者「如」「奴」同聲。《釋文》：「母，李音無，舍人本作無。」《月令》疏亦引舍人「毋」作「無」，鄭注《公食大夫禮》及《月令》竝作「鴽，毋無」。今按：鄭注「毋」當作「母」，《爾雅》

亦然。「母」「毋」二字形近易譌。故《釋文》云：「母如字，李音無。」以分别之。若《爾雅》正作「毋」，「毋」「無」音同，《釋文》又何必舉李音爲詞費乎？必知「毋」當作「母」者，以「鴾母」是鳥聲，因爲鳥名，古蓋讀「無」如「模」，與「鴾」「母」俱雙聲，故鄭及舍人本俱相通借，可知古本必不作「毋」矣。郭云「䳺也」者，《夏小正》：「田鼠化爲鴽，鴽爲鼠。」傳云：「鴽，鵪也。」《月令》疏引李巡云：「鴽䳺，一名鴾毋。」《吕覽・季春紀》注：「鴽，鶕也。青州謂之鴾鴾，譌作「鴹鴹」。周雒謂之鴽，幽州謂之鶕。」《淮南・時則》篇注亦同。然則「鶕」「鵪」俱「䳺」之别體，「鴾鴾」即「鴾母」之借聲，亦如鄭注「毋」「無」爲借聲矣。今驗鴽鳴以觜插地，如牛鳴窌中，故曰「鴾母」，今棲霞人即呼爲「鴾子」矣。鶉、䳺二鳥本非同類，故《公食大夫》以鶉、鴽竝列，《内則》鶉羹與鴽釀異名，是皆以爲二物也。今鶉黄黑雜文，大如秋雞，無尾。䳺較長大，黄色無文，又長頸長觜。䳺之言闇也，鶉之言純也，「純」亦「文」也。

密肌，繫英。《釋蟲》已有此名，疑誤重。

《玉篇》：「鷂肌，繼鴂，鳥名。」又云：「鷂，鳥名，鳥似雀。」《廣韵》云：「鴂，繼英，鳥名。」《釋文》：「鷂，本今作密，鴂本今作英。」按：郭氏疑爲重出，今《釋蟲》《釋鳥》俱有

「翰，天雞」，非誤重也。鄭樵注以爲英雞，因啄啖石英而得名，今所未聞。

巂周。子巂鳥，出蜀中。

《說文》：「巂周，燕也。一曰蜀王望帝，婬其相妻，慙亡去，爲子巂鳥。故蜀人聞子巂鳴，皆起曰『是望帝也』。」按：子巂即子規，又作「秭鳺」。《史記·曆書》「秭鳺先滜」，徐廣注「即子規也」。又作「姊歸」。《高唐賦》云：「姊歸思姊。」李善注引郭此注：「或曰即子規，一名姊歸。」蓋郭《音義》之文也。又作「子規」。《廣雅》云：「鷤搗、鷶鵤，子規也。」「鳺」與「規」同，巂猶規也。「鷤搗」之聲轉爲「鵜鴂」。《離騷》云：「恐鵜鴂之先鳴兮。」王逸注：「鵜鴂，一名買鵤，《漢書》注作「買䳄」。常以春分鳴也。」《楊雄傳》作「鷤搗」，枚乘《梁王菟園賦》作「蝭蛙」，張衡《思玄賦》作「鶗鴂」。又轉爲「杜鵑」。《御覽》引《臨海異物志》云：「鷤搗，一名杜鵑，春三月鳴，晝夜不止，至當陸子熟，鳴乃得止耳。」「子規」，《御覽》引《蜀王本紀》作「子搗」，《華陽國志》作「子鵑」。「鵑」「搗」亦聲轉也。《說文》以「巂周」爲燕別名，此古義也。《詩》疏引舍人曰：「巂周名燕，燕又名鳦。」孫炎曰：「別三名。」《文選·七命》：「鸛髀猩脣。」注引《呂氏春秋》曰：「肉之美者巂燕之髀。」今《呂覽·本味》篇作「雋臙」，誤。此燕名「巂周」之證。

燕燕，鳦。《詩》云：「燕燕于飛。」一名玄鳥，齊人呼「鳦」。

《說文》：「燕，玄鳥也。籋口，布翄，枝尾。象形。」又云：「乙，玄鳥也。齊魯謂之乙，取其鳴自呼。象形。」「乙」，或作「鳦」。又云：「乙，春分來，秋分去。」《左·昭十七年傳》：「玄鳥氏，司分者也。」鄭注《月令》云：「燕以施生時來，巢人堂宇而孚乳，娶嫁之象也。」《夏小正》：「二月來降燕，乃睇。九月陟，玄鳥蟄。」今按：燕蟄多於海濱坻岸及深山古木中，蟄則毛羽解脱也。《廣雅》又以朱鳥爲燕。《詩·燕燕》傳用《爾雅》。《左傳》疏云：「或單呼爲燕，或重名燕燕，異方語也。」按：《漢書》童謡亦云「燕燕尾涎涎」，詩謡重文足句，非必異方人語。又「燕燕」之聲轉爲「鳦鳦」，曼聲言之爲「鷾鴯」。《莊子·山木》篇云：「鳥莫知於鷾鴯。」司馬彪注：「鷾鴯，燕也。」《御覽》九百廿三引《爾雅》舊注云：「齊曰燕，梁曰鳦。」與郭注異，臧庸以爲孫炎義也。按：《南史·隱逸·顧歡傳》張融曰：「昔有鴻飛天首，積遠難明，越人以爲鳧，楚人以爲乙。」然則楚亦名「鳦」，不獨齊、梁云然矣。

鴟鴞，鸋鴂。鴟類。

《說文》及《詩》傳用《爾雅》。孔疏引舍人曰：「鴟鴞，一名鸋鴂。」《文選》注引《韓詩傳》曰：「鴟鴞，鸋鴂，鳥名也。鴟鴞所以愛養其子者，適以病之。愛憐養其子者，謂堅固其窠巢病之者，謂不知託於大樹茂林，反敷之葦蕳，風至蕳折巢覆，有子則死，有卵則破，是其病也。」《韓詩》所説即是鸋鴂。故《詩》疏引陸璣《疏》云：「鴟鴞，似黄雀而小，其喙尖如錐，取茅秀爲巢，以麻紩之，如刺襪然，縣著樹枝，或一房，或二房。幽州人謂之鸋鴂，或曰巧婦，或曰女匠。關東謂之工雀，或謂之過嬴。關西謂之桑飛，或謂之襪雀，或曰巧女。」陸《疏》「鸋鴂」以下悉本《方言》，《玉篇》亦同，惟《廣韵》以鸋鴂即鷶鴂爲誤。又韓、毛諸家之説竝以鴟鴞爲小鳥無異詞，郭以與下梟鴟相涉，定爲鴟類，蓋失之矣。劉向《九歎》云：「鴟鴞集於木蘭。」王逸注：「貪鳥也。」蔡邕《弔屈原文》云：「鸋鴂軒翥，鸞鳳挫翮。」皆以鴟鴞爲貪惡大鳥，郭蓋本此。段氏《説文注》：「鳥名多自呼，鴟鴞正是鳥聲。鴞，于嬌切。今讀許嬌切，非。」

狂，茅鴟。今鴾鴟也。似鷹而白。怪鴟。即鴟鵂也。見《廣雅》。今江東通呼此屬爲「怪鳥」。

梟，鴟。土梟。

《説文》：「鴟，雖也。」籀文作「鴟」。《本草》陶注：「鴟即俗呼老鴟者。又有雕、鶚竝相似而大。」按：鴟，今順天人呼「鷂鷹」，東齊人呼「老鷂」，亦曰「老雕」，善高翔者是也。

茅鴟者，《廣雅》云：「鵂鶹、鵋鴟，鵅也。」「鵋」通作「茅」。《左・襄廿八年傳》：「使工爲之誦茅鴟。」《一切經音義》七引舍人曰：「狂，一名茅鴟，喜食鼠，大目也。」《御覽》九百廿三引孫炎曰：「大目，鵂鶹也。」郭云「今鵅鴟」者，《太玄・聚》次八云：「鴟鵅在林，咙彼衆禽。」按：「鵅」與「䳢」聲義同。「馬屬」云「面顙皆白惟䳢」，此鳥似鷹而白，故謂之「鵅」。「鵅」「茅」聲轉也。茅鴟即今貓兒頭，其頭似貓，大目，有毛角，其鳴曰「轂轆貓」，故蜀人謂之「轂轆鷹」，楊州謂之「夜貓」，善笑，俗人聞其笑聲，云「有凶覝也」。

怪鴟者，《說文》云：「舊，雖舊，舊留也。」舊或作「鵂」。《廣雅》云：「肥鵂、鴟鵂，怪鴟也。」「舊」聲近「久」。故《海外南經》：「湯山有鴟久。」《大荒南經》：「蒼梧之野有鴟久。」郭注：「即鵂鶹也。」《莊子・秋水》篇云：「鴟鵂夜撮蚤察豪末，晝出瞋目而不見丘山。」《釋文》引司馬彪「蚤作蚤」，云：「夜取蚤食之。」崔譔作「爪」，云：「鵂鶹夜聚人爪於巢中也。」《博物志》云：「取人爪甲知吉凶，凶者輒鳴。」此怪說，不足信。夜撮蚤蚤特言其目明耳，非實事也。《一切經音義》廿引舍人曰：「一名狂鳥，一名鵂鶹，南陽名鉤鵅，一名忌欺。晝伏夜行，鳴爲怪也。」如舍人義，是怪鴟即鵋鶀矣。《音義》又云：「鵂鶹，關西名訓侯，山東名訓狐。」今按：「狐」「侯」聲轉，訓侯亦「鵂鶹」之語變。今訓狐大者高二三尺，黑黄雜色，其鳴自呼，頭有毛角。《說文》云：「萑，雖舊頭上角萑。」是也。

夜飛入人家，攫雞食之，怪鴟之屬此爲大。

梟者，《説文》云：「不孝鳥也。故日至捕梟磔之，从鳥在木上。」《五經文字》云「从鳥在木上，隸省作梟」，是《説文》「梟」从鳥。《詩・瞻卬》箋：「梟、鴟，惡聲之鳥。」不言其狀。《漢書・武五子傳》：「昌邑多梟。」按：《詩》「爲梟爲鴟」，似爲二物，《爾雅》則合爲一。《詩》言「流離之子」，毛傳「流離，鳥名」，陸璣《疏》以爲流離即梟，是皆古説之可疑者也。《漢書・郊祀志》注：「孟康曰：『梟，鳥名，食母。破鏡，獸名，食父。黄帝欲絶其類，使百吏祠皆用之。』如淳曰：『漢使東郡送梟，五月五日作梟羹以賜百官。以其惡鳥，故食之也。』」《淮南・説林》篇云：「鼓造辟兵，壽盡五月之望。」高誘注：「鼓造謂梟。」按：「梟」即「鼓造」之合聲。漢儀夏至賜百官梟羹，故高注云然也。《爾雅翼》云：「土梟穴土以居，故曰土梟。」「流離」，説在下文。

鶛，劉疾。未詳。

下云：「鶬，鶅，其雄鶛。」故《玉篇》以鶛爲鶬鶅也。《釋文》：「鶛，又音界，劉，字或作留。」

生哺，鷇。鳥子須母食之。生噣，雛。能自食。

《説文》：「鷇，鳥子生哺者。」《魯語》云：「鳥翼鷇卵。」韋昭注：「生哺曰鷇。」《史記·趙世家》云：「探爵鷇而食之。」《莊子·天地》篇云：「鶉居而鷇食。」楊雄《蜀都賦》云：「風胎雨鷇。」

噣者，「啄」之叚借。《説文》：「啄，鳥食也。」《文選·東征賦》注引《尸子》曰：「卵生曰椓。」「椓」與「啄」古字通也。《説文》：「雛，雞子也。籀文作鶵。」按：《孟子》云：「一匹雛。」則鶩子亦名雛，雛與𥢶聲相轉。《廣雅》云：「鶩子，雛也。」《方言》云：「爵子及雞雛皆謂之鷇。」則「鷇」「雛」通名矣。《夏小正》云：「雞桴粥。粥也者，相粥粥呼也。」是雞雛能自啄食之證。

爰居，雜縣。《國語》曰：「海鳥爰居。」漢元帝時，琅邪有大鳥如馬駒，時人謂之「爰居」。

《釋文》引李云：「爰居，海鳥也。」樊云：「似鳳皇。」劉逵《吴都賦》注亦云：「似鳳。」《廣雅》作「延居」，云：「怪鳥屬也。」《南山經》注仍作「爰居」，「爰」「延」聲相轉也。《魯語》云：「海鳥曰爰居，止於魯東門之外三日，臧文仲使國人祭之。」《莊子·至樂》篇説此事云：「海鳥止於魯郊，魯侯御而觴之於廟。」司馬彪注：「爰居舉頭高八尺。」郭氏

《遊仙詩》云：「雜縣寓魯門，風爰將爲災。」

春鳸，鳻鶞。夏鳸，竊玄。秋鳸，竊藍。冬鳸，竊黄。桑鳸，竊脂。棘鳸，竊丹。行鳸，唶唶。宵鳸，嘖嘖。諸鳸皆因其毛、色、音、聲以爲名。竊藍，青色。

《説文》：「雇，或作鶚。籀文作鳸。九雇，農桑候鳥，扈民不婬者也。春雇，鳻盾；夏雇，竊玄；秋雇，竊藍；冬鳸，竊黄；棘雇，竊丹；行雇，唶唶；宵雇，嘖嘖；桑雇，竊脂；老雇，鷃也。」《左·昭十七年》疏引賈逵云：「春扈，分循，相五土之宜，趣民耕種者也；夏扈，竊玄，趣民耘苗者也；秋扈，竊藍，趣民收斂者也；冬扈，竊黄，趣民蓋藏者也；棘扈，竊丹，爲民驅鳥者也；行扈，唶唶，晝爲民驅鳥者也；宵扈，嘖嘖，夜爲農驅獸者也；桑扈，竊脂，爲蠶驅雀者也；老扈，鷃鷃，趣民收麥令不得晏起者也。」又引樊光云：「鳻鶞言分循也。」又謂舍人、樊光注《爾雅》，其言亦與賈同，又謂自「春鳸，鳻鶞」至「宵鳸，嘖嘖」，凡七鳸，其文相次，李巡總釋之云：「諸鳸別春夏秋冬四時之名。唶唶、嘖嘖，鳥聲貌也。」孔疏所引衆家之説，大抵不殊。蔡邕《獨斷》略亦相倣，竝於七鳸之外益以上文桑鳸、老鳸，取備九鳸之名，而於《爾雅》未敢擅增，唯唐石經重出「桑鳸，竊脂」一句於「冬鳸，竊黄」之下，蓋校書者妄意羼入，唐後諸本俱仍其誤，亟宜栞削。邵氏《正義》及臧氏《漢注》竝刪去之，是矣。今從宋本，仍存此句，而因著其失焉。

鵖鴔，戴鵀。「鵀」即頭上勝，今亦呼爲「戴勝」。「鵖鴔」猶「鶝鴀」，語聲轉耳。

《說文》：「皀，皀鵖也。」今《爾雅》作「鵖鴔」。段氏注謂當從《爾雅》。今謂俱通。聲轉爲「鶝鴀」。《方言》云：「鳸鳩，燕之東北、朝鮮洌水之閒謂之鶝鵄，自關而東謂之戴鵀，東齊海岱之閒謂之戴南，南猶鵀也。或謂之戴鳻，或謂之戴勝，東齊、吴楊之閒謂之鵀。自關而西謂之服鶝，或謂之鶝鴀，燕之東北、朝鮮洌水之閒謂之鵖。」然則鵀即勝也，聲近字通。故《月令》作「戴勝」。《呂覽》作「戴任」，高誘注：「戴任，戴勝，鴟也。《爾雅》曰『鵖鳩』，部生於桑，按部蓋借爲抱雞之抱。三月其子彊飛，從桑空中來下，故曰戴任降于桑也。」高注「鴟」當作「鳲」，「鵖鳩」當作「鵖鴔」，俱形、聲之誤也。證以《淮南·時則》篇「戴任」作「戴鵀」，注亦云「戴勝，鳥」，引《詩》「尸鳩在桑」，可知《呂覽》注誤。《月令》疏引《爾雅》亦作「鴟鳩，戴鵀」，李巡云：「戴勝，一名鴟鳩。」皆即鵖鴔之譌，邢疏引作「鵖鴔」可證。又引孫炎云：「鳲鳩，自關而東謂之戴鵀。」皆本《方言》爲說也。然鳲鳩巢居，戴勝乃生樹穴中，本非同物，《方言》失之。戴鵀即今之「樓樓穀」，小於鵓鳩，黃白斑文，頭上毛冠如戴華勝，戴勝之名以此。常以三月中鳴，鳴自訮也。

鶭，澤虞。今婟澤鳥，似水鴞，蒼黑色，常在澤中，見人輒鳴，喚不去，有象主守之官，因名云。俗呼爲「護田鳥」。

《説文》：「鲂，澤虞也。」《釋文》引《字林》作「鶭鷆」，《御覽·九百廿五》引「鶭」作「紡」，孫炎注：「鳭鳩或謂紡，澤虞其别名也，常在澤中，見人報鳴不去，有象主守之官，因名之。」按：《方言》「鳸鳩，或謂之鶭鷆」，孫義本此，郭謂别一鳥也。今澤中有此鳥，形狀悉如注説。

鷀，鷧。卽鸕鷀也。觜頭曲如鉤，食魚。

《説文》：「鷧，鷀也」，「鷀，鸕鷀也」。《繫傳》云：「盧鷀卽鷀鷧。」《上林賦》注引《蒼頡篇》云「似鶂而黑。」《馬融傳》注引楊孚《異物志》云：「能没於深水取魚而食之，不生卵而孕雛於池澤閒，既胎而又吐生，多者生八九，少者生五六，相連而出，若絲緒焉，水鳥而巢高樹之上。」按：今鸕鷀乃卵生也，處處水鄉有之，蜀人畜以捕魚，杜甫詩「家家養烏鬼」，或説卽此。今江蘇人謂之「水老鴉」。

鶨，鶉。其雄鶛，牝庳〔一〕。鶉，䳺屬。

《詩·伐檀》釋文引李巡曰：「別雌雄，異方之言。鶉，一名鶨。」《本草衍義》云：「其卵初生謂之羅鶉，至初秋謂之早秋，中秋已後謂之白唐。」然則「羅鶉」即「鶨鶉」，聲相轉也。鶛者，上云「鶛，劉疾」，《玉篇》以爲䳺鶉。庳者，《南山經》云：「柜山有鳥，其音如痺。」豈是歟？《釋文》：「庳，婢支反，施音婢，郭音卑。」按：鶛之言介也，雄者足高，介然特立也；庳之言比也，雌者足卑，比順於雄也。雄又善鬬，人多畜之令搏鬬也。《詩》：「鶉之奔奔。」箋：「奔奔、彊彊，言其居有常匹，飛則相隨之貌。」《禮·表記》注又云：「姜姜、賁賁，爭鬬惡貌也。」今驗鶉竄伏草閒，無常居而有常匹，兩雄相值則鬬而不釋，一如鄭言矣。《列子·天瑞》篇云：「田鼠爲鶉。」《淮南·齊俗》篇云：「蝦蟆爲鶉。」《月令》《夏小正》又云：「田鼠爲鴽。」鴽即䳺也，「䳺」「鶉」對文則別，散文則通。

鸍，沈鳧。似鴨而小，長尾，背上有文，今江東亦呼爲「鸍」，音「施」。

《詩·鳧鷖》疏引某氏曰：「《詩》云：『弋鳧與雁。』」陸璣《疏》云：「大小如鴨，青

〔一〕 庳，《爾雅》宋刊十行本作「痺」。

色，卑腳，短喙，水鳥之謹愿者也。」按：此即今水鴨。謂之沈者，《急就篇》云：「春草雞翹鳧翁濯。」顔師古注：「翁，頸上毛也。」然則鳧善沈水，洒濯其頸，故曰「沈鳧」。或説鳧好晨飛，因名「晨鳧」，魏文侯嗜晨鳧是也。郭注《方言》：「今江東有小鳧，其多無數，俗謂之寇鳧。」寇即鸍屬矣。

鴢頭，鵁。似鳧，腳近尾，略不能行，江東謂之「魚鵁」，音「髐箭」。

《説文》：「鵁，一曰鵁鸕也。」《上林賦》云：「箴疵鵁盧。」張揖注「鵁，鴢頭鳥。」即此也。《御覽》九百廿八引孫炎曰：「烏鵁也。」郭云「魚鵁」，「魚」「烏」雙聲兼疊韵也。《本草拾遺》説鸕鷀云：「一種頭細身長，頸上白者名魚鵁。」李時珍云：「似鸕鷀而蛇頭長項，冬月羽毛落盡，棲息溪岸，見人不能行，即没入水者，《爾雅》所謂鴢頭魚鵁也。」《史記·賈誼傳》云：「偭蟂獺以隱處。」《索隱》引此注，是蟂即鵁矣。郭云「音髐箭」者，「嫌」讀爲「鵁鵲」之「鵁」，故音之。《釋文》云：「頭，字或作投。」

鵽鳩，寇雉。鵽，大如鴿，似雌雉，鼠腳，無後指，岐尾，爲鳥憨急，羣飛，出北方沙漠地。

《説文》：「鵽，鵽鳩也。」不言「寇雉」，郭以與下「寇雉，泆泆」同物。《玉篇》：「一名冠雉。」蓋字形之誤。《舊唐書》謂之「突厥音「骨」。雀」，云：「鳴鷄羣飛入塞，突厥必入寇。」《一切經音義》十九引《爾雅》注云：「今鷄大如鴿，亦言如鶉，似雌雉，鼠腳，無後指，岐尾，爲鳥憨急，羣飛，出於北方沙漠地也。肉美，俗名突厥雀，生蒿萊之閒。」以校今注多十餘字，或郭《音義》之文也。今此鳥淺黄色，文如雌雉，形似鵪鳩，故兼鳩雉之名。其肉又美，故《南都賦》以「歸鴈鳴鵽陟〔一〕滑。」竝標珍味。蓋雲翔爲余言曾見之，形狀悉如郭說，今萊陽人名「沙雞」也。余按：謂之「寇」者，《方言》云：「凡物盛多謂之寇。」郭注以寇鳧爲釋，然則寇雉之名，亦當因此。

萑，老鵵。木兔也。似鴟鵂而小，兔頭，有角，毛腳，夜飛，好食雞。

《說文》：「萑，雖屬，有毛角，所鳴其民有禍。」又云：「鵻，鴟也。」《廣雅》云：「鵻、鴟，老鵵也。」然則「鵻」「萑」疊韵，實一物也。「鵵」與「兔」同。《酉陽雜俎》云：「北海有木兔，似鵂鶹也。」按：此即上「狂，茅鴟」一種大者，俗亦呼「貓兒頭」，其頭似兔，以耳上毛爲角也。

〔一〕陟，原誤「涉」，楊胡本同，據《經解》本改。

鵅鶦鳥。似雉，青身，白頭。

《釋文》：「鵅，本亦作突，胡字或作鶦。」是古本作「突胡」，俗加「鳥」也。《御覽》九百廿八引孫炎曰「鵅鶦，水鳥」，按：即「白頭鳥」也。《吳志・諸葛恪傳》注引《江表傳》曰：「會有白頭鳥集殿前，權問何鳥，恪曰白頭翁。」即此鳥矣。

狂，瘳鳥。狂鳥，五色，有冠，見《山海經》。

「狂」，俗作「鵟」。《集韵》以鵟爲鴟屬，蓋本「狂，茅鴟」爲説也。《大荒西經》：「栗廣之野有五采之鳥，有冠，名曰狂鳥。」郭以《爾雅》爲釋。

皇，黄鳥。俗呼「黄離留」，亦名「搏黍」。

《詩・葛覃》疏引舍人曰：「皇名黄鳥。」按：此即今之黄雀，其形如雀而黄，故名「黄鳥」，又名「搏黍」，非「黄離留」也。《詩》凡言倉庚必在春時，其言黄鳥即不拘時候，「馬屬」云「黄白曰皇」，此鳥名「皇」，知非鶩黄之鳥矣。《王會》篇云：「方揚以皇鳥。」《北山經》云：「軒轅之山有鳥，名曰黄鳥。」是皆同名，未知《爾雅》所指。郭云「黄離留」，非。

翠，鷸。似燕，紺色，生鬱林。

《説文》：「翠，青羽雀也。出鬱林。翡，赤羽雀也。出鬱林。」《王會》篇云：「倉吾翡翠。」《漢書》尉佗獻文帝翠鳥毛，是也。張揖注《上林賦》云：「翡翠大小亦如雀，雄赤曰翡，雌青曰翠。」按：今所見如燕而大。劉逵《吴都賦》注：「翡翠巢於樹顛生子，夷人稍徙下其巢，子大未飛，便取之，出交趾鬱林郡。」《左・僖二十四年》疏引樊光云：「青羽出交州。」李巡曰：「鷸，一名爲翠，其羽可以爲飾。」按：《山海經》：「孟山有白翡翠。」非此也。又《説文》云：「鷸，知天將雨鳥也。」引《禮記》曰「知天文者冠鷸。」此鷸與翠同名而非同物，舊説便相牽混，亦誤。《漢・五行志》注張晏曰：「鷸鳥赤足黄文。」則非一物可知。張聰咸《左傳杜注辨證》「好聚鷸冠」條下論之當矣。

鸀，山烏。似烏而小，赤觜，穴乳，出西方。

《水經・濛水注》云：「火山出雛烏，形類雅烏，純黑而姣好，音與之同，繢采紺發，觜若丹砂，性馴良而易附，丱童幼子捕而執之，曰赤觜烏，亦曰阿雛烏。」按：《釋文》

「鸀，濁、蜀二音」，竝與「雛」聲相轉。郭云「出西方」，據《水經注》在趙、代閒，又云：「自恒山已北竝有此。」徐松云：「巴里坤有此鳥，小於常烏，觜足色如珊瑚，冬日穴處山谷閒，彼人謂之紅觜鴉。」余按：今薊州亦有之，形狀悉如徐説，此州之人名爲「賜喜兒」者也。

蝙蝠，服翼。齊人呼爲「蠟𧓍」，或謂之「仙鼠」。

《説文》：「蝙蝠，服翼也。」又云：「魁龠，老服翼所化。」《本草》作「伏翼」，「伏」「服」古字通也。《方言》云：「蝙蝠，自關而東謂之服翼，或謂之飛鼠，或謂之老鼠，或謂之僊鼠。自關而西秦、隴之閒謂之蝙蝠，北燕謂之蠟𧓍。」《新序·雜事》五云：「黄鵠、白鶴一舉千里，使之與燕服翼試之堂廡之下、廬室之閒，其便未必能過燕服翼也。」王德瑛説：燕服翼是一物，今東齊人謂之「燕蝙蝠」是也。按：今登州謂蝙蝠爲「蟞蚨」，語聲之轉耳。《類聚》引《孝經援神契》曰：「蝙蝠伏匿，故夜食。」今按：「伏匿」「服翼」聲相近，蝙蝠以夜出，飛翔庭院，掠蚉蚋而食之，俗言爲鼠所化，形還類鼠。毛紫黑色，肉翅與足相連，巢於屋檐，孳乳其中，未必是鼠所化爲也。

晨風，鸇。鷂屬。《詩》曰：「鴥彼晨風。」

《説文》：「鸇，鷐風也。籀文作鸇。」又：「翰，一名鷐風。」《詩》作「晨風」，叚借字耳。《詩》疏引舍人曰：「晨風，一名鸇。鸇，鷙鳥也。」陸璣《疏》云：「鸇似鷂，青黄色，燕頷句喙，嚮風摇翅，乃因風飛急，疾擊鳩鴿燕雀食之。」按：「鸇」「隼」聲相轉，《詩》「鴥彼飛隼」與「鴥彼晨風」，獨此二文言鴥，《説文》：「鴥，鸇飛皃。」可知鸇即隼矣。鸇皆巢樹，亦能穴土。故趙岐《孟子》注：「鸇，土鸇也。」《西山經》云：「北望諸毗，鷹鸇之所宅也。」

鸉，白鷢。似鷹，尾上白。

《廣雅》：「白鷢，鷹也。」《説文》以爲王雎，段氏注謂轉寫之誤，是也。《廣韵》云：「白鷢善捕鼠。」按：白鷢即今「白鷂子」，似雀鷹而大，尾上一點白，因名焉。一名「印尾鷹」，望淺草間掠地而飛，善捕鳥雀，亦嚮風摇翅，故又名「風鷂子」。「鷹」「鷂」「鸉」俱聲相轉也。王照圓《詩小紀》云：「鸉，俗字當作楊，《詩》曰：『時維鷹揚。』揚即《爾雅》『楊，白鷢』，古字通借爲揚，毛傳便謂鷹之飛揚矣。」

寇雉，泆泆。即鴳鳩也。

已詳上文。

鷏，蟁母。似烏鷃而大，黄白雜文，鳴如鴿聲。今江東呼爲「蚊母」，俗説此鳥常吐蚊，因以名云。

《釋文》：「鷏，田、真二音。」《本草拾遺》云：「蚊母鳥大如雞，黑色，生南方池澤茹藘中，其聲如人嘔吐，每口中吐出蚊一、二升。」《嶺表録異》云：「蚊母鳥形如青鶂，觜大而長，於池塘捕魚而食，每叫一聲則有蚊蚋飛出其口，俗云採其翎爲扇，可辟蚊子。」

鷉，須鸁。鷉，鷿鷉，似鳧而小，膏中瑩刀。

《説文》：「鷉，鸊鷉也。」《方言》云：「野鳧，其小而好没水中者，南楚之外謂之鷿鷉，大者謂之鶻蹏。」按：「蹏」與「鷉」同，或作「鸊鶙」，又作「鸊鵜」，竝字異而音同。陳藏器云：「其腳連尾，不能陸行，常在水中，人至即沈，或擊之便起，以其膏塗刀劒，令不鏽。」

鼯鼠，夷由。狀如小狐，似蝙蝠，肉翅，翅尾項脅毛紫赤色，背上蒼艾色，腹下黃，喙頷雜白，脚短爪長，尾三尺許，飛且乳，亦謂之「飛生」，聲如人呼，食火煙，能從高赴下，不能從下上高。

《説文》：「鸓，鼠形，飛走且乳之鳥也。」《廣雅》云：「鶹鴨，飛鸓也。」《漢書・司馬相如傳》注張揖曰：「飛蝠，飛鼠也，其狀如兔而鼠首，以其頳飛。」郭氏則曰：「蝠，鼯鼠也。」《本草》「鸓鼠」，陶注云：「即鼯鼠，飛生鳥也，狀如蝙蝠，大如鴟鳶，毛紫色闇，夜行飛生，人取其皮毛以與産婦持之，令兒易生。」《類聚》引郭氏《讚》云：「鼯之爲鼠，食煙棲林。載飛載乳，乍獸乍禽。皮藉孕婦，人爲大任。」是郭與陶竝以鸓鼠、鼯鼠爲一物也。《廣雅》及《説文》不言鸓即鼯鼠，則爲別物。《吴都賦》云：「狖鼯猓然。」劉逵注分狖、鼯爲二，非也。「狖」，余幼切，即夷由也。「夷」「由」字之雙聲，合之則爲「狖」矣。《唐書・地理志》云：「台州土貢飛生鼠。」

倉庚，商庚。即鶬黃也。

《説文》：「離黃，倉庚也。鳴則蠶生。」《夏小正》：「二月有鳴倉庚。倉庚者，商庚也。商庚者，長股也。」按：倉庚不名「長股」，故莊氏述祖疑「長股也」三字當在「鳴蜮，傳蜮也」者下而誤竄於此，其説良是。但「商庚」「長股」俱一聲之轉，鶬黃言其色，「長股」「商庚」竝象其聲，鳥名多是自呼，恐此亦當爾也。《方言》云：「鸝黄，自關而東謂之倉庚，自關而西謂之鸝黄，或謂之黄鳥，或謂之楚雀。」《詩》疏引陸璣《疏》云：「黄鳥，黄鸝留也，或謂之黄栗留，幽州人謂之黄鶯，一名倉庚，一名商庚，一名鶩黄，一名楚雀。齊人謂之摶黍，當葚熟時來在桑閒，故里語曰『黄栗留，看我麥黄葚熟否』，是應節趨時之鳥也。」按：毛以黄鳥爲摶黍，黄鳥即今黄雀，「緜蠻」「睍睆」皆象其形，非倉庚也，陸《疏》誤合爲一，非矣。「離黄」，《吕覽》注作「黄離」。謂之「黄鶯」者，《詩·桑扈》傳：「鶯然有文章也。」今黄鶯頸端細毛雜色，體毛黄而翅及尾黑色相閒，文彩離陸，故又名「黄栗留」。栗留即離陸，又即歷録，文章貌也。

鳺[一]，鷂鵖。未詳。

《説文》作「鴩，鷂鵖也」，《廣韵》作「鵏鵖」。按：「鵏」或體，「鷂」「鋪」音同。「鷂鵖」，蓋以鳥聲爲名。《倉頡篇》云：「鷂穀鳥即布穀。」非此。

[一] 鳺，《爾雅》宋刊十行本作「鳺」。

鷹，鶆鳩。「鶆」當爲「鷞」，字之誤耳。《左傳》作「鷞鳩」，是也。

《説文》：「雁，雁鳥也。籀文作鷹。」《左・昭十七年》疏引樊光曰：「來鳩，爽鳩也。《春秋》曰『爽鳩氏，司寇』。鷹鷙，故爲司寇。」是樊本作「來」，不云是誤。《爾雅》釋文亦作「來」，云「或作鶆」，衆家竝依字，則「來」爲正文，「鶆」爲或體，郭以「鶆」爲「鷞」字之誤也。鷹、鳩二物，更相禪化。故《夏小正》「五月鳩爲鷹」，「六月鷹始摯」。《月令》：「季夏鷹乃學習，孟秋鷹乃祭鳥。」《月令》之「學習」，即《小正》之「始摯」矣。《御覽》引此注是也，下有「善擊官於代郡捕之」八字，今本蓋脱去之。《類聚》引《廣志》曰：「有雉鷹，有兔鷹，一歲爲黄鷹，二歲撫鷹，三歲青鷹，胡鷹獲麞。」按：鷹、鷂同類，舊説大爲鷹，小爲鷂。故《御覽》引《古樂府》曰：「豹則虎之弟，鷹則鷂之兄。」《晉書・崔洪傳》云：「清厲骨鯁，爲尚書左丞，時人爲之語曰：『叢生荊棘，來自博陵，在南爲鷂，在北爲鷹。』」

鶼鶼，比翼。説已在上。

《釋文》：「鶼鶼，衆家作兼兼。」李云：「鳥有一目一翅，相得乃飛，故日兼兼也。」詳見《釋地》。

鵹黄，楚雀。即倉庚也。

《説文》：「黧，黧黄也。一曰楚雀也。其色黎黑而黄。」《月令》疏引某氏云：「鵹黄，一名倉庚，又云商庚。」李巡云：「一名楚雀。」按：「倉」「庚」疊韵，「楚」「雀」雙聲，「鵹」與「黎」同。《晉書·郭璞傳》：「《客傲》云：『欣黎黄之音者，不顰蟪蛄之吟。』」

鴷，斲木。口如錐，長數寸，常斲樹食蟲，因名云。

《淮南·説山》篇云：「斲木愈齲。」蓋此鳥善啄蟲，故治蟲齒之病。高誘《時則》篇注以倉庚爲斲木，誤矣。《爾雅翼》云：「此鳥褐者是雌，斑者是雄，又有青黑者，頭上紅毛如鶴頂，山中人呼爲山啄木。」按：山啄木大如雅，慘緑色，即鶴頂者也。

鸒，鶌鶋。似烏，蒼白色。

《玉篇》：「鸒，一名唐屠鳥，似烏。」《酉陽雜俎》云：「鸒色黄，一變爲青鴿，帶灰色。又曰白唐。唐者，黑色也，謂斑上有黑色。一變爲白鴿。」如《雜俎》説是鷹屬也。或云即阿濫堆，未知其審。「唐」「屠」一聲之轉。

鸕，諸雉。未詳。或云即今雉。

《説文》「雉有十四種」，盧諸雉其一也。按：黑色曰「盧」，博棊勝采有雉有盧，盧亦黑也。張揖《上林賦》注：「鸕，白雉。」所未詳。

鷺，舂鉏。白鷺也。頭、翅、背上皆有長翰毛，今江東人取以爲睫欐，名之曰「白鷺縗」。

《詩・振鷺》傳：「鷺，白鳥也。」《宛丘》傳：「鷺鳥之羽，可以爲翳。」陸璣《疏》云：「鷺，水鳥也，好而潔白，故謂之白鳥。齊、魯之閒謂之舂鉏，遼東、樂浪、吴楊人皆謂之白鷺。青脚，高尺七八寸，尾如鷹尾，喙長三寸，頭上有毛數十枚，長尺餘，毿毿然與衆毛異，好欲取魚，時則弭之，今吴人亦養焉。楚威王時有朱鷺合沓飛翔而來舞，則復有赤者，舊鼓吹《朱鷺曲》是也。」按：「舂」「鉏」雙聲字，「鉏」「鷺」又爲疊韵。郭云「江東人取以爲睫欐」者，《廣韵》云「接羅，白帽」，即睫欐也。《御覽》引此注正作「接欐」。縗者，《釋文》：「西雷、西河二反。」《集韵》云：「編鷺羽爲衣也。」

鷂雉。青質五彩。鷮雉。即鷮雞也。長尾，走且鳴。鳪雉。黄色，鳴自呼。鷩雉。似山雞而小，冠背毛黄，腹下赤，項緑，色鮮明。秩秩，海雉。如雉而黑，在海中山上。鸐，山雉。長尾者。

翰雉，鵫[一]雉。今白鵫也。江東呼「白韓」，亦名「白雉」。雉絶有力，奮。最健鬭。伊洛而

南，素質，五采皆備成章曰翬。翬亦雉屬，言其毛色光鮮。江淮而南，青質，五采皆備

成章曰鷂。即鷂雉也。南方曰𠶸，東方曰鶅，北方曰鵗，西方曰鷷。説四方雉之名。

《説文》：「雉，有十四種：盧諸雉；鷮雉；鳪雉；鷩雉；秩秩海雉；翟山雉；翰

雉；卓雉；伊洛而南曰翬；江淮而南曰摇；南方曰𠶸；東方曰甾；北方曰稀；西方

曰蹲。古文雉作𩁹。」按：《易》離爲雉，士以爲摯，以其體備文明，性秉耿介也，故《爾

雅》説雉文獨詳。鷂雉即下「青質五彩」者也。

鷮者，《説文》云：「走鳴長尾雉也。乘輿以爲防釳，著馬頭上。」薛綜《西京賦》注：

「雉之健者爲鷮，尾長六尺。」《詩》疏引陸璣《疏》云：「鷮微小於翟也，走而且鳴曰鷮。

鷮其尾長，肉甚美，故林麓山下人語曰『四足之美有麃，兩足之美有鷮』也。」《詩》釋文引

《韓詩》「二矛重鷮」，蓋於矛上懸其尾爲飾也。《中山經》云：「女几之山，其鳥多白鷮。」

[一] 鵫，原誤「鶇」，楊胡本同，據《爾雅》宋刊十行本、《經解》本改。下「鵫」字據《爾雅》宋刊十行本、陸刻本改。

鳽者，黄色之雉也，其鳴自呼，亦猶鶅自呼曰鶅也。

鷩者，《説文》：「赤雉也。」又云：「鵔鸃，鷩也。」按：鷩有華采，《虞書》作「繪」，謂之「華蟲」。《周官》司服謂之「鷩冕」，秦漢侍中謂之「鵔鸃冠」也。又謂之「丹鳥」，《左・昭十七年》疏引樊光曰：「丹雉也，少皞氏以鳥名官，丹鳥氏司閉，以立秋來立冬去，入水爲蜃是也。」又謂之「赤鷩」。《中山經》「牡山」，《西山經》「小華之山」竝云：「鳥多赤鷩。」郭注：「即鷩雉也。」又注《子虚賦》云：「鵔鸃似鳳，有光彩。」《釋名》云：「祭服有鷩冕，鷩雉之憋惡者，山雞是也。」按：山雞、鷩雉非一物，山雞出合浦，見《吴都賦》注。

秩秩者，《釋文》云：「本又作失失，施音逸。」按：音「逸」則與上「寇雉，泆泆」同名，非同物也。郭云「如雉而黑」，蓋即《夏小正》云「玄雉，入於淮爲蜃」者，樊光以蜃是丹雉所爲，恐非。《漢書・平帝紀》：「越裳重譯獻白雉一、黑雉二。」黑雉即海雉，海之言晦也，今陝西山中有之，其狀如雉，其色正青，尾長數倍於身，用以作膳，美於常雉，陝人謂之「青雞」，秦俗以青爲黑也。

䴍者，當作「翟」，俗加「鳥」，非。《釋文》作「翟」。《説文》：「翟，山雉尾長者。」《左傳》疏引樊光曰：「其羽可持而舞。《詩》云『右手秉翟』。」借作「狄」。《内司服》掌王后之六服，有闕狄，鄭注：「狄，當爲翟。」《玉藻》及《喪大記》竝作「屈狄」，「屈」「闕」聲近，闕謂刻繒爲翟雉之形也。郭注《西山經》「女牀之山」云：「翟似雉而大，長尾。」《博物志》云：「翟雉長毛，雨雪，惜其尾，栖高木杪，不敢下食，往往餓死。」按：翟有五采者，《書》云「羽畎夏翟」，此蓋翟異種耳。

「鵫雉，卓雉」，《説文》分爲二，故有十四種，郭氏則謂一物二名，即白雉也。《北山經》云：「縣雍之山其鳥多白鵫。」郭注：「即白鵫也。」《西山經》云：「嶓冢之山多白翰。」郭注：「白翰，白鵫也，亦名鵫雉。」又曰：「白雉，盂山其鳥多白雉、白翟。」《抱朴子》云：「白雉有種，南越尤多。」按：此則越裳所獻自其土貢，非以爲瑞而珍之矣。

奮者，《説文》云：「翬也。」「翬，大飛也。」按：「雞屬」云「絶有力，奮」，「羊屬」亦同。《淮南·時則》篇云：「鳴鳩奮其羽。」高誘注：「奮迅其羽，直刺上飛也。」然則飛走之屬，凡有力者通謂之「奮」。

翬者，《説文》云：「伊雒而南，雉五采皆備曰翬。」《左傳》疏引李巡曰：「素質五采備具，文章鮮明曰翬。」孫炎曰：「翬，雉白質五采爲文也。」《玉藻》云：「王后褘衣。」鄭注：「褘，讀如翬。」《釋名》云：「褘衣，畫翬雉之文於衣也。」

鷂者，《説文》作「摇」，借作「揄」。《内司服》有「揄狄」，鄭注：「揄，翟畫摇者。」《玉藻》云：「夫人揄狄。」鄭注：「揄，讀如摇。」翬、摇皆翟雉名也，刻繒而畫之，著於衣以爲飾，因以爲名也。

鳨、鷂、鷷者，《左傳》疏引舍人曰：「釋四方之雉名也。」賈逵云：「西方曰鷷雉，攻木之工也；東方曰鶅雉，搏埴之工也；南方曰翟雉，攻金之工也；北方曰鵗雉，攻皮之工也。」樊光注《爾雅》四方之雉配工亦與賈同。按：賈又以翬雉設色之工合爲五雉，備五工，正其「鳨」作「翟」，當別有據，杜預注《左傳》從之。樊光注《爾雅》必作「鳨」也，「翬」與「鵗」，「鶅」與「鷷」，俱雙聲，「翬」「鵗」又疊韵也。鄭注《染人》舉六雉，曰：「翬、摇、鳨、甾、希、蹲。」

鳥鼠同穴，其鳥爲鵌，其鼠爲鼵。鼵，如人家鼠而短尾。鵌似鵽而小，黄黑色，穴入地三四尺，鼠在内，鳥在外，今在隴西首陽縣鳥鼠同穴山中。孔氏《尚書傳》云：「共爲雄雌。」張氏《地理記》云：「不爲牝牡。」

《書》疏引李巡曰：「鵌鼵，鳥鼠之名，共處一穴，天性然也。」《水經注·禹貢山水澤地》引鄭注大意與郭同。《西山經》：「鳥鼠同穴之山。」郭注亦與此注同。《地理志》云：「隴西首陽縣西南有鳥鼠同穴。」按：山今在甘肅蘭州府渭源縣西也。《甘肅志》云：「涼州地有兀兒鼠者，似鼠，有鳥名木兒周者，似雀，常與兀兒鼠同穴而處。」此即鵌鼵，但古今異名耳。《類聚》九十二引《沙州記》曰：「寒嶺去大陽川三十里，有雀鼠同穴。雀亦如家雀，色小白，鼠亦如家鼠，色如黄𪕭，無尾。」《宋書·吐谷渾傳》又云：「甘谷嶺北有雀鼠同穴，或在山嶺，或在平地，雀色白，鼠色黄。地生黄紫花草，便有雀鼠穴。」徐松《新疆水道記》云：「伊犂賽里木淖爾岸側鼠穴甚多，每日黎明鳥先飛出翺翔，鼠蹲穴口以望，漸趨平地，鳥集鼠背，張翼以噪，鼠負之往返，馳而鳥不墜，良久入穴。」其形狀如郭注所云，然則綜前諸説，或與郭異，如徐所記又與郭同，要皆得諸見聞，當不虚也。郭云「張氏」者，即張晏，見《水經注》。又引杜彦達曰：「同穴止處，養子互相哺食，長大乃止，可知不爲牝牡。」張説是矣。

鸍鷎，䲹鶨。如鵲，短尾，射之，銜矢射人。或説曰鸍鷎，䲹鶨，一名墮羿。

《説文》作「𪈿專，畐蹂，如誰短尾，射之，銜矢射人」。《廣韵》作「鸍鷒」，《釋文》云「亦作福柔」，又引《字書》云：「墮，古以爲懈惰字。」按：郭氏《圖讚》云：「鸍鷎之鳥，一名墮羿，應弦銜鏑，矢不著地。逢蒙縮手，養由不睨。」余按：俗説雅鳥，一名「大觜烏」，善避繒繳，人以物擲之，從空銜取還以擲人，此即「鷽斯，鵯鶋」，「鷽」「鶨」「鵯」「䲹」俱聲相轉，順天人呼「寒鴉」。「寒」即「鸍鷎」之合聲也。段氏玉裁引鄭注《周禮》「設其鵠」，以爲鳱鵠小鳥而難中，「𪈿」「確」音近，誰呼翰誰，此鳥狀如鵲，故亦謂之鳱鵠。

鶻鵃醜，其飛也翪。竦翅上下。鳶烏醜，其飛也翔。布翅翺翔。鷹隼醜，其飛也翬。鼓翅翬翬然疾。梟鴟醜，其足蹼，腳指間有幕，蹼屬相著。其踵企。飛即〔一〕伸其腳跟企直。烏鵲醜，其掌縮。飛縮腳腹下。

「翪」，《說文》作「㚇」，云：「斂足也。」郭云「竦翅」者，如人竦敬收斂不舒布也。既斂翅，須斂足，義相成也。鶻鵃之類不能布翅高翔，但竦翅上下而已。

鳶即鴟也，今之鷂鷹。「鳶」，古字本作「弋」，《夏小正》「鳴弋」是也，隸變作「鳶」，音以專反。又變作「⿹𢦏鳥」，去古人作「弋」之意尤遠矣。《漢・五行志》成帝河平元年泰山山桑谷有⿹𢦏鳥焚其巢，即此也。《夏官・射鳥氏》：「以弓矢敺烏鳶。」鄭注：「烏鳶，喜鈔盜，便汙人。」翔者，《說文》云：「回飛也。」高誘《淮南・俶真》篇注：「鳥之高飛翼上下曰翺，直刺不動曰翔。」

鷹隼，猛鳥也。《秋官・翨氏》鄭注：「猛鳥，鷹隼之屬。」是也。翬者，《說文》云：「大飛也。」《詩》疏引舍人云：「謂鷹鷂之屬。翬翬，其飛疾羽聲也。」馬融《廣成頌》云：

〔一〕即，《爾雅》宋刊十行本誤「却」。

「翬然雲起。」

鳧鴈，鷉鳥也。《詩》云：「弋鳧與鴈。」其足蹼者，蹼猶樸也，樸屬相著，鳧鴈之類其足指有幕肉相連屬也。其踵企者，《釋文》引《聲類》云：「踵，足跟也。企或作跂。」《說文》：「企，舉踵也。」謂飛而直伸其足踵。

縮者，《玉篇》云：「退也。」烏鵲之飛，翪翔雖異，足掌皆縮，《廣韵》引《文字音義》云：「烏鵲醜，其飛掌縮在腹下。」

亢，鳥嚨。嚨謂喉嚨，亢即咽。其粻，嗉。「嗉」者，受食之處，别名「嗉」，今江東呼「粻」。

《說文》：「亢，人頸也。」或作「頏」，喉嚨也。是「亢」「嚨」皆人咽喉之名，鳥亦同也。《釋文》引舍人曰：「亢，鳥高飛也。嚨嚨，財可見也。」樊光云：「亢，星鳥也。嚨嚨，亢鳥之頸也。」按：亢非鳥星，樊義似誤。《詩・燕燕》云：「頡之頏之。」頏即亢矣。頡，直項也。

其粻嗉者，《釋言》云：「粻，糧也。」《釋獸》「齸屬」云：「鳥曰嗉。」郭注：「咽中裹食處也。」按：嗉之爲言猶素也，素，空也，謂空其中以受食。

鶉子鳼，鴽子鶉。別鵪鶉雛之名。雉之暮子爲鷚。晚生者。今呼少雞爲「鷚」。

鶉、鴽二物，種類既殊，子亦異名，經典闕如，無以言焉。鷚者，《説文》作「雡」，云「鳥大雛也。一曰雉之莫子爲鷚。」《淮南·時則》篇云：「天子以雛嘗黍。」高誘注：「春鷚也。」郭云「今呼少雞爲鷚」，是雞雉之雛通謂之「鷚」，鷚猶稚也。《方言》云：「雞雛，徐、魯之閒謂之鶖子。」省作「秋」。《淮南·原道》篇注：「屈，讀秋雞無尾屈之屈。」今登萊人呼晚雞爲「秋雞」，秋即鶖，鶖亦鷚矣。

鳥之雌雄不可別者，以翼右掩左，雄；左掩右，雌。

《説文》：「雄，鳥父也。」「雌，鳥母也。」《周禮·庖人》疏引《爾雅》：「飛曰雌雄，走曰牝牡。」蓋舊注之文，但經典亦多通詞。《詩》詠雄狐，未聞稱牡，《書》言牝雞，便知是雌。《爾雅》上文説「鶉，雄鶛，牝庳」，亦其例也。唯鳥雌雄難別，故特釋之。《詩》云：「誰知烏之雌雄。」亦爲難別故耳。《白華》篇云：「鴛鴦在梁，戢其左翼。」鄭箋：「斂左翼者，謂右掩左也。鳥之雌雄不可別者，以翼右掩左雄，左掩右雌，陰陽相下之義也。」陶注《本草》「雄鵲」，説翼左右正與此反，蓋文誤耳。又云：「燒毛作屑納水中，沈者是雌，浮者是雄。」

鳥少美長醜爲鶹鷅。「鶹鷅」猶「留離」。《詩》所謂「留離之子」。

《説文》：「鳥少美長醜爲鶹離。」是鷅即離，鶹即留，《詩》今作「流」，俱聲借字，亦猶「黄離留」作「黄栗留」矣。《詩·旄丘》傳：「瑣、尾，小好之貌。流離，鳥也，少好長醜。」按：毛以「小好」二字解經「瑣、尾」，《釋訓》云：「瑣瑣，小也。」尾無美義，《詩》蓋借「尾」爲「娓」，《韓詩》：「誰侜予娓。」《毛詩》作「美」，是其證也。毛不言流離是何鳥，陸璣《疏》云：「流離，梟也，自關而西謂梟爲流離，其子適長大，還食其母。故張奂云：『鶹鷅食母。』許慎云：『梟，不孝鳥。』是也。」按：今鶉鴿生鴉鶻子，大如鷂，黑色，食其母；山中小鳥曰馬兒尾，生鐵翅子，青黑色，大如鴿，又食其母。此二種豈皆鶹鷅歟？陸《疏》所説又與此異，非所究也。上云「梟，鴟」則梟乃鴟屬，然鴟復無鶹鷅之名。

二足而羽謂之禽，四足而毛謂之獸。

《説文》：「禽，走獸總名。」「獸，守備者。」按：獸言守也，禽言擒也，《爾雅》雖别，經典多通。故《曲禮》疏云：「語有通别，别而言之，羽則曰禽，毛則曰獸。通而爲説，鳥不可曰獸，獸亦可曰禽，故鸚鵡不曰獸，而猩猩通曰禽也。」今按：《易》云「即鹿從禽」，又「王用三驅失前禽」。《司馬職》云：「大獸公之，小禽私之。」鄭注：「凡鳥獸未孕曰禽。」

《白虎通》云：「禽者，鳥獸之總名。」是皆經證，孔疏詳矣。曹植《蝙蝠賦》云：「謂鳥不似二足，謂毛飛而含齒。」又云：「不容毛羣，斥逐羽族。」《曲禮》云：「羽鳥曰降，四足曰漬。」俱依《爾雅》爲説。

鶪，伯勞也。似鶷鶡而大。《左傳》曰「伯趙」是。

《説文》：「鶪，伯勞也。」「鶪」或作「鵙」。《詩・七月》疏引李巡曰：「伯勞，一名鶪。」《左・昭十七年》疏引樊光曰：「《春秋》云『伯趙氏，司至』，伯趙，鶪也，以夏至來冬至去。」《夏小正》云：「五月鴂則鳴。鴂者，百鷯也。」《月令》：「仲夏鶪始鳴。」鄭注：「鶪，博勞也。」趙岐《孟子》注：「鴃，博勞也。」「鴂」與「鶪」，「鷯」與「勞」，「博」與「伯」，俱聲相轉。謂之「鶪」者，以鳥聲得名。《爾雅翼》引《通卦驗》云：「博勞性好單棲，其飛翪，其聲嗅嗅，夏至應陰而鳴，冬至而止。」曹植《惡鳥論》云：「伯勞，蓋賊害之鳥也，其聲鶪鶪，故以其音名云。」高誘《吕覽》注：「伯勞，夏至後應陰而殺蛇，磔之於棘而鳴於上。」然則鶪鳴五月，《豳風》於《七月》者，鄭箋：「豳地晚寒，鳥物之候從其氣焉。」王肅則云：「七當爲五，古五字如七。」肅之此説理固可通，但是經文不容改字，箋説是矣。郭云「似鶷鶡而大」者，鶷鶡即反舌鳥，今伯勞純黑色，似鴝鵒而大，其飛縱縱，其鳴鶪鶪，喜食蟲，故高誘有殺蛇之説，今未見也。

倉庚，黧黄也。其色黧黑而黄，因以名云。

釋倉庚一鳥而文凡三四見，必叔孫通梁文所附益者。

爾雅郭注義疏下之六

釋獸弟十八

《説文》："獸，守備也。"按：獸者，守也。田獵取獸，必須圍守戒備之也。以其可充庖廚，謂之六獸。鄭衆《庖人》注以麋、鹿、熊、麕、野豕、兔爲六獸也。以其種類衆多，謂之百獸。《公羊》疏引《書》鄭注："百獸，服不氏所養者也。"《大戴記·易本命》篇謂之"毛蟲"。《大司徒》"土會之法"謂之"動物"，而云："山林宜毛物，原隰宜贏物。"鄭注："毛物，貂狐貒貉之屬，縟毛者。贏物，虎豹貔貙之屬，淺毛者。"兹篇所釋，皆是野獸。豕爲六畜之一，宜入《釋畜》，而誤置在此。

麋：牡麔，牝麎，其子，麇；《國語》曰："獸長麛麇。"其跡，躔；腳所踐處。絶有力，狄。

《説文》："麋，鹿屬，冬至解其角。"按：麋似鹿，青黑色，肉蹏，目下有兩孔，俗説謂能夜視。《春秋・莊十七年》：「冬，多麋。」《五行志》云：「麋之言迷也。」《白虎通》云：「諸侯射麋，示達迷惑者也。」按：麋性淫迷，故司裘設麋侯而爲卿大夫所射矣。「麔」者，《說文》云：「麋牡者。麔，牝麋也。」《詩・吉日》疏引某氏曰：「《詩》云：『瞻彼中原，其麔孔有。』」今《詩》作「祁」，鄭箋：「祁，當作麔。」陶注《本草》云：「今海陵閒最多，千百爲羣，多牝少牡。」然則「其麔孔有」言牝者之多也。又云：「人言麋一牡輒交十餘牝，交畢即死。其脂墮土中，經年人得之，名曰道脂。」按：今山中人說麋游牝死，其牝亦銜靈草活之，草銜未至，獵人或收得之。此則《詩》云「野有死鹿」，鹿即麋矣，麋、鹿同類也。其子名「麇」。韋昭《魯語》注：「麋子曰麇。」《淮南・主術》篇云：「不取麛夭。」高誘注：「麋子曰夭。」其跡躔者，《說文》云：「躔，踐也。」《方言》云：「躔，循也，歷，行也。」《後漢・郡國志》：「廣陵郡東陽有長洲澤。」劉昭注云「縣多麋」，引《博物記》曰：「十千爲羣，掘食草根。其處成泥，名曰麋畯，民人隨此畯種稻，不耕而穫，其收百倍。」然則畯之言猶躔也。「躔」「畯」古音相近，麋畯即麋躔矣。

鹿：牡麚，牝麀，其子，麛；其跡，速；絕有力，麉。

《說文》：「鹿，獸也。」《大戴禮・易本命》篇云：「六主律，律主禽鹿。故禽鹿六月而生也。」按：謂之「禽」者，蓋據小者而言，所謂未孕曰禽也。鹿性旅行，見食相呼。「呦呦鹿鳴，食野之苹」，食相呼也。「瞻彼中林，甡甡其鹿」，行必旅也。《夏小正》：「八月鹿人從。」從者，從羣也。《説文》：「麚，牡鹿，以夏至解角。」按：其牡名「麚」，亦猶牡豕名「豭」也。其牝名「麀」，「麀」，从牝省也。《左・襄四年傳》：「思其麀牡。」是矣。其子名「麛」。《説文》：「麛，鹿子也。」「麌，鹿麛也。」是「麛」一名「麌」。《廣雅》云：「麛，䴸也。」「䴸」與「麌」其音同。《魯語》云：「獸長麑麌。」韋昭注：「鹿子曰麑。」「麑」與「麛」古字通也。其跡名「速」。《説文》段注以「速」爲「迹」字之誤，據籀文「迹」作「速」，从束，其説是也。王逸《九思》云：「鹿蹊兮躖躖。」《説文》：「躖，踐處也。」是躖即鹿之迹。《詩》：「町畽[一]鹿場。」鹿場猶麋畯，皆謂所踐處也。麉者，《説文》作「麉」，云：「鹿之絶有力者。」

麔：牡麌，《詩》曰：「麀鹿麌麌。」鄭康成解即謂此也，但重言耳。**牝麜，其子，麆；其跡，解；絶有力，豣。**

[一] 畽，原誤「疃」，楊胡本同，據《十三經注疏》本《毛詩正義》改。

《説文》：「麇，麞也。从囷省聲。」籀文作「麕」，不省。「麞，麇屬」，蓋麞似麇而黄黑色，比鹿爲小也。「麕」，或作「麏」。《詩》：「野有死麕。」《釋文》引《草木疏》云：「麏，麞也。青州人謂之麏。」「麞」，或作「獐」。鄭注《考工記》云：「齊人謂麇爲獐。」按：古人言獐頭鼠目，其性多疑善顧。故《吕覽・博志》篇云：「使獐疾走，馬弗及至。已而得者，其時顧也。」《本草》陶注：「俗云白肉是麞。」言白膽易驚怖也。麌者，《詩》云：「麀鹿麌麌。」鄭箋用《爾雅》。孔疏云：「是麕牝曰麌也。」若然，鄭箋當云「麕牝曰麌」，今本作「牡」，字形之誤。因知《爾雅》古本作「麕：牡麜，牝麌」，正與《詩》言「麀鹿」相合。今本「麜」、「麌」互倒，於義舛矣，當據鄭箋訂正。唯《玉篇》云：「麌，牝鹿也。」麜又云牡麕，誤。《廣韻・十一模》云：「麌，牝麕也。」《五質》又同郭本。《羣經音辨》七引鄭義亦作「麀，鹿牝也；麌，麕牝也」。分明不誤，竝與《詩》合。此説本之臧氏《經義雜記》廿七，今取以正郭本《爾雅》之誤也。其子名「麆」，其迹名「解」，絶有力者名「豜」。《詩》：「獻豜于公。」謂豕三歲者。「豜」「麉」聲同，疑鹿麕俱名「麉」，借作「豜」，又通作「肩」。《詩》：「竝驅從兩肩兮。」《説文》引「肩」正作「豜」，豜之言堅，謂堅彊有力也。

狼：牡獾，牝狼，其子，獥；絶有力，迅。

《説文》：「狼似犬，鋭頭白頰，高前廣後。」《廣雅》云：「狦，狼也。」是「狼」一名「狦」。《詩》云：「竝驅從兩狼兮。」疏引舍人曰：「狼牡名貛，牝名狼，其子名獥，絶有力者名迅。」孫炎曰：「迅，疾也。」陸璣《疏》云：「其鳴能小能大，善爲小兒嗁聲，以誘人，去數十步止。其猛捷者，人不能制，雖善用兵者，不能免也。其膏可以煎和，其皮可以爲裘。故《禮記》曰『狼臅膏』，又曰『君之右虎裘，厥左狼裘』是也。」《本草拾遺》云：「狼，大如狗，蒼色，鳴聲則諸孔皆沸。」按：今狼全似蒼犬，唯目縱爲異。其腸直，故鳴則竅沸也。

兔子，嬎。俗呼曰「䨲」。其跡，迒；絶有力，欣。

《説文》：「兔，獸名。」兔，謾訑善逃也。按：諸獸中唯兔不言牝牡，蓋無異名故也。其子名「嬎」。《説文》作「娩」，云：「兔子也。娩，疾也。」娩訓疾者，兔生子極易，恒疾而速，故兔血腦主胎産也。《類聚》九十五引《爾雅》，「嬎」正作「娩」，與《説文》合。《論衡·奇怪》篇云：「兔舐毫而孕，及其生子，從口而出也。」郭云「俗呼䨲」者，《廣雅》：「䨲，兔子也。」《釋文》引《字林》同，郭所本也。其迹迒者，《説文》：「迒，獸迹也。或作蹊。」《方言》云：「迒，迹也。」《釋名》云：「迒者，行不由正，亢陌山谷草野而過也。」按：

《莊子・外物》篇云：「蹏者，所以在兔，得兔而忘蹏。」蹏即远矣。絶有力者名「欣」。「欣」聲近「魏」。《戰國策》説天下狡兔有東郭魏也。

豕子，豬。今亦曰「彘」，江東呼「豨」，皆通名。豧，豶。俗呼小豶豬爲豧子。幺，幼。最後生者俗呼爲幺豚。奏者，豱。今豱豬短頭，皮理腠蹙。豕生三，豵；二，師；一，特。豬生子常多，故别其少者之名。所寢，橧。橧，其所卧蓐。四蹢皆白，豥。《詩》云：「有豕白蹢。」蹢，蹏也。其跡，刻。絶有力，豟。即豕高五尺者。牝，豝。《詩》云：「一發五豝。」

《説文》：「豕，彘也。竭其尾，故謂之豕。讀與豨同。」按：《天官書》：「奎曰封豕。」《天文志》作「封豨」，是「豨」「豕」古音同。《説文》又云：「彘，豕也。後蹏廢謂之彘。豨，豕走豨豨也。豬，豕而三毛叢居者。」《方言》云：「豬，北燕、朝鮮之閒謂之豭，關東西或謂之彘，或謂之豕，南楚謂之豨。其子或謂之豚，或謂之貕，吴、揚之閒謂之豬子。」然則「豬」「彘」聲轉，「豕」「彘」「豨」俱聲近，故郭云：「皆通名矣。」

《説文》：「豧，豶也。」「豶，羠豕也。」《易》云：「豶豕之牙。」虞翻注：「劇豕稱豶。」崔憬云：「豕本剛突，劇乃性和。」《易》《釋文》引劉云：「豕去勢曰豶。」《爾雅》釋文：

「猜，羊箠反。獖謂犍豬。犍，九言反。」是「犍」與「劇」同。今俗呼小猜豬爲「騬豬」，東齊言「騬」如「繒」。

《説文》：「幺，小也。」「幼，少也。」「幼」「幺」聲義同。今東齊人呼「幺豚」爲「幺郎」矣。

奏者，《釋文》：「本或作湊。」郭云：「豱豬短頭，皮理腠蹙。」是「腠」與「湊」同。今豬腹榦頭足俱短，毛赤黑色亦短，即豱豬也，音「温」。

豵者，《説文》：「生六月豚。一曰一歲曰豵，尚叢聚也。」然則豵之爲言叢也。叢有衆意，故三曰豵矣。《詩·騶虞》箋：「豕生三曰豵。」傳云：「一歲曰豵。」《七月》傳同。鄭衆《大司馬》注：「一歲爲豵，二歲爲豝，三歲爲特，四歲爲肩，五歲爲慎。」《詩·伐檀》傳亦云：「三歲曰特。」凡此諸名，當有成文，故毛、鄭援以爲説。其「豵」「特」與《爾雅》名同義異，「豝」又牝豕名也。其云「五歲爲慎」，「慎」與「師」聲相轉。

橧者，《方言》云：「豬其檻及蓐曰橧。」按：《禮運》：「夏則居橧巢。」鄭注：「暑則聚薪柴，居其上。」然則人、豕所居通名「橧」也。今居豕者，編木爲檻，一名「蘭」，一名「牢」，一名「苙」，俱聲相轉。《詩》云：「執豕于牢。」《孟子》云：「既入其苙。」趙岐注：「苙，蘭也。」蘭即檻矣。檻中薦草爲蓐，一名艽莦。《淮南·脩務》篇云：「野彘有艽蒏。」高誘注以爲蓐也。《廣雅》云：「橧，圈也。」按：今東齊人呼豬圈如「書卷」之「卷」。《詩》疏引舍人曰：「豕所寢草名爲橧。」李巡曰：「豬臥處名橧。」某氏曰：「臨淮人謂野豬所寢爲橧。」《詩》《釋文》引《爾雅》，「橧」作「繒」，鄭箋亦同，叚借字也。今本依《方言》作「橧」，蓋後人改。

「豴」，《釋文》作「蹢」是也。《詩·漸漸之石》箋作「四蹢皆白曰豥」。「豥」與「豥」字異而音同。然箋又云：「白蹢尤躁疾。」則「豥」古本作「駭」，亦後人改，如「蹢」改作「豴」矣。《詩》疏引孫炎曰「蹢，蹏也」可證。其跡名「刻」。今豚子逾年謂之「刻老」，或曰「刻婁」，本此。「絶有力，豜」，即豕高五尺者，説在《釋畜》。

豝者，《説文》：「牝豕也。一曰二歲能相杷拏也。」《詩·騶虞》傳本《爾雅》。《廣雅》云：「豧、豨，豕牝也。」《玉篇》：「豧，老母豕也。豨，小母豬也。」「豨」「豧」聲亦相轉。《左傳》謂之「婁豬」，皆「豝」之異名也。牟廷相説，「牝豝」句上當脱「牡豭」一句[一]。余按：《説文》：「豭，牡豕也。」《左·隱十一年傳》「鄭伯使卒出豭」，《定十四年傳》「盍歸吾艾豭。」又《説文》「豰」字解云：「讀若《爾雅》『麔豭短脰』。」今《爾雅》「豭」作「麚」，

[一] 句，原誤「旬」，據楊胡本、《經解》本改。

「麔」爲牡鹿，「豭」爲牡豕，「豭」「麔」音同字通。疑《爾雅》脱「牡豭」句，牟説是矣。

虎竊毛謂之虦貓。竊，淺也。《詩》曰：「有貓有虎。」

《説文》：「虎竊毛謂之虦苗。竊，淺也。」《郊特牲》言「迎貓迎虎」，《詩》言「有貓有虎」，傳云：「貓，似虎而淺毛者也。」《方言》云：「虎，陳、魏、宋、楚之閒或謂之李父，江淮、南楚之閒謂之李耳，或謂之於𧲵，自關東西或謂之伯都。」《御覽》引《風俗通》云：「俗説虎本南郡中廬季氏公所化爲，呼李耳因喜，呼班便怒。」按：《易林》云：「鹿求其子，虎廬之里，唐伯李耳，貪不我許。」然則「唐伯」、「李耳」蓋皆方俗呼虎之異名，俗説謂是李翁所化，未必然也。「竊」「虦」「淺」俱聲相轉。

貘，白豹。似熊，小頭，庳腳，黑白駁，能舐食銅鐵及竹骨，骨節强直，中實少髓，皮辟溼。或曰，豹白色者别名貘。

《説文》：「貘，似熊而黄黑色，出蜀中。」《釋文》引《字林》云：「似熊而白黄，出蜀郡。」《王會》篇云：「不令支玄貘。」是貘兼黑、白、黄三色。《神異經》云：「南方有獸名曰齧鐵，其糞可爲兵器，毛黑如漆。」按：此即《王會》所云「玄貘」者也。《白帖》引《廣志》云：「貘，大如驢，色蒼白，舐鐵消千斤，其皮温煗。」《後漢·西南夷傳》：「哀牢夷出貊獸。」李賢注引《南中八郡志》云：「貊，大如驢，狀頗似熊，多力，食鐵，所觸無不拉。」郭注《中山經》「崍山」云：「邛來山出貊。貊似熊而黑白駁，亦食銅鐵。」然則「貊」與「貊」，「貘」與「貘」竝字異而音同。聲轉爲「猛」。《西山經》云：「南山獸多猛豹。」郭注：「猛豹，似熊而小，毛淺有光澤，能食蛇，食銅鐵，出蜀中。」此則猛豹即貘豹，而云「出蜀中」，南山、崍山皆蜀地也。郭又引或説以「貘」爲豹之别名者。《詩》疏引陸璣《疏》云：「毛赤而文黑謂之赤豹，毛白而文黑謂之白豹。」《列子·天瑞》篇釋文引《尸子》云：「程，中國謂之豹，越人謂之貘。」是貘即豹矣。「貘」「白」「豹」三字雙聲兼疊韵。

虦，白虎。漢宣帝時，南郡獲白虎，獻其皮骨爪牙。虪，黑虎。晉永嘉四年，建平秭歸縣檻得之。狀如小虎而黑，毛深者爲斑。《山海經》云：「幽都山多玄虎、玄豹也〔一〕。」

《説文》：「虦，白虎也。讀若鼏。」「虪，虦屬。」「虪，黑虎也。」「虪，黑虎也。」《王會》篇云：「般吾白虎，屠州黑豹。」《漢·郊祀志》：「宣帝時南郡獲白虎，獻其皮牙爪，上爲

〔一〕也，《爾雅》宋刊十行本無。

立祠。」按：漢以白虎爲瑞，《四子講德論》以爲偃武修文之應，故沈約《宋書》列於《符瑞志》。然南齊時屢見白虎文，此自有種類，亦如漢之白麟，不足稱瑞也。「虪」，《釋文》作「儵」，本今作「虪」。《海内經》云：「幽都之山，其上多玄豹、玄虎。」郭注：「黑虎名儵。」《中山經》云：「即谷之山多玄豹。」郭注：「黑豹也。」即今荊州山中之黑虎也。然則此注黑虎乃黑豹，虎、豹同類也。《晉・地理志》：「建平郡秭歸屬荊州。」今湖北宜昌府歸州也。嘗疑《説文》有「䖘」無「甝」。《玉篇》《廣韵》「甝」「䖘」互見，蓋篆文「甘」作「甘」，與「日」形近而誤衍也。證以《釋文》：「甝，《字林》下甘反，又亡狄反亡。」「狄」即「䖘」字之音。可知「䖘」衍爲「甝」，宜據以訂正。

貀，無前足。晉太康七年，召陵扶夷縣檻得一獸，似狗，豹文，有角、兩脚，即此種類也。或説貀似虎而黑，無前兩足。

《説文》：「貀，獸，無前足。」引《漢律》：「能捕豺貀，購錢百。」《爾雅攷證》引《異物志》云：「貀出朝鮮，似猩猩，蒼黑色，無前兩足，能捕鼠。」《廣韵》「貀」作「豽」，云：「似狸，蒼黑，無前足，善捕鼠。」與前説合矣。《臨海志》云：「狀如虎形，頭似狗，出東海水中。」《本草衍義》云：「今出登萊州，其狀非狗非獸，亦非魚也。前脚似獸，尾即魚身，有短青白毛，毛有黑點。」按：此蓋有二種：郭注及《異物志》所説皆陸産也；其《臨海志》及《衍義》所説皆即今海狗也。登州人嘗見之，方春海凍出冰上，人捕取之，尾略似魚，頭似狗，身有短毛，青黑，而四足非兩足也。《爾雅》「無前足」者，今未見。《晉・五行志》：「武帝太康六年，南陽獻兩足猛獸。」《類聚》引王隱《晉書》曰：「太康六年，荆州送兩足虎。」《晉・地理志》：「邵陵郡扶夷屬荆州。」二書俱作「六年」，郭云「七年」，蓋誤。注引或説，本《字林》，見《釋文》。

鼳，鼠身長須而賊，秦人謂之小驢。鼳似鼠而馬蹄，一歲千斤，爲物殘賊。

下文「鼳鼠」，鼠屬，此「鼳」乃獸類也。陶注《本草》「鼹鼠」下云：「諸山林中有獸，大如水牛，形似豬，灰赤色，下腳似象，胸前尾上皆白，有力而鈍，亦名鼹鼠。人取食之，肉亦似牛肉，多以作脯。乃云此是鼠王，其精溺一滴落地，輒成一鼠。災年則多出也。」按《晉書・郭璞傳》所説形狀與陶注同，乃名之爲「驢鼠」，蓋本《爾雅》爲説也。《初學記》引郭氏《洞林》曰：「宣城郡有隱鼠，大如牛，形似鼠，象〔一〕腳，腳有三甲，皆如驢蹄，

〔一〕象，原誤「鼠」，楊胡本、《經解》本同，據《初學記》引《洞林》改。

身赤色，胸前尾上白。」《異物志》曰：「鼠母，頭腳似鼠，毛蒼口鋭，大如水牛而畏狗。水田時有外災起於鼠。」《廣韻》云：「鼴鼠，似鼠，形大如牛，好偃河而飲水也。」《本草圖經》：「鼴鼠，似牛，而鼠首黑足，大者千斤，多伏於水，又能堰水，出滄州。」今按：《登州志》云：「明萬曆七年，招遠河溢見一物，狀如牛，横卧中流，豈是類歟？」蓋此物有水、陸二種，《廣韻》《圖經》及《異物志》所説皆是水産；郭陶所説悉陸産也。「鼴鼠」，《莊子》作「偃鼠」，「鼹」與「鼴」同也。《釋文》：「鼳，古闃反。」下「鼳鼠」，郭音「覝」。

熊虎醜，其子，狗；絶有力，麙。《律》曰：「捕虎一，購錢三〔一〕千，其狗半之。」

《説文》：「虎，山獸之君。」「熊，獸，似豕，山居冬蟄。」按：「熊」通作「能」。《夏小正》云：「能羆作穴。」《秋官·穴氏》「攻蟄獸」即此屬也。《左·昭七年》正義引李巡曰：「熊虎之類，其子名狗。」按：今東齊、遼東人通呼熊虎之子爲「羔」，「羔」即「狗」聲之轉。郭引《律》以證虎子名狗也。《玉篇》：「狗」作「豿」，「熊虎之子也」。其絶有力者名「麙」，與山羊細角者同名。《釋文》：「麙，本或作㺂，同五咸反。」

〔一〕三，原誤「五」，楊胡本、《經解》本同，據《爾雅》宋刊十行本改。

貍子，隸。今或呼豾貍。

《説文》：「貍，伏獸，似貙。」《廣雅》云：「貔、貍，貓也。」《御覽》引《尸子》云：「使牛捕鼠，不如貓狌之捷。」《莊子·秋水》篇云：「捕鼠不如貍狌。」是「貍」「貓」通名耳。今呼家者爲「貓」，野者爲貍，野貍即野貓也。貓有數色，貍唯蒼色黑斑。陶注《本草》謂有「虎貍」「貓貍」，又有「貍色黄而臭者，肉亦主鼠瘻」。然則凡貍皆能伏鼠。故《論衡·福虛》篇云：「貍之性食鼠，人有鼠病，吞貍自愈。物類相勝，方藥相使也。」按：貍步趨有度，故《射人》以貍步張三侯，取其行步擬度而發必獲也。郭云「豾貍」者，本《廣雅》。《方言》作「豾貍」，鄭注《大射儀》「奏貍首」云：「貍之言不來也。」「不」與「豾」、「來」與「貍」古皆同聲，《方言》作「貔貍」，《廣雅》作「貔貍」，竝字異音同耳。《釋文》：「隸，以世反，衆家作肆，又作鼉，沈音四，舍人本作隸。」按《夏小正》云：「貍子肇肆。」「肆」即「隸」也。「隸」與「肆」同，「肆」「肆」古亦通用。

貈子，貆。其雌者名「𤢊」。今江東呼貉爲「獟𤟪」。

《説文》：「貈，似狐，善睡獸也。」借作「貉」。《論語》「衣狐貉」，《考工記》「貉踰汶則死」是也。其子名「貆」。《説文》以貆爲貈類。《詩·伐檀》箋「貉子曰貆」，用《爾雅》也。

今棲霞人呼貉爲「貆」，「貆」「貉」聲相轉也。其毛縟厚，擊之難斃，唯捶其鼻莖即死。野人煎其膏，治痔良也。郭云「雌名䝟」者，《釋文》：「⿰犭⿱巛止，又作䝟，同乃老反。」引《字林》云「雌貈」，是郭所本。又云「江東呼貉爲⿰豸央⿰豸吏」者，⿰豸央，烏郎反；⿰豸吏，山吏反。《廣雅》云：「⿰豸吏，貁也。」貁，餘救反。按：《文選》注及《後漢書》注竝引《倉頡篇》云：「貁，似貍。」今驗貍與貉異，非此也。

貒子，貗。貒，豚也。一名「貛」。

《說文》：「貒，獸也。」「貛，野豕也。」《釋文》引《字林》：「貒，獸，似豕而肥。」《方言》云：「貛，關西謂之貒。」郭注：「貛，豚也。」《廣雅》：「貒，貛也。」按：「貛」「貒」疊韵，「貒」「豚」雙聲兼疊韵，貒、貛同物，故古通名。下云：「貍、狐、貒、貈醜。」《說文》引「貒」作「貛」。《淮南·修務》篇云：「貛貉爲曲穴。」《御覽》引「貛」作「貒」。「貛」又通「貆」。《地官·草人》：「鹹潟用貆。」鄭注：「貆，貒也。」《淮南·齊俗》篇云：「貆貉得墚防，弗去而緣。」高誘注：「貆，貆豚也。」是皆借「貆」爲「貛」。賈公彥疏不知鄭注「貆」乃通借，誤引《爾雅》「貈子，貆」，「或曰貆」，失之矣。《本草衍義》云：「貒，肥矮，毛微灰色，頭連脊毛一道黑，觜尖，黑尾短闊，蒸食之極美。」按：今貛形如豬，穴於地中，善攻隄岸，其子名「貗」，與貗豬同名。《釋文》：「貗，力于反。」是也。郭，其禹反，非。

貔，白狐，其子，豰。一名「執夷」，虎豹之屬。

《説文》：「貔，豹屬。出貉國。」或作「豼」。是貔爲猛獸。故《牧誓》：「儸以如虎。」《曲禮》：「載其貔貅。」鄭注：「貔貅，摯獸。」是矣。貔出北國，故韓奕云：「獻其皮也。」《釋文》引《詩草木疏》云：「似虎，或曰似羆，一名執夷，一名白狐。其子爲豰。遼東人謂之白羆。」《書》疏引舍人曰：「貔名白狐，其子名豰。」郭氏《子虛賦》注以豰似貔而大，食獼猴。《説文》「豰」作「𤞞」，云：「犬屬，食母猴。」《釋文》：「豰，本又作𤞞，火卜反。」亦恐此同名非同物也。《香祖筆記》云：「峩嵋瓦屋山出貔貅，狀如黃牛犢，食虎豹。」亦恐非此。或云：「登州人謂狐爲貔子。《爾雅》『貔，白狐』，即狐耳。」然狐黃色，此言「白狐」，蓋非。

麝父，麕足。腳似麕，有香。

《説文》：「麝，如小麋，臍有香。」《御覽》引「麝」下有「黑色麞」三字。《西山經》云：「翠山，其陰多麝。」郭注：「麝，似獐而小，有香。」按：今因名「香麞」。《釋文》引李本

「麝」作「澤」，云：「澤父，獸名。」與郭異也。《本草》陶注：「麝，形似麞，常食柏葉。又噉蛇，五月得香，往往有蛇皮骨，故麝香療蛇毒。」今以蛇蜕皮裹麝香，彌香，則是相使也。麝入春自剔出其香覆之，人有遇得，乃至一斗五升也。

豺，狗足。腳似狗。

《説文》：「豺，狼屬，狗聲。」《夏小正》：「十月，豺祭獸，善其祭而食之也。」高誘《吕覽·季秋紀》注：「豺，獸也。似狗而長毛，其色黄。於是月殺獸，四圍陳之，世所謂祭獸。」《一切經音義》引《倉頡解詁》云：「豺，似狗，白色，爪牙迅利，善搏噬也。」《埤雅》云：「豺，柴也。」又曰：「瘦如豺。」是矣。按：豺，瘦而猛捷，俗名豺狗，羣行，虎亦畏之。《牧誓》云「如熊如羆」，《史記》引作「如豺如離」，其猛可知。

貙獌，似貍。今山民呼貙虎之大者爲「貙豻」，音「岸」。

下云「貙，似貍」，與此同物。加「獌」字者，《説文》：「獌，狼屬。」引《爾雅》曰：「貙獌，似貍。」是貙之大者名「貙獌」，非二物也。《釋文》引《字林》：「獌，狼屬，一曰貙。」是矣。蓋獌之言曼延，長也。借作「獌蜓」。郭注《子虚賦》云：「蟃蜓，大獸，似貍，長百尋。」此蓋孟浪之言。《廣韵》作「獌狿，長八尺，近」是也。郭云：「呼貙虎之大者爲貙豻。」「貙豻」即「貙獌」之轉。《子虛賦》云：「蟃蜒貙豻。」皆以聲爲義耳。

羆〔一〕，如熊，黄白文。似熊而長頭高脚，猛憨多力，能拔樹木。關西呼曰「貑羆」。

《説文》用《爾雅》。「羆」，古文作「䰐」。熊、羆同類之物，羆尤極猛，故特釋之。《詩·斯干》疏引舍人曰：「羆，如熊，色黄白也。」按：《韓奕》但言黄羆，不言白者，文省略耳。陸璣《疏》云：「羆，有黄羆，有赤羆，大於熊，其脂如熊，白而麤理，不如熊白美也。」《爾雅翼》云：「獵者言熊有豬熊、馬熊，羆即熊之雌者。」其説非也。熊、羆各有牝牡，羆大於熊而力尤猛。又引柳子《羆説》，以爲「羆之狀，被髮，人立，絶有力，而甚害人」，則羆非熊明矣。今關東人説人熊之狀，正與柳合。蓋熊羆相類，俗人不識羆，故呼爲人熊耳。郭云「關西呼貑羆」者，據時驗也。今關東人呼爲「憨貑」，聲轉如云「黑蝦」。

〔一〕羆，原誤「熊」，據《爾雅》宋刊十行本、楊胡本、《經解》本改。

麢，大羊。麢羊，似羊而大，角員鋭，好在山崖閒。

《説文》：「麢，大羊而細角。」《西山經》云：「翠山，其陰多麢麝。」郭注與此注同。「麢」，《廣雅》作「羚」，云：「羚角。」《後漢書·西南夷傳》作「靈」，云：「靈羊，能療毒。」《本草》又作「羚羊角」，陶注：「羚羊，今出建平、宜都、諸蠻中及西域。多兩角，一角者爲勝，角〔一〕甚多節，蹙蹙圓繞。别有山羊，角極長，惟一邊有節，節亦疎大，不入藥用，《爾雅》名羱羊也。」《本草拾遺》云：「羚羊有神，夜宿防患，以角挂樹，不著地，角彎中，深鋭緊小，猶有挂痕。耳邊聽之，集集鳴者良。」

麠，大麃，牛尾，一角。漢武帝郊雍，得一角獸，若麃然，謂之麟者，此是也。麃即麞。

《説文》用《爾雅》。「麠」，或作「麖」。麃，麞屬。《王會》篇云：「發人麃麃者，若鹿迅走。」然則麃亦鹿屬也。郭引漢武帝事，《史記·孝武紀》云：「郊雍，獲一角獸，若麃然。有司曰：『陛下肅祇郊祀，上帝報享，錫一角獸，蓋麟云。』」《索隱》引韋昭云：「體若麕而一角，《春秋》所謂『有麕而角』是也。楚人謂麞爲麃。」《漢書·終軍傳》云：「從

〔一〕角，原誤「羊」，楊胡本同，據《經解》本改。

上雍，獲白麟，一角戴肉。」《禮樂志》云：「獲白麟，爰五止。」皆此事也。但麟馬蹏，此言五趾，若麃一角，輒云「戴肉」，謂之爲麟，不亦誣乎？《一切經音義》引此注，「麃」即「麞」，下有「黑色耳」三字，今脱去之。《中山經》云：「尸山，其獸多麖。」郭注：「似鹿而小，黑色。」以此可證。

麐，大麢，旄毛，狗足。 旄毛，獶長。

《説文》：「麐，大麋也。狗足。」「麐」或作「麂」。《中山經》云：「女几之山，其獸多麖麂。」郭注：「麂，似獐而大，猥毛，豹腳。」按：「猥」當爲「獶」，「豹」當爲「狗」，竝字形之誤也。《本草衍義》云：「麂，獐屬，而小於獐，其口兩邊有長牙，好鬭，其皮爲第一，無出其右者，然多牙傷痕，其聲如擊破鈸。」今按：麂皮細緻，人多以爲韈履，甚佳。《釋文》：「獶，乃牢反。」引《字林》云：「多毛犬也。」

魋，如小熊，竊毛而黄。 今建平山中有此獸，狀如熊而小，毛麤淺赤黄色，俗呼爲「赤熊」，即「魋」也。

《説文》：「魋，如小熊，赤毛而黄。」《釋文》：「魋，徒回反。」引《字林》云：「獸，如熊，黄而小。」郭注本《説文》。

貘貐，類貙，虎爪，食人，迅走。迅，疾。

《説文》：「貘貐，似貙，虎爪，食人，迅走。」《物類相感志》引孫炎云：「獸中最大者，龍頭，馬尾，虎爪，長四尺，善走，以人爲食。遇有道君隱藏，無道君出食人矣。」高誘《淮南·本經》篇注：「貘貐，獸名，狀若龍首，或曰似貍，善步而食人。」按：此物既類貙，貙似貍，不應龍首。孫、高二義，蓋本《海内南經》「窫窳龍首」而爲説也。又《北山經》及《海内西經》竝説「窫窳」，而形狀各殊，郭無取焉。

狻麑，似〔一〕虦貓，食虎豹。即師子也，出西域。漢順帝時，疏勒王來獻犎牛及師子。《穆天子傳》曰：「狻猊日走五百里。」

《説文》：「狻麑，似虦貓，食虎豹。」又云：「虦，一曰師子。」按：《詩》「闞如虦虎」，蓋以師子與虎，狀其威猛也。師子食虎豹，兼能搏象，而《博物志》又言「有物如貍，能跳

〔一〕似，《爾雅》宋刊十行本作「如」。

上師子頭，殺之」。《御覽》引東晳《發蒙記》曰：「師子五色而食虎，惟畏鉤戟。」是師子雖猛，亦有所畏伏也。《後漢書・順帝紀》：「陽嘉三年，疏勒國獻獅子、犎牛。」注引《東觀漢紀》曰：「疏勒王遣使文時詣闕獻獅子，似虎，正黄，有頓耏，尾端毛大如斗。」《漢書・西域傳》云：「烏弋國有師子，似虎，正黄，尾端毛大如斗。」司馬彪《續漢書》云：「條支國、安息國竝出師子。」《穆天子傳》：「名獸使足，狻猊、野馬走五百里。」「猊」與「麑」同，「狻」音先官反，「狻」「麑」合聲爲「師」，故郭云「即師子」矣。

驨，如馬，一角。不角者，騏。元康八年，九真郡獵得一獸，大如馬，一角，角如鹿茸，此即驨也。今深山中人時或見之，亦有無角者。

《玉篇》：「驨，騏驎也。」《公羊・哀十四年》疏引舍人云：「驨，如馬，而有一角。不有角者名騏。」《王會》篇云：「俞人雖馬。」孔晁注：「雖馬，巂，如馬，一角。不角者曰騏。」《子虛賦》云：「射游騏。」張揖注引《爾雅》曰：「巂，如馬，一角。不角者曰騏。」是張、孔所見魏晉古本「驨」俱作「巂」。《釋文》：「驨，本又作巂。」是也。「巂」有「髓」音，故《王會》篇借爲「雖」也。《北山經》云：「敦頭之山旄水，其中多䮍馬，牛尾而白身，一角。」蓋亦巂類。《水經・河水注》云：「漢武帝聞大宛有天馬，遣李廣利伐之，始得此馬，有角爲奇。」然則天馬即巂矣。

羱，如羊。羱羊，似吴羊而大角，角橢，出西方。

《説文》：「莧，山羊細角者。讀若丸。」《繫傳》云：「《本草》注：莧羊似麢羊，角有文，俗作羱。」是「羱」當作「莧」也。《一切經音義》九引《廣志》作「羦」，亦俗體耳。又引《字林》：「野羊也。其角堪爲窐月小榼也。出西方。似吴羊而大角也。角重於肉，呼爲羱羝。」是郭所本。徐鍇所引《本草》注即陶注，已詳「麢羊」條下。唐本注云：「山羊大如牛，或名野羊，善鬭至死。」顏師古《急就篇》注：「西方有野羊，大角，牡者曰羱，牝者曰羠，竝以時墮角。其羱羊角尤大，今人以爲窐橋；羠角差小，可以爲刀子把。」《爾雅》曰「羱如羊」，即此也。按：今羱羊出甘肅，有二種。大者重百斤，角大盤環，郭注所説是也。小者角細長，《説文》所説是也。吴羊即羒羊，説在下。

麐，麕身，牛尾，一角。角頭有肉。《公羊傳》曰：「有麕而角。」

《説文》：「麐，牝麒也。」「麒，仁獸也，麕身，牛尾，一角。」「麐」，經典通作「麟」。《公羊·哀十四年傳》：「麟者，仁獸也。」何休注：「狀如麕，一角而戴肉，設武備而不爲害，所以爲仁也。」《左傳》疏引李巡曰：「麟，瑞應獸名。」孫炎曰：「靈獸也。」《京房易傳》：「麟，麢身，牛尾，狼額，馬蹏，有五采，腹下黄，高丈二。」《詩》疏引《草木疏》云：「麢身，牛尾，馬足，黄色，員蹏，一角，角端有肉。音中鐘吕，行中規矩，王者至仁則出。」服虔《左傳》注：「視明禮修，則麒麟至。」《毛詩》傳云：「麟，信而應禮。」按：古書説麟不具録，大抵侈言德美與其徵應，惟《詩》及《爾雅》質實可信。至於言德，則《廣雅》備矣；説應，則《禮運》詳矣。今既無可據依，亦無取焉。

猶，如麂，善登木。健上樹。

《説文》：「猶，玃屬。」按：玃，母猴。此言「如麂」，麂即大麢，與猴異狀。然則猶之爲獸，既是猴屬，又類麂形，麂形似麢而足如狗，故「猶」从犬矣。《水經·江水》「過夔道縣北」注云：「山多猶猢，似猴而短足，好游巖樹，一騰百步，或三百丈，順往倒反，乘空若飛。」酈注所説「猶猢」，即是《爾雅》之「猶」。其謂之「猢」者，俗名猴爲「猢猻」，「猢」「猴」聲轉。猴善升木，其云「好游巖樹」，即此所謂「善登木」矣。《一切經音義》十引某氏曰「上木如鳥」，正與《水經》注合。《釋文》：「猶，舍人本作鸐，郭音育。」今按：「鸐」與「猶」音相轉，「鸐」亦聲借字耳。

貄，脩豪。毫，長毛〔一〕。

「貄」，說文作「㣇」，云：「脩豪獸。」又云：「㲋，豕，鬣如筆管者。」篆文作「豪」。《長楊賦》云：「拖豪豬。」顔師古注：「豪豬，一名㣇。」是顔欲依《爾雅》爲說，但豪豬與㣇別，鬣如筆管者是豪豬，㣇但脩豪獸名，小顔欲合爲一，非矣。豪豬即豪彘，其形狀見《西山經》「竹山」郭注甚明，而不云名「㣇」，證以《爾雅》此注，可知郭不以爲一物也。《釋文》：「貄，本又作貄，亦作肆，音四。」則與上「貍子，隸」同名，疑亦同物。今貍貓之屬，有毛絶長者謂之「獅貓」。「獅」與「肆」音近而義同。「肆」有「長」意，此獸毛長，因謂之「肆」。然則《爾雅》古本作「肆」，今作「貄」「隸」俱俗體也。「肆」，《說文》作「𨽿」，从二㣇，則「㣇」與「𨽿」音義又同矣。

貙，似貍。今貙虎也。大如狗，文如貍。

上已云「貙獌，似貍」，蓋大者名「貙獌」，小者即名「貙」也。《字林》云：「貙，似貍而大，一云：似虎而五爪。」謂此也。貙，虎屬，以立秋殺獸，故漢有貙劉之祭。鄭注《夏

〔一〕長毛，《爾雅》宋刊十行本作「毛長」。

官・射人》云：「今立秋有貙劉。」《後漢・禮儀志〔一〕》：「貙劉之禮，祠先虞。」「劉」「膢」通。《漢書・武帝紀》：「膢五日。」是也。

兕，似牛。一角，青色，重千斤。

《説文》：「舄，如野牛而青。象形。」古文作「兕」。《釋文》：「本又作光，俗字也。」《詩》云：「殪此大兕。」《晉語》云：「唐叔射兕於徒林，殪以爲大甲。」犀兕皮革堅厚，皆可爲甲，而犀不如兕。《考工記》所説是也。兕角可爲酒觵。《詩》疏引《韓詩》説兕觥以兕角爲之，容五升，是也。《海内南經》云：「兕，其狀如牛，蒼黑，一角。」《南山經》云：「禱過之山，其下多犀兕。」郭注：「兕，似水牛，青色，一角，重三千斤。」「三」字衍。《詩》疏引某氏曰：「兕牛千斤。」是矣。《左傳》疏引劉欣期《交州記》云：「兕出九德，有一角，角長三尺，餘形如馬鞍柄。」《類聚》引郭氏《圖讚》云：「兕，惟壯獸，似牛，青黑，力無不傾，自焚以革皮充武備，角助文德。」

〔一〕 志，原誤「注」，楊胡本同，據《經解》本改。

犀，似豕。形似水牛，豬頭，大腹，庳脚，脚有三蹏，黑色。三角，一在頂上，一在額上，一在鼻上，鼻上者即食角也。小而不橢，好食棘。亦有一角者。

《説文》：「犀，南徼外牛。一角在鼻，一角在頂，似豕。」《王會》篇「伊尹四方令」曰：「正南以文犀爲獻。」《吴語》云：「奉文犀之渠。」韋昭注：「文犀，犀角之有文理者也。」按：犀角粟文，名類實繁，通天駭雞，見珍往籍。《抱朴子》言角爲叉導，攪湯解諸毒藥也。《漢書·平帝紀》：「黄支國獻犀牛。」《後漢書·章帝紀》：「日南徼外獻生犀。」《左傳》疏引《交州記》云：「犀出九德，毛如豕，蹏有三甲，頭似馬，有三角，鼻上角短，額上頭上角長。」《類聚》引郭氏《讚》云：「犀之爲狀，形兼牛豕，力無不傾，吻無不靡，以賄嬰災，因乎角犄。」

彙，毛刺。今蝟，狀似鼠。

「彙」，《説文》作「㣇」，云：「蟲似豪豬者。」或作「蝟」。《廣雅》云：「虎王，蝟也。」《史記·龜策傳》云：「蝟辱於鵲。」《集解》引郭氏云：「蝟能制虎，見鵲仰地。」蓋郭氏《讚》文也。《淮南·説山》篇云：「膏之殺鼈，鵲矢中蝟。」高誘注：「中亦殺也。」《本草》陶注：「田野中時有此獸，人犯近便藏頭足，毛刺，人不可得捉。能跳入虎耳中，而見鵲便自仰腹受啄。物有相制，不可思議爾。」按：《本草》「蛸」在《蟲部》，《廣雅》亦入《釋蟲》，此在《釋獸》者，以其四足而毛故也。今蛸，毛蒼白色，聲如犬嗥，大者如小豘，小者似鼠矣。

狒狒，如人，被髮，迅走，食人。梟羊也。《山海經》曰：「其狀如人，面長，脣黑，身有毛，反踵，見人則笑。」交廣及南康郡山中亦有此物，大者長丈許，俗呼之曰「山都」。

「狒」，《說文》作「𥝝」，云：「周成王時，州靡國獻𥝝，人身，反踵，自笑，笑即上脣弇其目，食人，北方謂之土螻。」引《爾雅》曰：「𥝝𥝝，如人，被髮，讀若費，一名梟陽。」《說文》所稱，《王會》篇文也，但彼文作「費費」，今《爾雅》作「狒狒」，竝聲借字也。《淮南·氾論》篇云：「山出嘄陽。」高誘注：「嘄陽，山精也。人形，長大而黑色，身有毛，若反踵，見人而笑。」《吳都賦》云：「𡿺𡿺笑而被格。」是也。郭引《海內南經》文，其注亦與此注略同。又云：「《海內經》謂之贛巨人也。」《圖讚》云：「狒狒怪獸，被髮操竹，見人則笑，脣蔽其目，終亦號咷，反爲我戮。」

貍、狐、貒、貈醜，其足，蹯；皆有掌蹯。其跡，厹。厹，指頭處。

《說文》引《爾雅》曰：「狐、貍、貛、貉醜，其足，蹞；其跡，厹。厹，獸足蹂地也。」篆文作「蹂」。又云：「獸足謂之番，从采田，象其掌。」或作「蹞」。古文作「𤴓」。按：番，今加足旁，獸掌通謂之「蹯」。《左·文元年傳》：「王請食熊蹯。」是也。又按：「貐」，《説文》引作「貛」，「貈」引作「貉」。鄭注《地官》又引作「貂狐貒貉」。賈疏言「貂」不言「貍」者，鄭君所讀《爾雅》爲「貂」不爲「貍」也。然則許、鄭所見之本竝與今異。

蒙頌，猱狀。即蒙貴也。狀如蜼而小，紫黑色，可畜，健捕鼠，勝於貓，九真、日南皆出之。猱亦獮猴之類。

《匡謬正俗》云：「蒙頌爲獸，狀類猱。」郭云「即蒙貴」者，《廣志》云：「今獴獛有黑、白、黄者，暹羅最良，捕鼠捷於家貓也。」

猱、蝯，善援。便攀援。貜父，善顧。貑貜也。似獮猴而大，色蒼黑，能攫持人，好顧眄〔一〕。

「猱」，《説文》作「夒」，云：「母猴，似人。」又云：「猴，夒也，爲母猴也。其爲禽，好

〔一〕眄，《爾雅》宋刊十行本作「盼」。

爪。」《廣雅》云：「猱、狙，獼[一]猴也。」《初學記》引孫炎曰：「猱，母猴也。」《詩・角弓》傳：「猱，猨屬。」箋云：「猱之性善登木。」陸璣《疏》云：「猱，獼猴也。楚人謂之沐猴，老者爲玃，長臂者爲猨，猨之白腰者爲獑胡，獑胡、猨駿捷於獼猴。」如陸所説，猱、猨、玃竝同類而異名，「母」「沐」「獼」俱聲相轉也。「猱」或作「獶」。《樂記》云：「獶雜子女。」鄭注：「獶，獼猴也。」「猱」轉爲「戎」。《匡謬正俗》云：「或問：今戎獸，古何獸？荅曰：李登《聲類》，夒音人周反，字或作猱。」《吴都賦》注：「猱，似猴，而長尾。」驗其形狀，「戎」即「猱」也。「猱」有「柔」音，俗語變轉謂之「戎」耳。蝯者，俗作「猨」，《説文》：「蝯，善援，禺屬。」《玉篇》：「猨，似獼猴而大，能嘯。」按：陸璣以長臂爲猨，故《史記・李廣傳》：「廣爲人猨臂善射。」又「蝯」「猱」雙聲，古多竝舉。故《管子・形勢》篇云：「墜岸三仞，人之所大難也，而猱蝯飲焉。」是猱、蝯俱善攀援。今傳其飲水，或自懸匡相接而下，飲畢連引而上，是其形狀矣。

「玃」，當作「貜」。《釋文》引《説文》：「大母猴也。」今本脱「大」字。引《爾雅》云「貜父善顧」，釋云：「善攫持人，好顧盼也。」按：陸璣云：「沐猴老者爲玃。」《吕覽・察傳》篇

[一] 獼，原誤「猕」，楊胡本同，據《經解》本改。

云：「狗似玃，玃似母猴，母猴似人。」高誘注：「玃，猳玃，獸名也。」《博物志》云：「其長七尺，人行健走，名曰猴玃，或曰猳玃。」是矣。今「玃」俗呼「馬猴」，「馬」「沐」聲亦相轉。

威夷，長脊而泥。泥，少才力。

邵氏《正義》引《説文》云：「委虒，虎之有角者也。」「委」「威」聲近，「虒」有「夷」音，如「周道倭遲」，《韓詩》作「周道威夷」，是威夷即委虒矣。《廣韻》云：「虒，似虎，有角，好行水中。」按：《釋文》：「泥，奴細反。」若依《廣韻》「好行水中」，則「泥」應讀如字。

麐䴢，短脰。脰，項。

「麐䴢」見上。《説文》引作「麐豭，短脰」。然則獸之牡者，其項多短也。

䝏，有力。出西海大秦國。有養者。似狗，多力，獷惡。

《廣韻》：「䝏，獸名，似犬。」郭云「出西海大秦國」者，《後漢書》云：「大秦國在海西，亦云海西國。」《新唐書·西域傳》：「拂菻，古大秦也。有獸名䝏，狀如狗，獷惡，多力。」按：今呼西洋狗，一名獅㺜狗，即此也。郭氏《讚》云：「爰有獷獸，厥狀似犬，飢則馴服，飽則反眼，出於西海，名之曰豶。」按：《説文》：「豶，分别也。」又「狟」云：「犬行也。」《廣韵》作「大犬也」。然則「豶」疑「狟」之叚借也。

豦，迅頭。 今建平山中有豦，大如狗，似獮猴，黄黑色，多髯鬣，好奮迅，其頭能舉石擿人，玃類也。

《説文》引司馬相如説：「豦，封豕之屬。」《玉篇》：「封豦，豕屬也。」迅頭者，豕性躁疾，易驚擾，好奮迅其頭。郭注所説，蓋别物，非豕屬也。《西山經》云：「崇吾之山，有獸如禺而文臂，豹虎而善投，名曰舉父。」「舉」「豦」聲同，禺即獮猴之屬，郭説疑此是也。

蜼，卬鼻而長尾。 蜼，似獮猴而大，黄黑色，尾長數尺，似獺，尾末有岐，鼻露向上，雨即自縣於樹，以尾塞鼻，或以兩指。江東人亦取養之，爲物捷健。

《説文》：「蜼，如母猴，卬鼻，長尾。」《廣雅》云：「狖，蜼也。」《淮南・覽冥》篇云：「猨狖顛蹶而失木枝。」高誘注：「狖，猨屬也。長尾而昂鼻，狖，讀中山人相遺物之遺。」郭注《西山經》云：「蜼，獮猴屬也。音贈遺之遺。」是「蜼」、「狖」音義同，故《廣雅》謂「狖」即「蜼」矣。「蜼」有「誄」音，通作「⿰犭畾」。《御覽》引《異物志》：「⿰犭畾之屬，捷勇於猨。」

「獨」即「蜼」也。《初學記》引《爾雅》曰：「累猴，似猴。」蓋并引郭注，其累亦即蜼也。《釋文》：「蜼，音誄，《字林》余繡反，或餘季、餘水二反。」郭注《中山經》「鬲山」，亦與此注同。《後漢書·馬融傳》注引此注「以尾塞鼻」下有「零陵、南康人呼之音餘，建平人呼之音相贈遺之遺也，又音余救反，皆土俗輕重不同耳」三十四字，爲今本所無，蓋郭《音義》之文也。《春官》蜼彝名尊，冕服宗彝作「繪」，蓋其才勇有足稱焉。《類聚》引《南州異物志》説果然獸，形狀全似蜼，亦其類也，皮可爲褥。

時善乘領。好登山峰。

《爾雅攷證》云：「時善乘領，當連上文讀，言蜼好作山峰，非别有獸名時也。」按：「時」與「是」古字通，此説可從。

猩猩，小而好啼。《山海經》曰：「人面，豕身，能言語。」今交阯封谿縣出〔一〕猩猩，狀如〔二〕貛狏，聲

〔一〕出，原誤「山」，楊胡本同，據《爾雅》宋刊十行本、《經解》本改。

〔二〕如，《爾雅》宋刊十行本無。

似小兒嗁。」

《説文》：「猩猩，犬吠聲。」或作「狌」。《王會》篇云：「都郭生生、欺羽生生，若黄狗，人面，能言。」《海内南經》云：「狌狌知人名，其爲獸，如豕而人面。」郭注：「今交州封谿縣出狌狌，土俗人云，狀如豚而後似狗，聲如小兒嗁也。」《淮南·氾論》篇云：「猩猩知往而不知來。」高誘注：「猩猩，北方獸名，人面，獸身，黄色。」《禮記》曰：「猩猩能言，不離走獸，見人往走，則知人姓字，此知往也。又嗜酒，人以酒搏之，飲而不能息，不知當醉以擒其身，故曰不知來也。」猩猩，南方獸，作「北方」，誤也。《類聚》引《華陽國志》云：「猩猩血可以染朱罽。」按：「小而好嗁」，文義難通，當由轉寫致譌。若「好」作「如」，「小而」作「小兒」，倒轉讀之，則通矣。郭注「似小兒嗁」，可證。

闕洩多狃。説者云腳饒指，未詳。

上「其跡，厹」，《釋文》：「厹，《字林》或作狃。」是「狃」爲借聲，謂腳指頭。郭引「説者云腳饒指」，蓋舊注之文也。《爾雅攷證》云：「洩與渫同。猩猩有牝無牡，故云『闕洩』；伏行交足，故云『多狃』，非别有獸也。當連『猩猩小而好嗁』讀。」

寓屬題上事也。「寓」，《説文》作「禺」，云：「蝯，善援，禺屬。」「禺，母猴屬。」鄭注《司尊彝》亦引作「禺屬」，今本作「寓」。下云「寓鼠曰嗛」，郭注謂「獮猴之類，寄寓木上」。是凡獸皆寓也。「寓」「禺」古字通。《釋文》：「寓，舍人本作麌。」聲借字耳。

鼢鼠。地中行者。

《説文》：「鼢，地行〔一〕鼠，伯勞所作也。一曰偃鼠。」「鼢」，或作「蚡」。《廣雅》：「鼹鼠，鼢鼠。」「鼹」與「偃」同也。《本草別録》：「鼹鼠在土中行。」陶注：「俗中一名隱鼠，一名鼢鼠，形如鼠，大而無尾，黑色，長鼻，甚强，常穿地中行。」《類聚》引《廣志》云：「鼢鼠，深目而短尾。」按：此鼠今呼「地老鼠」，産自田閒，體肥而匾，尾僅寸許，潛行地中，起土如耕。《方言》謂之「犂鼠」，郭注：「犂鼠，鼢鼠也。」

鼸鼠。以頰裏藏食。

〔一〕行，「行」上原衍「中」字，楊胡本、《經解》本同，據《説文解字》删。

《説文》：「鼸，齡也。」「齡，鼠屬，讀若含。」《廣雅》作「鼦」，《釋文》：「鼸，下簟反。」引孫炎云：「鼸者，頰裹也。」與郭義同。又引《字林》云：「即鼢鼠也。」《文選》注引李巡云：「鼸鼠，鼱鼩鼠。」竝與郭義異也。《墨子·非儒》篇云：「鼸鼠藏而羝羊視。」蓋謂其藏食也。《夏小正》：「正月田鼠出。」田鼠者，嗛鼠也。「嗛」與「鼸」同。按：鼸鼠即今香鼠。頰中藏食，如獼猴然，灰色，短尾而香，人亦畜之。

鼷鼠。有螫毒者。

《説文》：「鼷，小鼠也。」《春秋·成七年》「鼷鼠食郊牛角」，《定十五年》《哀元年》俱「鼷鼠食郊牛」。孔疏引《爾雅》注曰：「色黑而小，有毒。」孫炎曰：「有螫毒者。」《玉篇》云：「螫毒食人及鳥獸，皆不痛，今之甘口鼠也。」《釋文》引《博物志》云：「鼠之最小者，或謂之耳鼠。」按：俗傳能入人耳，謂此也。《莊子·應帝王》篇云：「鼷鼠深穴乎神丘之下，以避熏鑿之患。」此即所謂「社鼷不灌，屋鼠不熏」也。《春秋》疏引李巡謂鼱鼩鼠，一名鼷鼠。《文選·荅客難》注引「鼷」作「奚」，但「鼩鼠」在下，與此別條，非同物也。

鼶鼠。《夏小正》曰：「鼶鼬則穴。」

《說文》：「鼶，鼠也。」高誘《淮南·時則》篇注：「田鼠，鼢、鼸鼠也。」高以鼢、鼸俱爲田鼠。鼸即鼶也。《釋文》：「鼶，又徒奚反。」是矣。《夏小正》：「九月，鼶鼬則穴。」然則「鼶」蓋田鼠之大者，化既爲鴽，蟄又同鼬，可知非幺麽細形矣。

鼬鼠。今鼬似貂，赤黄色，大尾，啖鼠，江東呼爲「鼪」，音「牲」。

《說文》：「鼬，如鼠，赤黄而大，食鼠者。」《廣雅》云：「鼠狼，鼬。」按：今俗通呼「黄鼠狼」，順天人呼「黄鼬」，善捕鼠，夜中竊食人雞，人掩取之，以其尾毛爲筆，所謂「狼豪」者也。郭云「江東呼爲鼪」者，《莊子·徐無鬼》篇云：「藜藋柱乎鼪鼬之逕。」《秋水》篇云：「騏驥驊騮，捕鼠不如狸狌。」《釋文》：「狌，崔本作鼬。」是鼬、鼪一物也。《夏小正》云：「九月則穴。」穴者，蟄也。

鼩鼠。小鼱鼩也。亦名「鼨鼩」。

《說文》：「鼩，精鼩鼠也。」郭云：「亦名鼨鼩。」鼨，將容反。李巡謂鼱鼩，一名鼷鼠，非郭義也。

鼭鼠。未詳。

《釋文》：「鼭，音時。」《廣韵》作「⿰鼠時」，或曰：「鼠爲十二屬首，所以紀歲時，故有⿰鼠時名。」按：鼭自鼠名，非凡鼠俱名鼭。「⿰鼠時」疑從俗所加。

鼣鼠。《山海經》説獸云：「狀如鼣鼠。」然形則未詳。

《釋文》：「鼣，或作⿰鼠發，符廢反。」引舍人云：「其鳴如犬也。」《中山經》云：「倚帝之山，有獸焉，其狀如鼣鼠。」郭注云：「《爾雅》説鼠有十三種，中有此鼠，形所未詳也。音狗吠之吠。」即此注所云也。翟氏《補郭〔一〕》引《北山經》：「丹熏之山，有獸狀如鼠，而菟首麋身，其音如獋犬，名曰耳鼠。」謂即此鼣鼠。按：音如獋犬與舍人合，但未知耳鼠即鼣鼠否也？《史記·夏紀》正義説鳥鼠同穴，引《西山經》郭注云：「鼠名鼣，如人家鼠而短尾。鼣，扶廢反。」按：今《爾雅》及《西山經》注俱作「鼵」，不作「鼣」，郭於《中山經》及此注又竝云「形未詳」，然則張守節《正義》所引疑是别本誤文，不足據也。

〔一〕郭，原誤「即」，據楊胡本、《經解》本改。

鼫鼠。 形大如鼠，頭如兔，尾有毛，青黄色，好在田中食粟豆，關西呼爲「鼩〔一〕鼠」，見《廣雅》，音雀〔二〕。

「鼫」與「碩」古字通。碩者，大也。《詩》疏引陸璣《疏》云：「今河東有大鼠，能人立，交前兩腳於頸上，跳舞善鳴，食人禾苗，人逐則走入樹空中，亦有五技。或謂之雀鼠，其形大，故序云大鼠也。魏國，今河北縣是也。言其方物，宜謂此鼠非鼫鼠也。」按：陸説是也。郭云「鼩鼠」者，《廣雅》云：「鼩鼠，鼫鼠。」《釋文》：「鼩，郭音雀，《字林》音灼。」然則鼩鼠即雀鼠也。《釋文》又云：「郭注雀字，或誤爲瞿字。」今檢宋雪窗本及吴本竝作「瞿」，因而改「鼩」爲「鼱」，以就「瞿」音，皆《釋文》所謂誤本也。説《爾雅》者，不知鼫鼠爲「碩」字之通借，故舍人、樊光同引《詩》，以碩鼠爲五技鼠，孫炎亦然，胥失之矣。鼫鼠五技，見《説文》及蔡邕《勸學》篇。《大戴記・勸學》作「鼫鼠五技而窮」，《荀子》又作「梧鼠」。「梧」與「鼯」同，然皆非《爾雅》之「鼫鼠」，説者未明，故辨正之。

〔一〕鼩，《爾雅》宋刊十行本作「鼱」。
〔二〕雀，《爾雅》宋刊十行本作「瞿」。

鼫鼠，鼨鼠。皆未詳。

《玉篇》：「鼫，班尾鼠。」《廣韵》：「班鼠也。鼫，鼠文也。」《廣雅》「鼩鼩」即此。《説文》以「鼨」爲豹文鼠，則與下句相屬，與郭讀異。

豹文鼮鼠。鼠文彩如豹者。漢武帝時得此鼠，孝廉郎終軍知之，賜絹百匹。

《玉篇》説終軍識豹文鼠，與郭同，但事不見《前漢》記載，唯郭此注及序言之。《類聚》引《竇氏家傳》，以識豹文鼠者，乃光武時孝廉郎竇攸也。《水經注》及《文選》注引《三輔決疑》注竝載竇攸此事，與郭注異，其以豹文爲鼮鼠則同。而《唐書・盧藏用傳》：「其弟若虚，有獲異鼠者，豹文虎臆，大如拳，職方辛怡諫謂之鼮鼠而賦之，若虚曰：非也，此許慎所謂鼨鼠，豹文而形小者，一坐驚服。」是唐人説豹鼠者，仍主許氏而違郭義。或者「鼨」「鼮」二鼠皆具豹文，故可通歟？余幼從家塾旁見異鼠，青質而黑班，頭形如兔，尾短似鼸，亦具黑文，形小於拳，未知於此二鼠當誰屬也？

鼳鼠。今江東山中有鼳〔一〕鼠，狀如鼠而大，蒼色，在樹木上。音「巫覡」。

此與寓屬之「鼳」同名異物。《初學記》引此注曰：「江東呼鼳鼠者，似鼠大而食鳥，在樹木上。」是「蒼色」二字作「食鳥」。

鼠屬《說文》：「鼠，穴蟲之總名。」《方言》：「宛野謂鼠爲鼮。」《御覽》引《萬畢術》「燒蟹致鼠」。《抱朴子》云：「鼠壽三百歲。」

牛曰齝。食之已久，復出嚼之。羊曰齥。今江東呼齝爲「齥」，音「漏洩」。麋鹿曰齸。江東名咽爲「齸」。齸者，齝食之所在，依名云。鳥曰嗉。咽中裹食處。寓鼠曰嗛。頰裹貯食處，寓謂獮猴之類，寄寓木上。

《說文》：「齝，吐而噍也。」引《爾雅》：「牛曰齝。」按：今俗謂之牛回嚼其吐者，名「聖齏」。「齥」，《說文》作「齛」，云：「羊粻也。」《釋文》引《埤蒼》同。張揖音世，解云：「羊食

〔一〕鼳，《爾雅》宋刊十行本作「鼰」。

已，吐而更噍之。」《説文》：「齸，鹿麋粻。」《廣韻》：「吞芻而反出噍之也。」按：齸之言嗌也，嗌即咽也。「咽」「嗌」雙聲。故郭云：「江東名咽爲齸。齸者，齝食之所在。」齝，客加反。嗉者，素也。素，空也，空其中以受實。《釋鳥》云：「亢，鳥嚨，其粻嗉。」是也。嗛者，含〔一〕也，含藏頰裏。《説文》：「嗛，口有所銜也。」寓即寓屬，鼠、獮猴皆寓也，或寓於木，或寓於穴，其粻皆謂之「嗛」。

齸屬牛、羊、麋鹿皆有角無前齒，故須吐出更噍。鳥、鼠皆有受粻之處。凡有五名，而總題曰「齸屬」。

獸曰釁。自奮釁。人曰撟。頻伸夭撟。魚曰須。鼓鰓須息。鳥曰狊。張兩翅，皆氣體所須。

釁者，隙也。獸卧引氣，鼓息腹脅閒，如有空隙，故謂之「釁」。郭注「奮釁」，監本作「奮迅動作」，誤。

〔一〕含，原誤「舍」，楊胡本同，據《經解》本改。

撟者，舉手也。人體倦谻，輒欠伸舉手以自適。《史記・扁鵲傳》有「撟引」，《索隱》云：「謂爲按摩之法，夭撟引身，如熊顧鳥伸也。」須者，《易》云：「需，須也。」魚當停泊，鼓鰓吹息以自須，須謂止而息也。狊者，張目視也。鳥之休息，恒張兩翅，瞪目直視，所謂「鳥伸」「鴟視」也。

須屬須者，息也，皆言人物氣體之所須。故總題曰「須屬」。「須」「息」雙聲字也。

爾雅郭注義疏下之七

釋畜弟十九

《說文》：「嘼，牲也。」「嘼」與「畜」同。《天官·庖人》辨六畜之名物，鄭注：「六畜，六牲也。始養之曰畜，將用之曰牲。」是牲、畜異名也。然《左傳》云：「古者，六畜不相爲用。」則牲亦稱「畜」。《爾雅》「在野曰獸，在家曰畜」，是畜、獸異名也。然《祭義》云：「古者天子、諸侯，必有養獸之官。」《周禮》「獸醫」，獸即牛馬，則畜亦稱「獸」。蓋對文則別，散則通矣。此篇《釋畜》無豕，已入上篇。

騊駼馬。《山海經》云：「北海內有獸，狀如馬，名騊駼，色青。」

《說文》：「駼，騊駼也。」《王會》篇云：「禺氏騊駼。」《釋文》引《瑞應圖》云：「幽隱之獸也。有明王在位即至。」按：騊駼自是良馬，非必爲瑞。郭引《海外北經》以校今本，無「色青」二字。然《史記·匈奴傳》徐廣注「騊駼，似馬而青」，與郭引合，疑古本有之，而今脱也。

野馬。如馬而小，出塞外。

《説文》：「騊駼，北野之良馬。」《釋文》引《字林》云：「騊駼，一曰野馬。」高誘《淮南·主術》篇注：「騊駼，野馬也。」是皆以「野馬」即騊駼。然《王會》篇「野馬」「騊駼」竝稱。《子虛賦》云：「軼野馬，轊騊駼。」又皆以爲二物，郭所本也。《穆天子傳》：「野馬日走五百里。」郭注：「似馬而小也。」《後漢書·鮮卑傳》：「禽獸之異者，有野馬。」《説文》以野馬爲驒騱。按：「驒騱」「騊駼」竝見《史記·匈奴傳》。

駮，如馬，倨牙，食虎豹。《山海經》云：「有獸名駮，如白馬，黑尾，倨牙，音如鼓，食虎豹。」

《説文》：「駮，獸，如馬，倨牙，食虎豹。」《説卦傳》云：「乾爲駁馬。」王廙云：「駁馬能食虎豹，取其至健也。」孔疏云：「倨牙如鋸。」《一切經音義》十引舍人曰：「駮，多力獸也。」《説苑·辨物》篇云：「駮之狀有似駮馬，今君之出，必驂駮馬而畋，虎所以不動者，爲駮馬也。」《詩·六駮》傳用《爾雅》。《一切經音義》引「魏黄初三年，六駮再見於野」。《北齊書·循吏傳》：張華原遷兖州刺史，「先是州境數有猛獸爲暴，自華原臨州，忽有六駮食之，咸以化感所致」。今按：駮爲名，六爲數，二書俱將「六駮」爲名，失之誣矣。「駮」一名「茲白」。《王會》篇云：「義渠以茲白。茲白者，若白馬，鋸牙，食虎豹。」是茲白即駮也。《西山經》「中曲之山」及《海外北經》竝云：「有獸名駮。」所說形狀與此同。惟《西經》說「一角，虎爪」爲異。郭此注蓋引《北經》，而兼用二文，故語不同也。

騉蹏，趼，善陞甗。 甗，山形似甑，上大下小。騉蹏，蹏如趼而健上山。秦時有騉蹏苑。

《釋文》：「騉，本亦作昆。趼，本或作研。」引舍人云：「騉蹏者，溷蹏也。研，平也，謂蹏平正。善陞甗[一]者，能登山隒也。一云甗者，阪也，言騉善登高歷險，上下於阪。」李云：「騉者，其蹏正堅而平，似研也。」顧云：「山嶺曰甗。」孫同。《御覽》九百十三引孫炎曰：「昆蹏之馬，蹏平如研，而善升山甗者。」是諸家本「趼」俱作「研」，郭注亦當作「研」，本今誤耳。《說文》：「趼，獸足企也。」企訓爲直，而非諸家之義。又《釋山》云：「重甗，隒。」「甗」蓋「巘」之叚借，舍人注是，郭以似甑爲言，蓋失之矣。云「秦時有騉蹏苑」者，漢承秦制，有昆蹏廄是也。《百官公卿表》有昆蹏令丞。應劭云：「昆蹏，好馬名

[一] 甗，原誤「獻」，楊胡本同，據《經解》本改。

也」如淳注引此文，作「昆蹏研，善升甗」。

騉駼，枝蹏趼，善陞甗。騉駼，亦似馬而牛蹏。

《釋文》引舍人云：「騉駼者，外國之名。枝蹏者，枝足也。」李云：「騉駼，其迹枝平似研，亦能登高歷危險也。」孫云：「騉駼之馬，枝蹏如牛而下平。」是李、孫、郭皆以騉駼馬名，舍人以爲國名，非也。《西京賦》云：「陵重巘，獵騉駼。」薛綜注：「山之上大下小者曰巘。昆駼如馬，枝蹏善登高。」薛綜説巘，爲郭所本，餘與諸家同也。嘉慶十七年六月，友人示余畫馬卷，馬與常馬無異，體榦微豐，唯足蹏上一小蹏爲異。邵氏晉涵跋尾以爲即《爾雅》「騉駼」也。又以枝蹏如牛，爲孫、郭之誤。今按：枝蹏即岐蹏，云「如牛者」，是矣。此圖内馬乃縣蹏如狗而非岐蹏，蓋馬之異狀耳，非《爾雅》「騉駼」也。

小領，盗驪。《穆天子傳》曰：「天子之駿盗驪、緑耳。」又曰：「右服盗驪。」盗驪，千里馬。領，頸。

小領，細頸也。「盗驪」，《史記·秦紀》作「温驪」。《索隱》云：「温音盗。徐廣本亦作盗。劉氏《音義》云：『盗驪，盗，騧也。騧，淺青色。』鄒誕生本盗作駣，音陶。」按：《廣雅》作「駣騨」，《玉篇》作「桃騨」，皆「盗驪」之異文。《穆天子傳》：「天子之駿：赤驥、盜驪、白義、踰輪、山子、渠黄、華騮、緑耳。」又云：「次車之乘，右服渠黄而左踰，輪右驂盜驪而左山子。」皆郭注所引也。

絶有力，駥。即馬高八尺。

「馬八尺爲駥」，説在下。《釋文》：「駥，本作戎。」按：《釋詁》「戎，大也」，馬高大而有力，故被斯名。作「戎」是，「駥」俗字。

厀上皆白，惟馵。四骹皆白，驓。骹，厀下也。四蹢皆白，騚[一]。俗呼爲「踏雪馬」。前足皆白，騱。後足皆白，狗。前右足白，啟。《左傳》曰：「啟服。」左白，踦。前左腳白。後右足白，驤。左白，馵。後左腳白。《易》曰：「震爲馵足。」

厀以上皆白謂之「馵」，厀以下皆白謂之「驓」。《詩·小戎》疏引郭氏曰：「馬，厀上皆白爲惟馵，後左[二]腳白者直名馵。」蓋郭《音義》之文。按：此云「惟馵」，下云「惟駹」，

[一] 騚，《爾雅》宋刊十行本作「首」。
[二] 左，原誤「在」，楊胡本同，據《經解》本改。

「惟」皆語詞，郭義恐非。

蹢者，蹏也。《玉篇》《廣韻》竝云：「騚，四蹏白也。」按：宋雪牕本作「騚」，古本必作「前」，故《釋文》缺音。吴本作「首」，《類聚》及《初學記》俱引作「首」。「首」與「前」蓋形近而誤，作「前」是也。

前兩足白謂之「騱」，後兩足白謂之「狗」。《釋文》：「騱，郭又音雞，舍人本作雞。狗，郭音劬，舍人本作狗。」

前右足白謂之「啟」。啟者，開也。前左足白謂之「踦」。踦者，隻也。郭引《左·昭廿九年傳》文，杜預注：「啟服，馬名。」

《說文》：「馵，馬後左足白也。讀若注。」《詩》疏引樊光云：「後右足白曰驤，左足白曰馵。」郭引《說卦傳》：「震爲馵足。」虞翻注：「馬白後左足爲馵，震爲左、爲足，初陽爲白也。」徐松曰：「啟、踦、驤、馵四者，俗皆謂之孤蹄，其馬性多桀驁，云能妨主，士君子所不御。惟後右足白者，謂之鞭打孤蹄，言乘馬者右手執鞭，足以厭之，稍優於三種耳。」

駵馬白腹，騵。駵，赤色，黑鬣。驪馬白跨，驈。驪，黑色。跨，髀間。白州，驠。州，竅。

尾本白，騴。尾株白。尾白，駺。但尾毛白。馰顙，白顛。戴星馬也。白達，素縣。素，鼻莖也。俗所謂「漫顱徹齒」。面顙皆白，惟駹。顙，頟。

騮者，《說文》云：「赤馬，黑髦尾也。」《詩·小戎》箋：「赤身黑鬣曰騮。」《穆天子傳》有「華騮」，郭注：「色如華而赤，今名馬驃赤者爲棗騮。騮，馬赤也。」騵者，《檀弓》云：「周人尚赤，戎事乘騵。」《詩·大明》傳：「騮馬白腹曰騵，言上周下殷也。」《淮南·主術》篇云：「騎騵馬。」高誘注：「黄馬白腹曰騵。」「黄」蓋「赤」字之誤。《說文》：「驪，馬深黑色。」「驈，驪馬白胯。」引《詩·駉》篇：「有驈有騜。」毛傳用《爾雅》，疏引孫炎曰：「驪，黑色也。白跨，股腳白也。」《釋文》引《蒼頡篇》云：「跨，兩股閒。」

驠者，《說文》云：「馬白州也。」《伯樂相馬經》有馬白州。皆本《爾雅》。《北山經》云：「倫山有獸如麋，其川在尾上。」郭注：「川，竅也。」是「川」即「州」字。

騴者，尾根株白之云也。本即株也。

駺者，尾毛白之名也。《說文》：「驃，一曰白髦尾也。」是驃即駺。《釋文》：「駺，本多作狼。」《類聚》引正作「狼」。

馰顙者，《說文》：「馰，馬白頟也。」引《易》曰：「馬馰顙。」「旳」字下又引《易》曰：

「爲的顙。」蓋古有二文，許兩從之，今《説卦傳》作「的」。虞翻云：「的，白顙額也。震體，頭在口上，白，故的顙。」《詩》：「有馬白顛。」疏引舍人曰：「的，白也。顙，額也。額有白毛，今之戴星馬也。」是郭所本。又《説文》云：「騅，馬白頟。」是「馰顙」一名「騅」。

馬之鼻莖白者名白「達」，一名「素縣」。《説文》：「頞，鼻莖也。」頞，烏割切，與「達」音近，然則白達即白頞也。郭引俗謂「漫驢徹齒」，蓋引當時相馬法也。「驢」與「顱」同。

《説文》：「駹，馬面顙皆白也。」《説卦傳》云：「震爲龍。」鄭注：「龍，讀爲尨。」虞、干本竝作「駹」，虞云「倉色」，干云「雜色」。《地官·牧人》云：「毀事用尨。」「尨」與「駹」同。《秋官·犬人》云：「凡幾珥沈辜，用駹可也。」鄭衆注：「駹，謂不純色也。」徐松云：「白顛，俗謂玉頂，馬之貴者。面顙皆白，俗謂線臉，馬之賤者。諺云：『線臉孤蹄，僧道不騎。』極言其惡。」

回毛在膺，宜乘。樊光云：「俗呼之官府馬。」《伯樂相馬法》：「旋毛在腹下，如乳者，千里馬。」在肘後，減陽。在榦，茀方。榦，脅。在背，闋廣。皆别旋毛所在之名。

回毛，旋毛也。旋毛在胸者，名「宜乘」。郭引樊光云「官府馬」者，言此馬宜官府乘駕也。「減陽」「茀方」「闋廣」語俱相韵，自郭氏已不知其義，無以言焉。《文選》注引《相馬經》云：「膺門欲開。」馬膺在腹下也。肘謂馬臂也。《類聚》引「肘」亦作「腹」。《釋文》云：「減，本或作駭。」幹者，馬脅也。《御覽》引《相馬經》云：「脅爲城郭，欲得張。」《釋文》：「廣，音光，本或作騝，同。」按：《廣韵》引《爾雅》作「騤騝」，亦作「闋廣」。徐松云：「膺，胸也。馬之懸纓處有旋毛最良，當爲貴人所乘。俗謂馬纓爲緹胸，故謂之緹胸。旋毛在肘後者，今之追風旋。」

逆毛，居馻。馬毛逆刺。

《釋文》引《字林》云：「馻，馬逆毛也。」郭「兗」「允」二音。按：今俗以馬領上逆毛如刺者爲不祥。

騋牝，驪牝。《詩》云：「騋牝三千。」「馬七尺已上爲騋」，見《周禮》。玄駒，褭驂。玄駒，小馬，別名「褭驂」耳。或曰，此即騕褭，古之良馬名。

《詩》「騋牝」傳：「馬七尺以上曰騋。騋馬與牝馬也。」《説文》引《詩》作「騋牝驪牝」。今作「驪牡」，「牡」字誤，《爾雅》獨雪牕本作「牝」，餘皆作「牡」。而《釋文》不誤，云：「牝，頻忍反，下同。」謂與驪牝同也，以此可證。「騋」「驪」雙聲又兼疊韵，《爾雅》蓋以「驪牝」釋「騋牝」。獨言「牝」者，騋、驪兼有牝、牡，舉一邊耳。《釋文》「驪牡」，又云：「孫注改上騋牝爲牡，讀與郭異。」按：《夏官・廋人》注引《爾雅》作「騋，牡驪，牡玄，駒褭驂」。今本「牡」作「牝」，亦《釋文》作「牡」可證，然則孫注作「騋牡」，與鄭同也。又鄭讀「騋」爲句，「牡驪」爲句，「牝玄」爲句，其《檀弓》注亦引《爾雅》曰：「騋，牝驪，牡玄。」孫讀當亦同之。此則駒褭驂，即謂騋驪之駒，別名褭驂耳。郭讀「玄駒」與鄭異。又云「見《周禮》」者，即《廋人職》文也。高誘《淮南・脩務》篇注：「馬五尺以下爲駒。放在草中，故曰草駒。」郭又引或説，以褭驂爲古良馬名者，《吕覽・離俗》篇云：「飛兔、要褭，古之駿馬也。」高注：「皆馬名。日行萬里。」《上林賦》云：「羅要褭。」張揖注：「要褭馬，金喙，赤色，一日行萬里者。」

牡曰騭，今江東呼駁馬爲「騭」，音「質」。牝曰騇。草馬名。

《説文》：「騭，牡馬也。」《釋文》：「父，本或作駁，俗字。」按：「騇」亦俗字也，當作「舍」。《廣雅》：「舍、牸、牝，雌也。」「草馬」亦或作「騲」。《廣韵》：「牝馬曰騲馬。」《顔氏家訓》所謂「騲騭」，是也。《魏志・杜畿傳》：「爲河東太守，課民畜牸牛草馬。」《晉書・涼武昭王傳》：「家有騧草馬，生白額駒。」是魏晉閒始有「草馬」之名。今東齊人以牡爲兒馬，牝爲騍馬，唯牝驢呼「草驢」耳。

馰白，駁。黄白，騜。《詩》曰：「騜駁其馬。」馰馬黄脊，騝。驪馬黄脊，騽。皆背脊毛黄。青驪，駽。今之鐵驄。青驪驎，驒。色有深淺，班駁隱粼〔一〕。今之連錢驄。青驪繁鬣，騥。《禮記》曰：「周人黄馬繁鬣。」繁鬣，兩被毛，或云「美髦鬣」。驪白雜毛，駂〔二〕。今之烏驄。黄白雜毛，駓。今之桃華馬。陰白雜毛，駰。陰，淺黑。今之泥驄。蒼白雜毛，騅。《詩》曰：「有騅有駓。」彤白雜毛，騢。即今之赭白馬。彤，赤。白馬黑鬣，駱。《禮記》曰：「夏后氏駱馬黑鬣。」白馬黑脣，駩；黑喙，騧。今之淺黄色者，爲騧馬。一目白，瞯；二目白，魚。似魚目也。《詩》曰：「有驔有魚。」

「馰」，已見前。駁者，《説文》：「馬色不純。」《淮南·説林》篇云：「馰駁不入牲。」言犧牲用純色也。《詩·駉》疏樊光引《易》：「乾爲駁馬。」孫炎引《詩》：「皇駁其馬。」

〔一〕粼，《爾雅》宋刊十行本作「粼」。
〔二〕駂，原誤「鴇」，楊胡本同，據《爾雅》宋刊十行本、《經解》本改。

《東山》疏舍人曰：「騮，赤色名曰駁也；黃白色名曰皇也。」又引舍人言「騮，馬名，白馬」，非也。按：此言馬赤色兼有白者名「駁」；黃色兼有白者名「騜」。「騜」，《詩》作「皇」，毛傳：「黃白曰皇，騮白曰駁。」

驖者，《釋文》：「郭音虔，本或作騫。」騽者，《説文》作「驔」，云：「驪馬黃脊。讀若簟。」又云：「騽，馬豪骭也。」《詩・駉》傳：「豪骭曰驔。」是「驔」「騽」通。《釋文》：「今《爾雅》本亦有作驔者。」按：《玉篇》《廣韵》「騽」字俱兼二義，故段氏《説文注》疑「驔」「騽」本一字，是矣。但「豪骭」非馬名，又非馬色，毛傳前後俱用《爾雅》，獨此義别，是可疑耳。

駽者，《詩・有駜》疏引舍人曰：「青驪馬，今名駽馬也。」孫炎曰：「色青黑之閒。」邢疏引孫云：「青毛、黑毛相雜者名駽，今之鐵驄〔一〕也。」郭義同孫，《詩》傳及《説文》用《爾雅》。

驒者，《説文》：「青驪，白鱗，文如鼉魚。」《詩・駉》傳用《爾雅》，疏引孫炎云：「色有淺深，似魚鱗也。」然則「鱗」「驎」聲義同。《釋文》引《韓詩》《字林》皆云：「驒，白馬黑

〔一〕驄，原誤「驄」，楊胡本同，據《經解》本改。

髦。」似因「有驒有駱」，相涉而誤。

騥者，《釋文》：「本又作柔。」繁鬣者，言髦多也。郭引《明堂位》文，彼「繁」作「蕃」，其義當同。孔疏以爲蕃，赤也，恐非。《左・定十年》疏及《釋文》引舍人注：「鬣，馬鬉也。」

騞者，《釋文》引《説文》云：「黑馬，驪白雜毛。」今《説文》無，蓋唐以前本有之也。《詩・大叔于田》傳：「驪白雜毛曰鴇。」「鴇」，借字耳。

駓者，《六書故》引唐本《説文》云：「黄馬，白雜毛。」今本脱「雜」字。《詩・駉》傳用《爾雅》。按：此馬毛色雜，故異於黄白之「騜」，郭以「桃華馬」當之，恐非。

駰者，《説文》：「馬陰白雜毛。黑。」「黑」字衍，或上下有脱字也。《詩》傳用《爾雅》，疏引舍人曰：「今之泥驄也。」孫炎曰：「陰，淺黑也。」皆郭所本。樊光曰：「駰者，目下白，或云白陰。」皆非也。

騅者，《説文》：「馬蒼黑雜毛。」「黑」字誤，以《六書故》徐本作「黑」推之，知唐本必作「白」也。《詩》傳用《爾雅》。按：《釋言》云：「菼，騅也。」郭云：「菼，草色如騅，在青白之間。」與此義合。

騢者，《説文》：「馬赤白雜毛，謂色似鰕魚也。」《詩》傳用《爾雅》，疏引舍人曰：「赤白雜毛，今赭白馬，名騢。」郭義同。

駱者，《説文》：「馬白色，黑鬣尾也。」《釋文》：「白馬黑鬣，舍人同，衆家竝作髦。」《詩》釋文引樊、孫《爾雅》竝作「白馬黑髦。鬣，尾也」。今按：《説文》「駠」「駱」皆兼「尾」言，蓋許所見本與樊孫同也。《詩》傳用《爾雅》。《月令》及《吕覽》「秋駕白駱」注同。郭引《明堂位》文。

騇者，《釋文》引孫本作「犉」，云：「與牛同稱。汝均反。本或作驎，音吝。」按：孫本作「犉」，是也。但既作「犉」，以《詩》傳「黄牛黑脣曰犉」推之，則此「白馬」疑「黄馬」之誤。證以下句「黑喙，騧」。《説文》及《詩·小戎》傳竝云：「黄馬，黑喙」，與「黄牛，黑脣」其例正同，益知《爾雅》「白馬」必「黄馬」之誤矣。

瞯者，《説文》作「驔」，云：「馬一目白曰驔，二目白曰魚。」又云：「瞯，戴目也。」《繫傳》云：「目望陽。」《廣韵》以爲人目多白。《釋文》引《蒼頡篇》云：「目病也。」是「瞯」「驔」義别，《爾雅》借「瞯」爲驔耳。魚者，《漢書·西域傳贊》以魚目與龍文、汗血竝爲駿馬之名，蓋即此也。《釋文》：「魚，本又作䲔，《字林》作䮝。」皆或體耳。《詩》疏引舍人曰：「一目白曰瞯，兩目白爲魚。」按：毛傳作「一目白曰魚」，疑有脱誤。

「既差我馬」。差，擇也。宗廟齊豪，尚純。戎事齊力，尚强。田獵齊足。尚疾。

「既差我馬」，《詩・吉日》篇文。「差，擇也」，《釋詁》文。又《車攻》傳：「宗廟齊豪，尚純也。戎事齊力，尚强也。田獵齊足，尚疾也。」疏引李巡曰：「祭於宗廟，當加謹敬，取其同色也。」某氏曰：「戎事謂兵革戰伐之事，當齊其力，以載干戈之屬。」舍人曰：「田獵取牲於苑囿之中，追飛逐走，取其疾而已。」按：《夏官・校人》云：「辨[二]六馬：種馬一物，戎馬一物，齊馬一物，道馬一物，田馬一物，駑馬一物。」若以《爾雅》準之，種馬駕玉路而色尚純，「宗廟齊豪」，殆謂是矣。

馬屬《說文》：「馬，怒也，武也。」《大戴記・易本命》篇云：「馬十二月而生。」茲篇所釋皆馬之類，故題曰「馬屬」。

犘牛。出巴中，重千斤。

野牛也。郭云「出巴中」者，今此牛出西寧府西寧衛。大者千餘斤。犘之爲言莽也，莽者，大也。今俗云「莽牛」即此。

[二] 辨，原誤「辧」，楊胡本同，據《經解》本改。

犦牛。即犎牛也。領上肉犦胅起，高二尺許，狀如橐駝，肉䩉一邊，健行者日三百餘里。今交州合浦徐聞縣出此牛。

《釋文》：「犦，步角反。即今之腫領牛。」郭云「犎牛」者，《後漢書·順帝紀》：「疏勒王獻封牛。」李賢注引《東觀記》曰：「封牛，其領上肉隆起若封，然因以名之，即今之峰牛。」郭注《上林賦》云：「庸牛領有肉堆。」顔師古注：「即今之犎牛也。」按：「犎」當作「封」。封者，大也，背上腫起高大。《漢書·西域傳》：「罽賓國出封牛。」正作「封」字。又名一封橐駝，大月氏國出之，注以爲「封牛」，是矣。郭云「狀如橐駝，肉䩉一邊」者，橐駝肉䩉兩邊，此止有前一邊也。橐駝出饒山，見《北山經》。《釋文》：「橐音託，又音洛也。」晉交州合浦郡徐聞縣，今廣東雷州府海康縣也。《元和郡縣志》：「海康縣多牛，項上有骨，大如覆斗，日行三百里。《爾雅》所謂犦牛也。」

犤牛。犤牛，庳小，今之㹎牛也。又呼「果下牛」，出廣州高涼郡。

《王會》篇云：「數楚每牛。」每牛者，牛之小者也，即此類也。《釋文》：「犤，音碑，又音皮。」然則「犤」與「每」聲近，又相轉也。郭云「果下牛」者，《桂海虞衡志》有果下馬，高不踰三尺，此亦其類，皆言其庳小也。晉廣州高涼郡，今爲廣東高州府。

䰰牛。即犪牛也。如牛而大，肉數千斤，出蜀中。《山海經》曰：「岷山多犪牛。」

䰰亦魏也，高大之稱。《釋文》引《字林》云：「黑色而大，重三千斤。」「犪」當作「夔」。郭引《中山經》文，彼注云：「今蜀山中有大牛，重數千斤，名爲夔牛。晉太興元年，此牛出上庸郡，人弩射殺之，得三十八擔肉。即《爾雅》所謂魏。」是「䰰」當作「魏」，宜據以訂正。

犣牛。旄牛也。髀、膝、尾皆有長毛。

「犣」當作「鬣」。《釋文》：「本或作鬣字，此牛多毛鬣。」是也。郭云「旄牛」者，《春官·旄人》注：「旄，旄牛尾，舞者所持以指麾。」《說文》作「氂」，云：「犛牛尾也。」又「犛」，云：「西南夷長髦牛也。」《中山經》：「荆山，其中多犛牛。」郭注：「旄，牛屬，黑色，出西南徼外也。」是犛牛即旄牛。顏師古《上林賦》注：「旄牛，即今之偏牛也。」郭云「髀、膝、尾皆有長毛」者，《北山經》：「潘侯之山，有獸狀如牛而四節生毛，名曰旄牛。」郭注「今旄牛背膝及胡尾皆有長毛。」是也徐松云：「今蘭州青海多此牛，大與常牛等，色多青，染其毛爲雨纓。」

犝牛。今無角牛。

《釋文》引《字林》：「犝，牛名。」是也。《後漢書·西南夷傳》：「有旄牛，無角，一名童牛，肉重千斤，毛可爲毦。」是童牛即旄牛之無角者。旄牛即犣牛，蓋大者名「犣」，小者名「童」也。「童」當作「僮」，俗从牛作「犝牛」耳。郭注似失之。

犑牛。未詳。

角一俯一仰，觭。牛角低仰。皆踊，觢。今豎角牛。

《釋文》引樊云：「傾角曰觭。」《説文》：「觭，角一俛一仰也。」「觢，一角仰也。」引《易》曰：「其牛觢。」《易》釋文引鄭作「掣」，云：「牛角皆踊曰掣。」子夏作「㸷」，《傳》云：「一角仰也。」荀作「觭」，虞翻云：「牛角一低一仰，故稱觢。」然則諸家説觢各異，唯鄭義與《爾雅》合。

黑脣，犉。《毛詩》傳曰：「黄牛，黑脣。」此宜通謂黑脣牛。黑眥，牰。眼眥黑。黑耳，犚。

黑腹，牧。黑腳，犈。皆别牛黑所在之名。

《説文》：「犉，黄牛黑脣也。」《詩·無羊》毛傳同，疏引某氏説亦然。所以必知爲「黄牛」者，以言黑脣可知，餘體是黄，黄牛多也。眥者，目匡也。《釋文》：「牰，音袖，《字林》音就，本或作褎。犚，音尉。犈，音權，又音眷。」《玉篇》以犈爲牛耳黑，其義異也。按：「脣」「犉」，「眥」「牰」，「耳」「犚」，「腹」「牧」，「腳」「犈」，俱以雙聲疊韵爲釋，因别黑色所在之名。牛以黑爲别，猶馬以白爲别也。

其子，犢。今青州呼犢爲「㸬」。

《説文》：「犢，牛子也。」《月令》：「季春，犧牲駒犢，舉書其數。」郭云「今青州呼犢爲㸬」者，《釋文》：「㸬，火口反。《字林》云：『牛鳴也。』」然則㸬之言呴也，亦言狗也。牛之子名爲「㸬」，亦猶熊虎之子名爲「狗」矣。通作「㸸」。《漢書·朱家傳》：「乘不過㸸牛。」晉灼注：「㸸牛，小牛也。」

體長，犌。長身者。

體長，言呂脊長也。《釋文》：「牬，博蓋反。」按：「牬」，《說文》作「㸬」，云「二歲牛」，與此義異。又「犟，牛長脊也」，是「犟」與「牬」其義同。

絶有力，欣犌。

《釋文》：「犌，古牙反。」《玉篇》云：「牛有力」，《廣韻》云「牛絶有力」，俱止言「犌」，不言「欣」，疑「欣」字衍。

牛屬《說文》：「牛，大牲也。牛，件也。」又云：「牛爲大物。」《月令》「中央土」，鄭注：「牛，土畜也。」《廣雅》說「牛屬」，云：「郭犐丁犖。」《類聚》引桓譚《新論》作「郭枓丁櫟」。茲篇所釋，廣說牛名及其體狀，故總題曰「牛屬」。

羊：牡羒，謂吴羊，白羝。牝牂。《詩》曰：「牂羊墳首。」

《詩·苕之華》傳：「牂羊，牝羊也。」《說文》：「羒，牂羊。」「牂，牡羊。」鄭注《內則》「牂」亦云，然竝字之誤也。郭云「吴羊白羝」者，羝，牡羊也，吴羊，白色羊也。《廣雅》云：「吴羊，牡，一歲曰牡䍮，三歲曰羝。其牝，一歲曰牸䍮，三歲曰牂。吴羊犗曰牔，羖羊犗曰羯。」然則此言「羊」者，即吴羊也。《爾雅》不言「吴」，《廣雅》不言「夏」，互見也。「羒」蓋同「墳」，言高大也。牂猶牂，牂言肥盛也。今吴羊，高大而肥盛，《詩》曰：「牂羊墳首。」墳即羒矣。言牝羊而牡首，故毛傳言無是道也。

夏羊：黑羖䍽。牡羭，黑羝也。《歸藏》曰：「兩壺兩羭。」牝羖。今人便以「牂」「羖」爲白、黑羊名。

夏羊，黑色羊也。《説文》：「夏羊，牡曰羖。」又云：「夏羊，牡曰羭。」此「牡」字誤。段氏注改「牡」爲「牝」，云：「羖必是牡，知羭必是牝。」其説是矣。但《釋畜》之例，俱先牡後牝，則此當云「牡羖，牝羭」，不知何時誤倒其文，蓋郭本已然矣。夏羊牝者美。故《左・僖四年傳》：「攘公之羭。」羭者，美也。郭引《歸藏・齊母經》，其文見於邢疏所引，則羭之美可知矣。羖羊氣羶，其犗者謂之羯，則羖爲牡羊可知矣。《急就篇》云：「牂羖羯羠羝羝羭。」顔師古注：「羭，夏羊之牝也。羖，夏羊之牡也。」其設牝牡分明不誤，宜據以訂正。《詩》曰：「俾出童羖。」毛傳：「羖，羊不童也。」今按：夏羊牝、牡皆有角，吴羊牝者無角，其有角者，别名「羜」也。

角不齊，觤。角〔二〕一短一長。角三羷，羷。羷，角三帀。

《説文》：「觤，羊角不齊也。」「羷，曲角也。」《繫傳》引《爾雅》注：「羷，卷也。」此蓋舊注之文。《釋文》：「羷，許簡、力驗二反，《字林》力冉反。」

羳羊，黄腹。腹下黄。

《説文》：「羳，黄腹羊。」李時珍云：「即黄羊也。狀與羊同，但低小，細肋，腹下帶黄色，其耳甚小，西人謂之𦕈耳羊。」

未成羊，羜。俗呼五月羔爲「羜」。

《説文》：「羜，五月生羔也。」《後漢書》注引《韓詩章句》云：「小者曰羔，大者曰羊。」《詩》疏引薛綜荅韋昭云：「羊子初生名達，小名羔，未成羊曰羜，大曰羊，長幼之異名。」《廣雅》云：「羍、羍、羜、羳，羔也。」是皆未成羊之名。《爾雅》單釋羜者，舉其中也。

〔二〕角，《爾雅》宋刊十行本無。

絶有力，奮。與𦍩、雞皆同名。

羊屬《説文》：「羊，祥也。」《考工記》：「羊，善也。」按「美」「義」「羑」「養」等字皆从羊，以羊爲祥善之物也。《易·説卦傳》：「兑爲羊。」鄭注《庖人》云：「羊屬司馬，火也。」此篇皆説羊，故題以「羊屬」。

犬生三，猣；二，師；一，玂。此與豬生子義同，名亦相出入。

《説文》：「犬，狗之有縣蹏者也。」《玉篇》：「猣，犬生三子也。」「玂，犬生一子也。」《廣韵》「師」作「獅」，「犬生二子也」。按：犬生二子與豕同名。「猣」與「豵」通。故鄭注《大司馬》引《爾雅》：「豕生三曰猣。」《釋文》：「本亦作豵。」《玉篇》「猣」音「即」，云：「犬生三子。」是「猣」又作「𤠔」。

未成豪，狗。狗子未生𣯛毛者。

《説文》引孔子曰：「狗，叩也，叩气吠以守。」又曰：「視犬之字，如畫狗也。」是「狗」

「犬」通名，若對文則大者名「犬」，小者名「狗」，散文則《月令》言「食犬」，《燕禮》言「烹狗」，狗亦犬耳。今亦通名，犬爲狗矣。郭云「𣯍毛」者，《説文》：「𣯍，獸豪也。」《釋文》：「謂長毛也。」

長喙，獫。短喙，猲獢。《詩》曰：「載獫猲獢。」

《説文》及《詩·駟鐵》傳俱用《爾雅》。「猲獢」，《詩》作「歇驕」，傳云：「獫、歇驕，田犬也。」疏引李巡曰：「分別犬喙長短之名。」

絶有力，狣。

《説文》：「獟，猏犬也。」「猏，獟犬也，一曰逐虎犬。」即此類也。猏，堅彊也，獟，驍猛也，犬能逐虎，可謂絶有力矣。

尨，狗也。《詩》曰：「無使尨也吠。」

《説文》：「尨，犬之多毛者。」《詩·野有死麕》傳用《爾雅》，疏引李巡曰：「尨，一名狗。」《穆天子傳》：「天子之尨狗。」郭注：「尨，尨茸，謂猛狗。或曰尨亦狗名。」按：尨茸，謂多長毛，即今之「獅猽狗」也。上云「未成豪，狗」，此又以尨爲狗，可知「狗」爲通名。

狗屬《釋文》引《字林》云：「狗，家獸也。」《説卦傳》：「艮爲狗。」《大戴禮》云：「狗三月而生。」《秋官・犬人》疏：「犬有三種：一曰田犬，二曰吠犬，三曰食犬。」此篇所釋，「三犬」備矣。

雞，大者蜀。今蜀雞。蜀子，雓。雛子名。

蜀者，《廣雅》説雞屬，云：「杜艾季蜀。」「蜀」蓋大雞之名，「季」或養雞者之姓氏也。蜀雞，一名「魯雞」。《莊子・庚桑楚》篇云：「越雞不能伏鵠卵，魯雞固能矣。」《釋文》引向秀注：「魯雞，大雞也，今蜀雞也。」

雓者，《釋文》：「音餘，字或作餘。」《方言》云：「雞雛，徐魯之閒謂之秋子。」《廣雅》云：「秋，雛也。」是雞雛名「秋」，蜀雞雛別名「雓」耳。

未成雞，健。今江東呼雞少者曰「健」，音「練〔一〕」。

健者，《方言》云：「凡人嘼乳而雙産，秦、晉之閒謂之健子。」郭注：「音輦。」然則「健」爲少小之稱，今登萊人呼小者爲「小健」。「健」音若「輦」，蓋古之遺言也。《秦策》云：「諸侯不可一，猶連雞之不能俱上於棲。」蓋連即健矣。

絶有力，奮。諸物有氣力多者，無不健自奮迅，故皆以名云。

郭云「諸物」者，包雞、雉、羊在内，故言「皆」，以總之。

雞屬《説卦傳》：「巽爲雞。」《九家易》云：「應八風也。風應節而變，變不失時，雞時至而鳴，與風相應也。二九十八，主風，精爲雞，故雞十八日剖而成雛。二九順陽曆，故雞知時而鳴也。」此篇釋雞大者及其子與異名。

馬八尺爲駥。《周禮》曰〔二〕：「馬八尺已上爲駥。」

〔一〕練下《爾雅》宋刊十行本有「也」字。

〔二〕曰，《爾雅》宋刊十行本作「云」。

「駥」當爲「戎」,《釋文》作「戎」,是矣。即上云「馬之絶有力者」也。郭引《周禮·廋人職》文,但彼作「龍」,諸書引亦作「龍」。《説文》「騋」字下云:「馬八尺爲龍。」《月令》:「駕蒼龍。」注:「馬八尺以上爲龍。」《淮南·時則》篇注引《周禮》及《後漢書》注引《爾雅》亦俱作「龍」。郭引作「駥」者,欲明此「駥」、彼「龍」二者相當,因而改「龍」爲「駥」,非《周禮》舊文也。徐松云:「八尺言長,馬身長者必善走,故相馬者以長爲貴。長則必高,言長足以該高,高不足以該長。」鄭注《輈人》言國馬高八尺許,叔重言馬高六尺爲驕,皆非雅訓。

牛七尺爲犉。《詩》曰:「九十其犉。」亦見《尸子》。

即「牛屬」之「黑脣,犉」也,然則「犉」兼二義。云「見《尸子》」者,邢疏引《尸子》説六畜云:「大牛爲犉,七尺。」

羊六尺爲羬。《尸子》曰:「大羊爲羬,六尺者〔一〕。」

〔一〕者,《爾雅》宋刊十行本無。

《西山經》云：「錢來之山有獸焉。其狀如羊而馬尾，名曰羬羊。」郭注：「今大月氏國有大羊，如驢而馬尾，《爾雅》云『羊六尺爲羬』，謂此羊也。」《釋文》：「羬，本亦作麙，五咸反。」按：《説文》：「麙，山羊而大者，細角。」是《爾雅》「羬」當作「麙」。

彘五尺爲豟。《尸子》曰：「大豕爲豟，五尺也〔一〕。」今漁陽呼豬大者爲「豟」。

即豕之絶有力者。《釋文》：「豟，於革反，大豕也。」《小爾雅》云：「豕之大者謂之豜豟。」《玉篇》作「⿰豕危〔二〕」，云：「章移切。豕高五尺。」《廣雅》説「豕屬」，云：「梁⿰豕聶。」《初學記》引《纂文》曰：「梁州以豕爲⿰豕聶。」按：「⿰豕聶」音之涉反，即章移切之聲轉，是⿰豕聶即豟矣。《廣韻》：「⿰豕聶，梁之良豕也。」

狗四尺爲獒。《公羊傳》曰：「靈公有害狗，謂之獒也。」《尚書》孔氏傳曰：「犬高四尺曰獒。」即此義。

〔一〕也，《爾雅》宋刊十行本無。

〔二〕⿰豕危，楊胡本同，當作「豟」，見《爾雅郝注刊誤》「彘五尺爲豟」下「念孫案」。

《尸子》曰：「五尺大犬爲猶。」《顔氏家訓·書證》篇引作「六尺犬爲猶」，《文選·養生論》注引作「五尺大犬爲豫」。竝與《爾雅》異也。《説文》：「獒，犬知人心可使者。」引《左傳》：「公嗾夫獒。」《公羊·宣六年傳》：「靈公有周狗，謂之獒。」何休注：「周狗，可以比周之狗，所指如意。」按：此注亦望文生訓。「周狗」，郭引作「害狗」，「害」與「周」形近，正如古文「周田觀」爲「割申勸」矣。見《禮記·緇衣》注。臧氏校宋單疏本亦作「害」，毛本、郎本作「善狗」，淺人改也。又引段氏説，《尚書》孔氏傳下一十五字非郭注，乃後人所益，今校宋單疏本，亦無之。

雞三尺爲鶤。陽溝巨鶤，古之名雞。

《説文》：「鶤，鶤雞也。讀若運。」《釋文》：「鶤，音昆，字或作鵾，同。」《楚辭·九辯》云：「鵾雞啁哳而悲鳴。」《淮南·覽冥》篇云：「軼鶤雞於姑餘。」是鶤雞即鵾雞。高誘注以鶤雞爲鳳皇别名，張揖《上林賦》注又以昆雞似鶴，黄白色，竝與《爾雅》異也。郭云「陽溝巨鶤」者，《莊子》逸篇云：「羊溝之雞，三歲爲株，相者視之，則非良雞也。然數以勝人者，以貍膏塗其頭。」注云：「羊溝，鬬雞處。株，魁帥也。雞畏貍也。」《御覽》引《南州異物志》：「狼育之雞，特稟異聲。」注云：「狼育，地名。」蓋此地雞特異，故以名傳，亦如羊溝之比。」

六畜古本篇末總題「六畜」。《左・桓六年》正義曰：「《爾雅・釋畜》於馬、牛、羊、豕、狗、雞之下題曰『六畜』。」《昭・廿五年》正義亦同。可知古本有此二字，宋本亦然，監本及毛本脱去之耳。六畜有「豕」，則「羊屬」之後應有「豕屬」，今乃廁於《釋獸》「兔子，嬎」之下，不知何時羼錯，遂移畜入獸也。《左傳》正義以爲豕有野豕，故記於《釋獸》，然馬屬亦有野馬，仍列於《釋畜》矣。

爾雅義疏識〔一〕

先大父蘭皋公《爾雅義疏》，儀徵阮文達刊入《皇清經解》，沔陽陸制府又單刻於金陵。聯蓀等僻處山陬，俱未之見。或謂兩刻本皆據高郵王念孫觀察所節本，未爲全書。迨河帥楊至堂先生得足本於錢唐嚴厚民杰明經嗣君鶴山許，始屬仁和胡君心耘珽鳩合同志，校刊於吴門。乃未幾，又爲粤賊所毁。先大父生平著述十餘種，心力尤萃於此書。先大母臨終，猶諄諄以亟覓原本爲誡。聯蓀等謹志之勿敢忘。歲乙丑二月，聯蓀有事濟南，晤陽湖汪叔明司馬，欣然以所藏楊氏足本相授，且任校讐之役。聯薇既刺涿州，謹節廉俸所入爲剞劂之資，閱月九而工始竣。原書訛誤尚多，又經德清鍾舍人麟、陽湖周司馬懋祺、鍾醝尹履祥及汪司馬互相讐勘，是皆有功於是書者，不可以不記。同治五年二月既望，孫男聯蓀薇謹識。

〔一〕 標題爲編者所加。

附録一

校刊爾雅義疏序

《漢・藝文志》載古人釋經之書，多曰「解故」，故即詁也。故《爾雅》，訓詁之學，爲治經者之津梁。晉郭景純表章此書，始有專注，而書體矜慎，閒有缺疑。又注所引者多在《毛詩》，淺學者或昧舉一反三之義。邢氏雖有疏，亦少所發明。嘉慶中，棲霞郝蘭皋先生爲作《爾雅義疏》疏通證明，有經可旁通者，以假借通之；有注所未徵引者，以羣籍佐之。儀徵阮文達公亟重此書，刊入學海堂《皇清經解》，津逮後學者，至矣。惟卷帙繁重，不能家有其書，因延陳君奂校勘專行，以便學者。至於是書之精博詳奥，治經者宜自得之，亦不復贅論也。道光三十年十月朔，沔陽陸建瀛序。

爾雅義疏跋〔一〕

郝蘭皋先生己未中進士，僻處京之東偏，杜門不與外政，雖僮僕不具，弗顧也。道光壬午歲，奂館汪户部孟慈喜筍家，先生挾所箸《爾雅疏》稿，徑來館中，以自道其治經之難。「漏下四鼓者四十年，常與老妻焚香對坐，參徵異同得失，論不合，輒反目不止。草木蟲魚多出親驗，訓詁必通聲音。余則疏於聲音，子盍爲我訂之？」奂時將南歸，不敢諾。丙戌，猶子兆熊殁于官，再入都而先生古矣。高郵王先生爲先生通訂全書，删削之甚，至數十字、數十句，不更增易其字句。越今，廿有餘載矣。戊申，在杭州汪守備鐵樵士驤家，重見王先生所手定之本。歲暮，歸吴門，適應陸立夫制軍召委任校讎之役。遂與公子東漁影寫原稿，細意對治，全書大旨悉依王先生定本。制軍好尚治經，道揚先喆，嘉惠來賢，迺亟亟首以先生《爾雅疏》重脩專刊，爲家塾課讀。斯足慰先生四十餘年之攻苦，奂亦得藉手以報先生昔日諄訂之情。歡欣舞蹈，遂奮筆而志其顛末也。己酉冬月，

〔一〕 標題爲編者所加。

長洲陳奂碩甫氏後跋。

重刻爾雅義疏足本書後[一]

《爾雅義疏》二十卷，郝户部蘭皋先生著。先生考據甚精，撰述十餘種，獨《山海經箋疏》早鏤版行世。是書阮文達刻本未足。胡氏珽始得嚴鶴山所鈔足本，校刻於吴門，旋遭兵燹。郝刺史近垣慮其王父原本之或失也，又校刊於涿郡，書未廣傳，海内罕觀。

歲癸未，茂赴禮闈，乃偶覓得，較阮本甚爲完善。如禕通作衛，止亦此之訓，嫠婦二字合聲爲罶，寡婦二字合聲爲笱，以及「衛、蹶，嘉也」，「晙，明也」，「月在甲曰畢」全節疏解，皆要義微言，重賴發明。阮刻《經解》徑多删節，乃益見原本之足珍也。

甲申冬，醉經社友醵金刻入《蜀南閣叢書》，經年而工甫竣，茂預讐校。原書舊附萊陽周氏悦讓校字，如「者涉」改作「音涉」，「古點」改作「古點」，凡十餘條，今竝據以訂正。此

[一] 上海圖書館藏光緒甲申冬榮縣蜀南閣刊本。

外尚多譌誤，「愿」脱作「原」；「勢」誤從「執」；「憭」旁箸「火」；「栗」上安「西」；「鉤軥」衍爲「鉤轉」；「説文」致淆「説云」；萬物「堅實」，「實」下衍「壬」；毛傳「韐韎」，「韎」上衍「韐」；《吕覽・報更》謬寫「報更」；《淮南・氾論》竟成「氾論」。類此轉寫之誤，宜訂也。《釋文》「木今作來」，當改爲「本今」；「舍人作本椁」，宜乙轉爲「本作」；遏者，古文遬，而「遏」作「遐」；昊乃从日、夰，而「从」誤「以」；辨从刀而作力；屵从屮而作山；《尚書》「輯五瑞」，乃引爲《詩》；「鮮，善」，《北山》傳乃引爲箋；毛傳紼訓繂，乃以爲經作「繂」。類此援引之誤，宜訂也。

凡聲同通轉之字，疏先引《説文》以明正叚，亦有未及引者。壬爲飪之借，簡爲橌之借，氣爲訖之借。孰誰之孰爲敦之借，「敦，一曰誰何也」，敦、孰皆从𦎫聲，叚借既久，尟知敦爲本字矣。笑乃芺之隸變，娭从女芺，訓女子善笑皃，可證古借芺草爲笑喜，娭因借芺，爲會意也。關關正字當作囂囂，嘑也，从莧聲，讀若讙。讙、患竝从吅得聲，古文患作𢙐，从關省聲，是關、囂得通之證。莧讀若和，囂囂重言，故訓和聲。《廣韵》「關」「唁」同紐，後作字也。又「斁，盡也」，「涸，竭也」，斁、涸雙聲通轉，竭、渴同聲叚借。渴本訓盡，斁借爲涸，亦訓盡也。洋多之洋，本羊聲，羊喜羣，故羣字从羊，是羊有多義。戬福之戬，本晉聲，晉與生皆進也。《釋言》「穀」「禄」又訓生，是晉得兼福義。翼敬之翼，正作禩。禩爲祀之或體，得訓敬，如諲爲禋之别體，訓祀亦訓敬也。釗見之釗，正作昭，昭、釗俱从刀得聲。鰥病之鰥，正作痯，字别作瘝。蠱疑之蠱，正作兆，兆讀同瞽。鴻代之鴻，正作庸。庸从庚。庚，更事也。更本訓代，「鴻，代」即《方言》「庸，代也」。於訓代者，於乃烏之古文。烏爲孝烏，反哺代養。《記》云「適子冠於阼，以箸代也」，則烏之爲代，其義同。「倫，勞也」，倫乃侖之聲借。侖本訓思，又「倫，欲知之皃」，竝與勞義近。「訓，道也」，道乃談之聲轉。談或作譚，如裧讀若三年導服之導，導服又通作禫服，是其例。「在，終也」猶「哉，始也」，哉與在皆才之增形借字，義以相反而成也。「若，順也」，「干，求也」，干與若即迁、婼之省形存聲。迁，進，與求義得通也。矜本矝之俗省，「矜，苦」實「蘦，大苦」之引申借義，又與憐聲轉義通也。「番番，勇也」，番本獸足絶有力，故引申有勇義。「濟濟，止也」，古文以止爲足，故引申有充足義，即有衆多義。「盪盪，辟也」，借盪爲愓。「洋洋，思也」，借洋爲恙。「畇畇，田也」，借田爲畋。砅或作濿，省借作厲，本義履石渡水，因爲渡涉之通稱。義重渡水，故字不入石部。洒、峻、浚皆雙聲。浚，深也。洒，借字。山高曰峻，水深曰浚，義得相通。彫蓬當讀凋蓬。凋，半傷也。蓬根秋凋，因以得名。犤牛當作罷牛。罷、卑聲轉。許書無犤字，「竨」云「短人立」，「猈」云「短脛犬」，則犤爲庳小牛。牛旁乃俗加。是皆宜據《説文》訂正其失也。

又有義寓乎聲，於形求之則滯者。權輿即許書之灌渝，合聲爲古，《廣雅》：「古，始也。」古與今對文，故《詩》「不承權輿」即對上「今也」句爲咏。扶摇之合聲爲猋。扶古讀若匍，故《詩》「匍匐」，《記》作「扶服」。挈貳之合聲爲蜺。挈有齧音，故《釋文》云「五結反」。「楊枹薊」，《本草》陶注謂即赤朮，是楊當讀爲陽。《淮南·天文》篇「赤奮若」，注「赤，陽色」，即其證。至於徽爲⿰韋攵之叚音。⿰韋攵訓戾，戾訓至，至、止義同。懷爲回之聲轉，《釋名》云「回，懷也」，回轉不前是爲止。此徽、懷所以訓止也。猷、載、行皆詞助之言。猷與由、繇通，竝見《書》，與「繇，於也」義同。載與哉通，竝見《詩》。行即古長歌行《飲馬長城窟行》之類。孔、魄、延、虚、無皆釋《詩》間代之詞。魄通作薄。延通作誕。虚、虖聲近形誤，通作乎。無亦通作勿。「勿念，勿忘也」，勿，發聲。蓋以勿忘釋《詩》「無念爾祖」之念，而連引勿字。如「每有，雖也」，雖从唯聲，與每近。本以雖釋《詩》「每有良朋」之每，而連引有字。疏謂「勿，古讀如模」，遂以勿念爲摹想。「馬八尺爲戎」，通借作龍。如《詩》「何彼穠矣」，傳「穠，猶茙茙也」，而《韓詩》穠作戎。疏乃以戎爲龍之誤。「牛七尺爲犉」，郭注引《詩》「九十其犉」甚確。疏謂「即牛屬之黑脣犉」，豈《詩》咏九十皆黑脣牛乎？諸説迂曲，未敢依違。

近人俞太史樾著《羣經平議》，特駁郝疏牛藻、馬藻强爲區别及薇名垂水數條。説倫非時祭，引《易・升》九二「禴於天子」注爲證。謂緝熙之緝借爲湒；寫憂之寫借爲鴻；儴因當作曩因；坎律即是科律；「陰白雜毛」，陰、黲聲借；「未成豪，狗」，豪、獒古通。壺丘即胡丘，取王氏引之説。髡困即梡梱，取陳氏壽祺説。引據精確，不襲舊解，多足補郝疏之闕。羣書具在，無庸臚引。管窺所及且坿楮末，世之欲通雅訓者，儻有取於是乎。光緒乙酉年陽月望日，蜀南黃茂識於旭陽文在堂。

附録二

越縵堂讀書記〔一〕

郝懿行爾雅義疏十九卷道光庚戌木犀香館刊本

此本爲陳碩甫氏所校，而陸大夫制府刻之於江寧，即從阮文達《學海堂經解》本翻刻，雖校勘精細，多刊俗字，遠勝原書。而阮本多所删節，託名於王懷祖，或謂即嚴鷗盟所爲。咸豐丙辰嘉興高秀才均儒從鷗盟之子得郝氏足本，較此幾多四之一，楊河帥以增爲刻於淮上，然印行絶少。陸制府死粤寇之亂，聞是書之板亦燬，世間已不可多得矣。悉伯記。

〔一〕［清］李慈銘著，張桂麗輯校《越縵堂讀書記全編》，上海：上海古籍出版社，二〇二一年，第二二一六—二二一七頁。

郋園讀書志〔一〕

爾雅義疏二十卷道光庚戌沔陽陸氏刻本

郝懿行《爾雅義疏》凡五次刻版：其一道光六年阮文達刻《皇清經解》本；其一道光三十年兩江總督陸建瀛刻本，序稱「《經解》繁重，不能家有其書，因屬長洲陳君奂重爲校刊」云云；其一咸豐六年河督楊以增以阮、陸二本均爲王引之删本，覓得原稿重刊，未竣，仁和胡珽補刊成之；其一同治四年家刻進呈足本；其一光緒十三年湖北官書局本。此三本同出一源，前皆有宋翔鳳序。五本之中楊、胡刻本希見，次則陸刻，此即陸本也。刻成版庋金陵節署，粤寇之亂，江南城陷，陸出走，旋吞金死，版遂燬于兵火。同時刻有陳奂《詩毛傳疏》及金鶚《禮説》諸書，幸未罹劫，故二書至今傳本尚多。若此疏則不時遇也。己未夏六月伏中郋園記。

〔一〕葉德輝撰，楊洪升點校，杜澤遜審定《郋園讀書志》，上海：上海古籍出版社，二〇一九年，第七七—七八頁。收入時有改動。

卷盦書跋[一]

爾雅郭注義疏

此本爲未經王石渠删節以前之稿，已得上虞羅氏論定。第印本甚爲罕見。此係初印。書根題字，爲何道州手筆，可珍也。壬申仲冬，景葵記。

蛾術軒篋存善本書録[二]

爾雅義疏十九卷 六册

清棲霞郝懿行撰。清道光庚戌汧陽陸建瀛木犀香館刻。元和陳倬手校本並跋。

[一] 葉景葵撰《卷盦書跋（附三種）》，上海：上海古籍出版社，二〇一九年，第一三頁。

[二] 王欣夫《蛾術軒篋存善本書録》，上海：上海古籍出版社，二〇二一年，第四五—四六、八〇四—八一〇頁。收入時有改動。

蘭皋此書，初刻入阮氏《學海堂經解》，此爲第二刻，世所謂簡本也。咸豐乙卯，高伯平得錢塘嚴鶴山鈔本，慫恿聊城楊至堂重刻，而胡心耘續成之，爲第三刻。同治丙寅，蘭皋孫聯薇據以覆刻入《郝氏遺書》，爲第四刻。光緒間，崇文書局又刻之，爲第五刻。世所謂足本也。其删節出于誰手，心耘以學海堂之刻，嚴厚民主之，故或又謂出于厚民。其實厚民雖樸學，力尚不足任此。陳碩甫親接高郵王氏父子，謂出于石臞，斯信而有徵矣。然仍不知其删節之指。兹據培之《跋》，知厥有二端：一爲論轉音太支離，及文理冗碎處。一爲與王氏説經背戾處。培之爲碩甫弟子，其説必得之師門，則信而有徵矣。乃宋于庭序楊刻足本，推崇備至，以删去爲非是。黄君季剛曾舉「禕」通作「衛」、「止」亦「此」之訓，「嫠婦」合聲爲「罶」、「寡婦」合聲爲「笱」，以及「衛，蹶，嘉也」，「晙，明也」，「月在甲曰畢」一節駁之，謂高郵之徑爲删汰，未嘗非成人之美。碩甫爲陸氏校刻此書，非不知有足本，以石臞勘定謹嚴，足爲郝氏增重也。心耘惟不信其出于石臞，亦未究其删節之指，欣得足本而重刊之，藉存郝氏真相，得與此本相參證。然則陸、陽二刻各有其長，惟二刻版均旋毁，傳世甚罕。楊刻尤難得。培之此本，於節文中摘録其要於書眉，可謂合二刻之長矣。培之以經學名，與雷深之浚、丁泳之士涵有「吴下三之」之目。著述僅刊《斁經筆記》一卷。

有「臣印陳倬」白文方印，「培之」朱文方印。

是書爲沔陽陸立夫制軍所刊，同刻者有江氏永《古韵標準》、金氏鶚《求古録》，皆先師陳碩甫徵君所勘校，雕板於蘇州。此及《求古録》刷印較多，江書印最少。後制軍携板往江寧，越三年咸豐癸丑，粵逆陷江寧，制軍死於位，板亦無可問矣。乙卯，胡心耘得錢唐嚴鶴山所鈔郝《疏》足本，重刻於蘇州。預讎校者爲江彤甫、徐稼甫、葉調生、陳容齋，心耘自有跋語，記雕板始末。宋于庭司馬作序。庚申，蘇州亦陷於賊，板旋亡。同治丙寅，郝先生之孫聯薇刺涿州，重刻於歷城，即胡刻本。許鶴巢孝廉得是書，乃假歸，將舊藏陸刻本對校之，乃知删節者厥有二端：一爲論轉音太支離及文理冗碎處。一爲與王氏説經背戾處。此的係高郵王氏所删。心耘謂嚴厚民明經删節者，非也。先師嘗云：王懷祖先生勘定此書，時閲數稘。原書所引經典，逐句逐字檢取原文審正。如「禕」下引《釋文》，郝氏據譌本，此本改正，其一證也。今將足本之删去者，摘録於上方，比而觀之，益服膺於王氏説經之謹嚴爲不可及，而亦不盡録也。蘭皋先生爲嘉慶己未進士，官户部。學等身而官不顯。余亦以咸豐己未通籍，相距周甲，浮沈農曹，官之不顯如之。而學殖荒落，五十無聞，書此不禁重有感云。同治十年辛未春二月，陳倬識於京師寓舍之蛛隱盦。

爾雅義疏十九卷 八册

清棲霞郝懿行撰。道光庚戌沔陽陸建瀛木犀香館刊。金匱張步瀛手校並跋。

陳碩甫爲陸氏刊此書，全依王石臞定本，見於《後跋》。陳培之述其師言，謂「石臞勘定此書，時閱數祺。原書所引經典，逐字逐句，檢取原文審正」。則是刻經兩賢手校，宜無舛誤。乃廉舟又校出顯誤者十百科，甚矣校書之難也。如卷二《釋言》「粲，餐也」，郝《疏》云：「《説文》云：『餐，吞也。飧，餔也。』是二字義别，郭本作餐，《釋文》作飧，故云飧，本又作餐。《字林》作飧，云吞食。然吞是餐之訓，而以詁飧則非。《詩·緇衣》釋文，亦云餐，飧也。此皆非矣。」校云：「《爾雅》釋文飧，引《字林》云，水澆飯也。又引《字林》作殄，云吞食。是殄爲餐之異文，非即餐字。郝氏蓋誤合。」卷十四《釋木》「劉，劉杙」，郝《疏》云：「《南方草木狀》云：『劉樹，子大如李實。三月花，色仍連著實。』」校云：「『色仍』二字，當爲『已乃』之譌。下『祝，州木』據《齊民要術》引《南方記》曰『州樹野生，三月花已，乃連著實』，句例正同，可證此三月當爲五月，亦涉彼文而誤。」卷十七《釋鳥》「與，鵯鶋」，郝《疏》云：「《釋文》：與，樊、孫本作鷽。《玉篇》云，鷽鵯鶋。又云，鶋，鶋鳩也。鳩鶋，烏喙蛇尾也。」校云：「鶋非鳩類，鳩並當作鳺。所引《玉篇》，各有譌奪，宜訂正。今本《玉篇》『鶋，大乎反。鶋，鳺也。鳺，乎官切。鳺鶋，鳥喙蛇尾也』。據鳺字注，則前鶋字注，鶋鳩必鳺鶋之譌。蓋倒其文而又譌其字耳。邵《正義》引《玉篇》『鶋，鳺也』，鳺字尚不誤。但鶋字不重，要爲肊改。《廣韵·二十六桓》鳺字注云『鳺鶋鳥，烏喙蛇尾也』。《集韵》《類篇》皆云『鳩鵚鳥名，烏喙蛇尾』，則《玉篇》鳩字注：鳩鵚鳥，下顯奪一烏字。當據以訂補。此鳥合鳩鵚二字爲名，邵二雲删一鵚字，則似《玉篇》以鳩釋鵚，而此鳥單呼爲鳩矣，失之。但《廣韵》《集韵》《類篇》三書鵚省作鵨，又當以《爾雅》及《玉篇》正之。鵨爲鵌之異文，乃鳥鼠同穴之鳥名，所謂鵸鵌者。《爾雅》釋文鵚音徒，鵌音途。大德本《附音》，鵚、鵌並音徒，非是。《玉篇》鵌，大吾切。又弋居切，二字顯别。翟氏灝乃竟以鵚爲鵌，牽連同穴之誼，皮傅此經與字，幾於陸佃《新義》之續矣。《石經》作輿，又謂之何？」卷十九《釋畜》「騋牝，驪牝，玄駒，褭驂」，郝《疏》云：「《釋文》驪牡，又云孫注改上騋牝爲牡，讀與郭異。按：《夏官・廋人》注，引《爾雅》作『騋牡，驪牡，玄駒，褭驂』。今本牡作牝，亦《釋文》作牡可證。然則孫注作騋牡與鄭同也。又鄭讀騋爲句，牡驪爲句，牝玄爲句。其《檀弓》注，亦引《爾雅》曰『騋，牝驪、牡玄』，孫讀當亦同之。此則『駒，褭驂』即謂騋驪之駒，别名褭驂耳。郭讀玄駒，與鄭異。」校云：「又字衍。案所引《夏官・廋人》注數語，譌奪不可讀。當云引《爾雅》作『騋牡驪牡玄駒褭驂』，今本牡牝字互易，亦《釋文》作驪牝可證。其下引《檀弓》注云云，亦當云亦引《爾雅》曰『騋牡驪牝玄』，今本亦牡牝字互易者，皆後人據今《爾雅》改之也。其賈、孔疏中，牝牡皆如今《爾雅》，本不可據矣。幸有陸氏《周禮》釋文可證彼，《釋文》云：牡驪，茂后反；下，力知反（絶句）。此驪已上字之爲牡，昀然者也。又云：牝玄，頻忍反(絶句)。此驪已下字之爲牝,亦旳然者也。故郝氏取以證此經之爲驪牝矣。蓋騋牝、驪牡者,《唐石經》也。騋牝、驪牝者,郭本也。騋牡、驪牝者,鄭本也。騋牝驪牝句者,郭讀也。騋牡驪牝玄句者,鄭、孫讀也。」其校訂精細,剖析詳明,均類此。蓋可輯録成書,與石臞《爾雅郝注刊誤》並傳也。

乙卯九月二十日鐙下讀畢,因校汲古閣初印本《爾雅疏》而兼讀之。硜硜經生張步瀛記。卷一末。

丙辰二月廿一日讀畢,步瀛記。卷二末。

六月初九日校畢。時亢旱特甚,窗外有蕉兩本,有竹數竿,偶聞微雨三數點,即洒然以涼,惜又杲杲日出矣,硜硜經生記。卷六末。

柔兆執徐且月晦,讀竟。卷八末。

八月二十九日讀竟,瀛記。卷九末。

九月初五日校卷十畢。《釋名》髦丘之誼,與《檀弓》馬鬣封正合,而以爲望文生訓何也。瀛記。卷十末。

柔兆執徐玄月九日前一昔讀竟。硜硜經生記。卷十一末。

九月十四日校十二卷畢。硜硜經生記。卷十二末。

丙辰十月十一日讀畢。步瀛記。卷十三末。

丁巳正月廿七日讀竟。步瀛記。卷十四末。

丁巳二月二十八日校畢。張步瀛記。卷十五末。

丁巳四月十七日讀畢，步瀛記。幽蘭數莖，薔薇一架，微風自來，香與墨并，亦人生適意時也。山中此味，幸貴客不知，尚未攫去。卷十六末。

中秋下旬五日讀竟，時蝗又來吾鄉，于此月十七日到，幸穀已堅好，不甚爲災。然歲已减十之二三矣。去年則八月五日已到也。瀛坍記。卷十七末。

八月晦，校畢「威夷」「時棄」兩節，誼缺。凡缺者，仁和胡氏珽所刊足本並有之，皆所未安，删之是也。廉舟。卷十八末。

丁巳九月重陽前一日校畢。金匱張步瀛識。

以校仁和胡氏珽所刊足本，凡多於此本者，皆爲皮傅景響之説，殊有未安，删之當矣。其出于石臞先生無疑也。

但此本未毁，則耑據此本，胡本爲蛇足；此本已毁，胡本亦郝氏之功臣，固自不可少耳。瀛又識。以上卷十九末。

爾雅郭注義疏十九卷八册

清棲霞郝懿行撰。咸豐六年聊城楊以增、仁和胡珽刊。吴縣沈寶謙手校並跋。元和丁士涵跋。

蘭皋此疏，在邵二雲《正義》之後，論者多左郝而右邵。蘭皋嘗與孫淵如書云：「《爾雅正義》一書足稱該博，猶未及乎研精。至其下卷尤多影響，蓋以故訓之倫，無難鉤稽搜討，至迺蟲魚之注，非夫耳聞目驗，未容置喙其間。少愛山澤，流觀魚鳥，旁涉藂條，靡不覃研鑽極，積歲經年。故嘗自謂《爾雅》下卷之疏，幾欲追蹤元恪。陸農師之《埤雅》、羅端良之《翼雅》，蓋不足言。」則其自言得意者，在下卷。沔陽陸氏初刻，經石臞刪節，當以陳碩甫之言爲信。蓋碩甫與石臞、蘭皋皆爲至交，親見其底本，自不容有誤。乃胡心耘見《學海堂經解》所刻，亦刪節本，在陸刻前，又足本出於嚴厚民子鶴山家，遂創爲石臞、厚民兩岐之説。宋于廷不察，亦附和之。竊謂《經解》之刻，雖厚民主之，所據亦即石臞刪節本，非有異也。蓋厚民雖績學，尚不足以任此。而石臞所著《郝注刊誤》，今羅振玉已刊入《殷禮在斯堂叢書》，可以息紛紛之喙矣。惟陸氏刪節本刊於道光三十年庚戌，至咸豐三年癸丑，板即毀。楊、胡足本刊於咸豐六年丙辰，至十年庚申，板亦毀。二板之存，均不過三、四年，刷印又不多，故傳本皆希若星鳳。此爲吾吴沈濟之校藏本，其跋尾於刻書者及板片轉徙，所述最詳。濟之名寶謙，字六皆，自號平岐子。國子監生。曾得其《海粟齋印存》一册，有碩甫序。又得其所鐫石章三方，極佳。其姓氏應載《印人傳》，而世無知者。

又有丁泳之《跋》，泳之别署一默道人，亦僅見是《跋》，且知與濟之爲姻婭云。

有「東吴沈氏」白文方印，「平皷子印」朱文長印。

郝蘭皋户部《爾雅義疏》，余家舊有二種。一種爲陸立夫制軍所刻，一種爲余友胡心耘所刻。傳聞陸刻爲高郵王氏删存本，胡刻爲郝氏原本。内弟丁泳之云，郝氏《爾雅》嘗一見之，其書甚煩重，則心耘所刻原本，尚非全文也。陸刻始出時，每部索價足紋銀六兩。板存金陵，所印無多，而金陵已失守，板燬於火，書本流傳亦寥寥矣。胡刻初成，刷印亦不多，其版存湯漱芳齋刻字店。店在蘇城古市巷，未幾聞板歸泰州某家。蓋河帥之刻未竟，心耘成全之，而又以其板轉售於人也。陸刻本亦湯晉苑所刻，晉苑者，湯漱芳齋刻字店主人也。余家陸刻，向嘗得之晉苑，胡刻得之心耘。晉苑爲人厚重端方。心耘精内典，一言一行，醇謹老成，近世所不多覯。每贈余書如《大藏一覽》《唯識論》《法華》《華嚴》等經，裝訂皆美好，得未曾有。庚申之變，蘇城失，余家書籍亦與俱失，無一存者。聞晉苑陷於城，出城寓毘陵之蕩口。家故皖中，欲歸故鄉，未知今已得歸去否。心耘之在蘇也，家素封，多藏書，避難後流離失所。壬戌之春，余過蕩口，遇華林一，林一云心耘之避難，嘗寓於其家。欲爲治生計，後歸上洋，與書賈意不合，旋病死。適林一以此本見示，索值青蚨一千五百箇，即如數售之歸。嗚呼，粤人一炬，余家陳編數萬卷俱燬於火矣。鄉居寂寞，餬口維艱，乃猶作此書癡之舉，必欲羅而致之。心耘有知，當亦笑余之不知量矣。時同治元年壬戌春二月既望，東吴平皷子信筆直書爲之序。

憶余始游陳門時，親見石父夫子爲陸公删校郝疏，足本未嘗不見也。高君所得或即此。好事者將售利，或從而異。余治《筦子》，介心耘借某家宋本。心耘曰：「不刻而印六十部酬某弗應也。將謂余書賈耶？」蓋心耘素以書與某相交易者。（下有「一默道人」「泳之」兩朱文方印。）

續修四庫全書總目提要〔一〕

爾雅義疏二十卷同治四年郝聯薇校刻足本 楊鍾羲

清郝懿行撰。嘗曰：「邵氏《正義》蒐輯較廣，然聲音、訓詁之原尚多壅閡，故鮮發明。今余作《義疏》，於字佚聲轉處，詞繁不殺，殆欲明其所以然。然言之既多，有所得必有所失矣。」又曰：「余田居多載，遇草木蟲魚有弗知者，必詢其名，詳察其形，考之古書，以徵其然否。今兹《疏》中，其異於舊説者，皆經目驗，非憑胸臆。此余之書所以别於邵

〔一〕 中國科學院圖書館整理《續修四庫全書總目提要·經部》，北京：中華書局，一九九三年，第一〇一三—一〇一五頁。收入時有改動。

氏也。」

胡氏培翬謂：「於故訓同異，名物疑似，必詳加辨斷，故所造較邵氏爲深。」宋氏翔鳳謂：「學者治經，必先明古字古言。先生《義疏》最後成書，其時南北學者，知求於古字古言，於是通貫融會諧聲、轉注、假借，引端竟委，觸類旁通，豁然盡見。且薈萃古今一字之異、一義之偏，罔不搜羅，分别是非，必及根原。」

阮文達刊入《皇清經解》，後沔陽陸氏單行其書，皆據節本，未爲全書。或云删去之文出高郵王石渠之手，或謂錢唐嚴厚民所節。咸豐乙卯，嘉興高伯平得厚民子鶴山所鈔足本，校阮、陸二本，多四之一。楊至堂屬仁和胡珽刊於吴門，未幾爲粤賊所毁。同治乙丑，其孫聯薇重刻焉。

郝勝於邵，久有定論，其間小有罅漏。如《釋詁》「祔、祪，祖也」，謂：「此文當『祪』『祖』連讀。祔必於祪祖者，祖親盡則廟毁，祔祭於此，以新死之主將入此廟，故祭而屬之也。」案：《説文》：「祖，始廟也。」段注始兼兩義，新廟爲始，遠廟亦爲始，故「祔」「祪」皆曰「祖」。當以「祖也」二字連句。《釋器》「衣眥謂之襟」，謂：「眥者，目匡也。衣有眥者，《淮南·齊俗》篇：『隅眥之削。』蓋削殺衣領以爲邪形，下屬於襟，若目眥然也。」案：洪頤煊云：「《説文》『前』作『歬』，與『眥』字形相似，故誤。《釋名》：『襟，禁也，所以禁御風寒也。』《公羊·哀十四年傳》『反袂拭面，涕沾袍』，何注：『袍，衣前襟也。』」「前」誤爲「背」，猶「前」誤爲「首」。「衣背」之義，經典無徵。《釋獸》「猩猩，小而好啼」，《義疏》欲改「好」作「如」，改「小而」作「小兒」，且欲倒轉讀，「郭注『如小兒啼』可證」。案：此與上文「鼳，鼠身長須而賊；魋，竊毛而黄；威夷，長脊而尼；蜼，卬鼻而長尾」相準，無庸改易。「絶有力，駥」，謂：《周禮》作「龍」，郭引作「駥」者，欲明此「駥」、彼「龍」二者相當。案：《説文》無「駥」字，「戎」正字，「駥」俗字。戎事齊力，馬而高大有力，能從戎事則名「戎」。《周禮·輈人職》注：「國馬，謂種馬、戎馬、齊馬、道馬，高八尺。」田馬七尺，駑馬六尺，馬八尺以上爲龍，戎馬八尺亦得稱龍。《周禮》作「龍」，郭引之作「駥」，謂「駥」得通稱「龍」，非謂「龍」字可通作「駥」也。郝氏自言「有所得必有所失矣」，是在讀者深思而知其意矣。

删定郝氏爾雅義疏二十卷學海堂本　馮汝玠

清郝懿行撰，清王念孫删定。是本相傳爲王氏删定而後付刊。其後郝氏之孫聯蓀、聯薇於同治間，從陽湖汪叔明所得楊至堂所藏嚴鶴山之本，重行付刊。當時以嚴氏藏本每條之下，疏語較多於阮刻，遂認爲足本，而以阮氏刻删定之本，非郝氏原書之舊。近上虞羅氏刊有王氏《爾雅郝註刊誤》，每條之下，均有「念孫案」語，説明刊正理由。取與是編對勘，凡經王氏刊正者，悉爲是編所無，乃知是編信出王氏删定，乃其刊正之定本，非删節不足之本。而其孫所刻，向稱爲足本者，實其未定之初本。更取王氏所删各條，與向所謂足本者對勘，凡足本中意義未安，聲音訛舛，空言無據，引書錯誤者，悉經删削，其精覈遠在足本之上，考郝氏《爾雅義疏》者，要當以是編爲定。

又以王氏《刊誤》與是編對勘，其《刊誤》中，如「《釋詁》第一」條下「《爾雅》之作」至「故諸篇俱曰『釋』焉」；「賚、貢、錫、畀、予、貺，賜也」條下，「今《洛誥》作『予以秬鬯』」至「予、賜其義同也」；《釋天》「祭星曰布」條下，「《淮南・氾論》篇『羿除天下之害，而死爲宗布』」至「蓋猶説騎箕尾爲列星矣」；《釋丘》「天下有名丘五，其三在河南，其二爲河北」條下，「翟氏灝《爾雅補郭》云『今以意求之，惟西域有崑崙丘』」至「姑存之」各節文字。及其他諸條，見於《刊誤》者，均經是編删削。而是編所删郝刻，「初、哉、首、基」條下，「落木殞墜之義，故云殂落」至「名若相反，而義實相通矣」一節；「賚、貢、錫、畀、予、貺，賜也」條下，「陸德明」等字，則均爲《刊誤》所無。又知羅氏所刻《刊誤》尚非全稿，而考王氏删定郝疏者，亦當以是編所删各節爲備也。

爾雅郝注刊誤一卷殷禮在斯堂叢書本　馮汝玠

清郝懿行原撰，清王念孫撰。念孫字懷祖，江蘇高郵人，所著《廣雅疏證》《博雅音》均已著録。是編前有共和八年己未羅振玉序。據羅序所述，乃從貴陽陳松山許得《義疏》寫本，其上有刊正墨籤，出王氏手，因另録付刊，而題以今名焉。卷中所録《刊誤》，凡一百一十三條。每條前列《雅》文，次列郝疏，次列王氏案語。

以王氏所籤各條，與郝疏原文對勘，核其所刊郝誤。如「《釋詁》第一」，郝疏「《爾雅》之作，主於辨別文字，解釋形聲，故諸篇俱曰『釋』焉」，《刊誤》謂：「《爾雅》之作，主於釋義，非以辨別文字，解釋形聲。」《釋地》「東至於泰遠，西至於邠國，南至於濮鉛，北至於祝栗，謂之四極」，郝疏「祝栗者，《史記·周紀》『封黃帝之後於祝』，《樂記》『封帝堯之後於祝』，蓋祝、薊俱近燕，皆北極地名，疑祝即祝栗也」，《刊誤》謂：「『祝即祝栗』，於古無徵。又闌入『薊』字，更風馬牛不相及。」《釋山》「蜀者獨」，郝疏「『蜀』有『獨』義。蜀形類蠶。棲霞縣北三十里有蠶山，孤山獨秀，旁絶倚連，舊名爲『蠶』，合於《爾雅》」，《刊誤》謂：「『蜀』有『獨』義，而『蠶』無『獨』義。因蜀形類蠶而即謂蠶山以獨得名，可乎？」語皆精確。其他各條，亦率類此。不惟據以可證郝疏是本爲初本，學海堂本爲王氏删正定本，並於王氏删定之本，據此可一一考其刊正之理由。洵爲考《爾雅》郝疏者，不可不讀之作。

惟與王氏删定本互校，其《釋詁》「初、哉、首、基」條下，所删「落木殞墜」之義，至「名若相反，而義實相通」一節，不見於是編。是編所録蓋尚非其全稿。欲詳考其刊止各條，仍須與阮氏學海堂所刊王氏删定郝氏《義疏》，合而觀之也。

爾雅郝注刊誤一卷上虞羅氏藏手稿移録本　羅繼祖

清王念孫撰。念孫字懷祖，江蘇高郵人，學者稱之爲石渠先生。數歲時，即能讀《尚書》，有神童之譽。從休寧戴震受業，能以經學世其父文肅公安國之業。是編原寫本，舊藏貴陽陳松山黄門家，首尾朱墨爛然，凡句乙處用朱筆。又凡一語有未安，一字有譌脱，亦以朱筆訂正。以書迹觀之，皆出石渠手。間有一二爲文簡書，其尤未安處，則石渠加墨籤。每條皆有「念孫案」字，凡百十有三則。其所刊定莫不精切，如嚴師之於弟子，于此可見古人友朋論學之忠實不欺。石渠長于蘭皋十餘歲，且若此。若今人縱齒相若，亦未必如是真切，不唯阿也。

郝氏之書，通行者爲阮氏學海堂刊本及郝氏家刊之所謂足本。二本相校其差，則郝氏家刊之足本，皆阮氏刊本之所删。阮氏刊本之所删，又皆根據此本而然。案蘭皋之卒，在道光五年。阮氏《經解》之刊，始于道光六年，竣于道光九年。石渠之卒，在道光十二年。阮氏刻書時，郝氏初亡，而石渠健在，故當時以定本付刊。其後人乃誤以未定本爲足本，而復刊之。首載王氏之序，非石渠勉徇郝氏後人意，即他人僞託耳。今得此書，于以知道豐諸儒，其學與識，均已漸失先輩質實之風矣。

附録三

《爾雅義疏》節、足本研究

楊一波

筆者在整理清郝懿行《爾雅義疏》（下文簡稱「郝疏」）的過程中，對校比勘其各個版本，試圖梳理清楚其版本相關問題，較爲客觀地歸納郝疏的基本情況與優缺點，並較爲全面地統計並分析節本删改内容所反映的郝疏之誤。

王欣夫《蛾術軒篋存善本書録》記述了郝疏版本刊刻的過程：「蘭皋此書，初刻入阮氏《學海堂經解》，此爲第一刻（筆者按：即陸刻本），世所謂簡本也。咸豐乙卯，高伯平得錢塘嚴鶴山鈔本，慫恿聊城楊至堂重刻，而胡心耘續成之，爲第三刻。同治丙寅，蘭皋孫聯薇據以覆刻入《郝氏遺書》，爲第四刻。光緒間，崇文書局又刻之，爲第五刻。世所謂足本也。」〔一〕

〔一〕 王欣夫《蛾術軒篋存善本書録》，上海：上海古籍出版社，二〇〇二年，第四五頁。

郝疏版本分爲節本與足本。

郝疏節本分爲《學海堂經解》刻本與沔陽陸建瀛單刻本，簡稱《經解》本與陸刻本。道光四年（一八二四）十二月，學海堂建成，五年（一八二五）八月，《學海堂經解》開始刊刻，至九年（一八二九）九月，刊刻完成。此爲郝疏《經解》本道光九年刻本。咸豐七年（一八五七）九月，英法聯軍炮轟廣州，戰火波及學海堂，《經解》刻板受損嚴重。咸豐十年（一八六〇）閏三月，兩廣總督勞崇光倡議士紳捐資補刻《經解》，同治元年（一八六二）補刻完畢。此本書根有「庚申補刊」的字樣。此爲郝疏《經解》本道光九年刻、咸豐十年補刻本。清胡珽《爾雅義疏跋》云：「郝蘭皋先生《爾雅義疏》，儀徵阮文達刊入《皇清經解》，沔陽陸制府慮學者之未能家有是書也，復單刻之。」[一]道光二十九年（一八四九），江蘇巡撫陸建瀛希望推廣郝疏的流傳，所以單獨刊刻郝疏。此爲郝疏陸刻本道光二十九年刻本。胡珽跋云：「惜其旋遭兵燹，書未盛行。」

郝疏足本分爲楊以增刻、胡珽續刻本與《郝氏遺書》本，簡稱楊胡本與家刻本。據胡珽跋所言，咸豐五年（一八五五），嘉興高均儒從錢塘嚴鶴山處得到郝疏嚴杰手抄足本，隨

[一] [清]胡珽《爾雅義疏跋》，見《爾雅義疏》，北京：中國書店影印楊胡本，一九八二年。

即慫恿楊以增爲其刊刻，並聘請胡珽校刻，「功方過半，至堂先生（筆者按：即楊以增）遽歸道山，珽因益資以蕆事焉。……咸豐六年丙辰七月仁和胡珽識於蘇城鮃谿定慧里」。〔一〕清宋翔鳳《爾雅義疏序》云：「是以河帥楊公得高君之本，而爲流播于時。剞劂僅半，而河帥即世。茲胡君心耘始續成之，而後郝氏一家之言遂有完書，誠盛事也。」〔二〕此本由楊以增刻，胡珽續刻，咸豐六年（一八五六）在蘇州刊刻完成。此爲郝疏楊胡本咸豐六年刻本。《蛾術軒篋存善本書録》云：「楊、胡足本刊于咸豐六年丙辰，至十年庚申，版亦毁。」〔三〕郝懿行孫聯薇以諸生捐納知縣，後升任順天府東路廳同知，其詩《解嘲》云：「古人來者兩茫然，豈有偏私故變遷。只因祖庭多著述，忍聽心血一時湮。」郝聯薇決意刊行其祖父母著作，其《爾雅義疏跋》云：「歲乙丑二月，聯蓀有事濟南，晤陽湖汪叔明司馬，欣然以所藏楊氏足本相授，且任校讎之役。聯薇既刺涿州，謹節廉俸所入爲剞劂之資，越月九而工始竣。」〔四〕

〔一〕〔清〕胡珽《爾雅義疏跋》。

〔二〕〔清〕宋翔鳳《爾雅義疏序》，見《爾雅義疏》，北京：中國書店影印楊胡本，一九八二年。

〔三〕《蛾術軒篋存善本書録》，第八〇八頁。

〔四〕〔清〕郝聯薇《爾雅義疏跋》，見《爾雅·廣雅·方言·釋名　清疏四種合刊》，上海：上海古籍出版社影印家刻本，一九八九年。

「歲乙丑」即同治四年(一八六五),此本牌記作「同治四年,歲在乙丑,沛上重刊」。〔一〕此爲郝疏家刻本同治四年刻本。此本卷末有「歷邑中和堂鮑連元手刊」字樣,「歷邑」即濟南,此本在濟南刊刻而成。〔二〕由郝聯薇統籌,在濟南刊刻而成的郝懿行及其父、妻的著作,總稱爲「郝氏遺書」。光緒十三年(一八八七),湖北崇文官書局又據家刻本重刊郝疏,民國二十五年(一九三六)中華書局復排印此本,收入《四庫備要》。此爲崇文官書局重刊家刻本。

郝疏版本共六種,分爲節本、足本兩類,然節本所删出自誰手,舊説不一。胡珽跋云:「然兩刻者,或謂皆據高郵王懷祖念孫觀察節本,或又謂阮刻《經解》錢塘嚴厚民杰明經實總其成,是書蓋厚民所節。傳聞異辭,無由審也。」又宋翔鳳序云:「嘉興高君又得足本,以校阮、陸兩本,多四之一。或云删去之文出高郵王石渠先生手,或云他人所删而嫁名于王。」可見,胡珽與宋翔鳳都不能確定郝疏節本所删出自誰手。《清史稿》記載:「懿

〔一〕　或有書目稱郝疏家刻本的刊刻年份爲清同治五年,然而有「同治四年歲在乙丑」的牌記明文爲證,並且據郝聯薇跋「越月九而工始竣」文,乙丑二月得「楊氏足本」,歷經九月刊成,最後刻成時間亦當在乙丑年内,所以「同治五年」的説法是錯誤的。

〔二〕　或有書目稱此本爲「東路廳刻本」,應當是因爲郝聯薇時任順天府東路廳同知而誤。

行之於《爾雅》……高郵王念孫爲之點閲，寄儀徵阮元刊行。」〔一〕此明言王念孫「點閲」郝疏，並寄與阮元以使其刊行。清陳奐《爾雅義疏跋》云：「高郵王先生爲先生通訂全書，刪削之甚，至數十字、數十句，不更增易其字句……重見王先生所手定之本……全書大旨，悉依王先生定本。」〔二〕陳奐亦言王氏「通訂」并「刪削」郝疏。民國八年（一九一九），羅振玉發現郝疏寫本，上多有乙正之處，而後《爾雅郝注刊誤》〔三〕刊刻完成，郝疏刪改出自誰手的問題亦隨之解決。羅振玉《刊誤》序云：「從貴陽陳松山黄門許得《義疏》寫本，首尾朱墨爛然，凡句乙處用朱筆，又凡一語有未安、一字有訛脱，亦以朱筆訂正。以書迹觀之，皆出石渠先生手。……每條皆出『念孫案』字，凡百十有三，則知刪定果出石渠先生，非託名也。」〔四〕由「書迹皆出石渠先生手」與「念孫案」可以確定郝疏由王念孫刪改。蕭璋《王石臞

〔一〕［清］趙爾巽等《清史稿》，北京：中華書局，一九七七年，第一三二四五頁。

〔二〕［清］陳奐《爾雅義疏跋》，見《爾雅郝注義疏》，濟南：山東友誼書社影印陸刻本，一九九二年。

〔三〕《爾雅郝注刊誤》由羅振玉子福頤所輯，羅振玉作序，東方學會刊印，收入羅氏《殷禮在斯堂叢書》。下文簡稱「《刊誤》」。關於《刊誤》，需要指出的問題有：一、各詞條下所録疏文，非全爲王氏所刪之文，如《釋詁》「賚，賜也」下，《刊誤》有「『賚』者，《説文》云……」等十五字，而《經解》本亦有之；二、各詞條下所録疏文，亦非王所刪詞條疏文的全部內容，如《刊誤》載「卬、吾、台、予、朕、身、甫、余、言，我也」條，然核查《經解》本所刪疏文，並未全録。

〔四〕［清］王念孫《爾雅郝注刊誤》，續修四庫全書影印東方學會刊本。

删訂〈爾雅義疏〉聲韵謬誤述補》云：「羅振玉見王氏手批《義疏》寫本，則知删訂果出石臞，而非託名。」〔一〕余敏《王删郝疏議——評郝氏〈爾雅義疏〉的節本和足本》通過分析嚴杰的學術水平與删改部分所反映的删改者學識，從而認爲，删改無疑出自王念孫的手筆。〔二〕鄧福禄《王删郝疏訓詁失誤類析》云：「俞敏先生《王删郝疏議》對此又有新證。至此，可以肯定，節本是出自王念孫之手。」〔三〕統上而言，郝疏節本的删改確實出自王念孫之手。

郝疏節本字數凡三十五萬四千五百七十三字，足本字數凡三十九萬四千九百二十九字，兩本相差四萬零三百六十九字，〔四〕宋翔鳳所謂「以校阮、陸兩本，多四之一」的論斷並不正確。郝疏節、足本各篇對校的基本情況如下表：

〔一〕蕭璋《王石臞删訂〈爾雅義疏〉聲韵謬誤述補》，收入《文字訓詁論集》，北京：語文出版社，一九九四年，第二〇七頁。

〔二〕余敏《王删郝疏議——評郝氏〈爾雅義疏〉的節本和足本》，收入《余敏語言學論文集》，北京：商務印書館，一九九九年。

〔三〕鄧福禄《王删郝疏訓詁失誤類析》，《古漢語研究》二〇〇三年第二期，第六五頁。

〔四〕郝疏對校的具體數字與引文情況，節本依據《經解》本，足本依據楊胡本。統計字數皆含夾行小注。因王氏亦增改疏文，兩本相抵，節本所增字數尚多十三字。

篇名	節本字數	足本字數	兩本差數	節本刪改詞條數	足本詞條數
釋詁	一〇八七二六	一三三二五一	二三五二五	一三一	一五〇
釋言	三九八七一	四七五〇六	七六三六	一三〇	一七二
釋訓	一二六二五	一五三八二	二七五九	五九	一一四
釋親	六二三七	六三一四	七九	八	三一
釋宮	一〇九〇〇	一一〇一六	一一六	九	一八
釋器	一四一七九	一五二四三	九九八	一三	三九
釋樂	四四六六	四九三八	四七二	九	一六
釋天	一九一五八	二〇三七五	一二一七	二七	五三
釋地	一二三七八	一二四六九	九一	七	四七
釋丘	四六九五	四八一九	一二六	五	三〇
釋山	五一七四	五三六七	一九五	一一	一六
釋水	一〇〇四八	一〇〇九一	四三	三	一八

續表

篇名	節本字數	足本字數	兩本差數	節本删改詞條數	足本詞條數
釋草	三三九六九	三四五三四	五六七	二五	一九四
釋木	一五七一五	一六〇九〇	三七六	一四	七六
釋蟲	一三三九一	一四〇七四	六八三	一三	五五
釋魚	一〇四〇二	一〇六六一	二五九	六	四四
釋鳥	一五一七七	一五五三二	三五五	一八	七九
釋獸	一〇六三七	一一二五一	六一四	一五	六一
釋畜	六六三三	六九九五	三六三	一四	四七
合計	三五四五七三	三九四九二九	四〇三六九	五一七	一三九〇

王氏删改的篇名下疏文，共六處，分别爲《釋詁》《釋樂》《釋地》《釋草》《釋魚》與《釋獸》。郝疏諸篇下類目共三十九條，類目下有疏文處共二十三條，而經删改的類目下疏文有二處，爲《釋親》的「宗族」與《釋畜》的「牛屬」。

《釋詁》以下三篇，王氏删改較多，這是因爲郝氏「疏於聲音」之學。陳奂跋中記郝氏之言：「訓詁必通聲音，余則疏於聲音，子盍爲我訂之？」《釋詁》以下三篇的所釋對象爲經典之詞、古詞及方俗異語等。此類詞語的訓釋多需運用因聲求義的方法，郝氏「疏於聲音」而難免致誤，所以王氏多有删改。如《釋詁》「仍，因也」下，王删「汪氏中《知新記》云：『乃』『仍』雙聲兼疊韵」文。「乃」字上古音屬之部泥紐，「仍」字上古音屬烝部日紐。「之」「烝」韵部相近，「泥」「日」俱屬舌音，二字古音相近，然而並非雙聲疊韵的關係。《釋言》「燬，火也」下，王删郝疏關於「火」讀如「喜」的論斷與「二讀實一聲之轉也……《爾雅》釋文引作『燬，一音火』」文。「二讀」即「火」「燬」二字的讀音。「火」字上古音屬微部曉紐，「喜」字上古音屬之部曉紐，「燬」字上古音屬微部曉紐。郝氏謂「火」讀如「喜」，然而「火」「喜」聲轉；又謂「火」「燬」聲轉，然而「火」「燬」古音同。《釋訓》「翹翹，危也」下，王删「《廣雅》云『翹翹，衆也』，衆多亦近危殆，又云『嶢嶢，危也』，『翹』『嶢』聲義同」文。「翹」字上古音屬宵部群紐，「嶢」字上古音屬宵部疑紐，二字疊韵，「群」「疑」俱屬牙音，二字古音相近，然而並非相同。郝氏所謂「衆多亦近危殆」，但衆多與危險的詞意顯然並不相近。

《釋親》以下十六篇的所釋對象爲專用名物詞，而王氏删改則較少。此類内容極其豐富，大致包括親屬稱謂、衣食器用、天文曆法、山川地理、草木蟲魚、飛禽走獸等内容。其訓釋多需依據實際考察與「目驗」的結果，而注重考察與目驗是郝疏最鮮明的特點與優點。清胡培翬《郝蘭皋先生墓表》引郝氏之言：「余田居多載，遇草木蟲魚有弗知者，必詢其名，詳察其形，考之古書，以徵其然否。今兹疏中其異於舊説者，皆經目驗，非憑胸臆，此余書所以别乎邵氏也。」〔一〕郝氏認爲其書多「目驗」，是與邵晉涵《爾雅正義》相比最大的區别。如《釋草》「藿，山韭」下，郝疏云：「今驗韭宿根在地，年年分栽，故言『一種而舊』。」「女蘿，菟絲」下云：「今驗菟絲初亦根生，及至蔓延，其根漸絶，因而附物以生，蓋亦寄生之類。」僅《釋草》一卷，「今驗」字樣即近二十處。郝疏詳言形容的文字，累載於篇，實不勝舉。如《釋木》「諸慮，山櫐」下云：「虎櫐即今紫藤，其華紫色，作穗垂垂，人家以飾庭院。謂之『虎櫐』者，其莢中子色斑然如狸首文也。」《釋鳥》「鷺，舂鉏」下云：「青腳，高尺七八寸，尾如鷹尾，喙長三寸，頭上有毛數十枚，長尺餘，毵毵然與衆毛異，好欲取魚時則彌之。」通過郝疏的記述，「山櫐」「舂鉏」如在讀者眼前一般。乾嘉學風崇尚實事求是，言必有據，不尚虚言。郝疏注重考察與「目驗」正是這種精神的體現。

〔一〕［清］胡培翬《研六室文鈔》，續修四庫全書據遼寧省圖書館藏清道光十七年涇川書院刻本影印。

孫玄常《〈爾雅〉札記——蕭璋〈王石臞删訂爾雅義疏聲韵謬誤述補〉札記》認爲：「可以看出研究《爾雅》，因聲求義，不能只以先秦音爲限。」〔一〕《爾雅》本爲先秦之書，〔二〕考求其聲音通轉，若反準諸後世之音，恐怕難以得到正確結論。下文將從音義形與體例方面統計並分析節本删改内容所反映的郝疏之誤。

1. 音誤而删之例

《釋訓》「桓桓、烈烈，威也」下，王删「按：『威』與『君』古音近，君尊嚴可畏也」文。「威」字上古音屬微部影紐，「君」字上古音屬文部見紐。二字韵部相近，但是聲紐分屬牙、喉音，所以古音並不相近。《釋地》「東至日所出爲太平，西至日所入爲太蒙」下，王删「太

〔一〕孫玄常《〈爾雅〉札記——蕭璋〈王石臞删訂爾雅義疏聲韵謬誤述補〉札記》，《語文研究》一九八五年第三期，第二七頁。

〔二〕《爾雅》屬先秦之書，現已基本爲學界共識，研究概況具體可參看：丁忱《爾雅概説》，《華中師院學報》一九八四年第二期；何九盈《爾雅的年代與性質》，《語文研究》一九八四年第二期；胡奇光、方環海《爾雅成書時代新論》，《辭書研究》二〇〇一年第六期；竇秀艷《關於爾雅的成書時代和作者問題研究評述》，《東方論壇》二〇〇五年第三期；馮玉濤《論爾雅的作者和成書年代》，《寧夏師範學院學報》（社會科學版）二〇〇七年第五期；馮華《從古文字材料看釋親及爾雅的時代》，《漢字文化》二〇〇八年第二期；楊一波《爾雅成書時代新考》，《古籍整理研究學刊》二〇一六年第五期。

平、大言古讀音皆近」文。《刊誤》：「『平』與『言』古今音皆不相近。」「平」字上古音屬耕部並紐，「言」字上古音屬元部疑紐，二字韻部相遠，聲紐分屬唇、牙音，所以古音並不相近。《釋獸》「貘，白豹」下，王删「『貘』『白』『豹』三字雙聲兼疊韻」文。「貘」字上古音屬鐸部明紐，「白」字上古音屬鐸部并紐，「豹」字上古音屬藥部幫紐。僅「貘」「白」疊韻，三字並非雙聲疊韻的關係。上文皆郝疏不明古韵部、聲紐的例證。

《釋詁》「遹、遵、率，循也」下，王删「『循』者……又通作『修』……『修』『循』一聲之轉也」文。《刊誤》：「隸書『循』『脩』二字相似，寫者多亂之……然則形之誤，非聲之通也。或者不察，遂謂『循』『脩』二字古通，誤矣……其或作『修』者，又『脩』之誤耳。」「修」字上古音屬幽部心紐，「循」字上古音屬文部邪紐，二字俱屬齒音，但是並非聲轉。依王氏所言，「脩」是「循」的形訛，「修」是「脩」的異文，「循」「修」的混用是因爲字形相近，與字音無關。《釋言》「佴，貳也」下，王删「佴之爲言猶亞也，亞，次也。『佴』『亞』之聲又相轉」文。「佴」字上古音屬之部日紐，「亞」字上古音屬魚部影紐。二字聲紐分屬舌、喉音，不存在聲轉的關係。又「啜，茹也」下，王删「今閩粵人謂『喫』爲『唼』，登萊人謂『喫』爲『撮』。『撮』與『唼』俱『啜』聲之轉」文。「啜」字上古音屬月部昌紐，「撮」字上古音屬月部清紐，「唼」字上古音屬葉部精紐。「昌」屬舌音，「清」「精」俱屬齒音，三字並無聲轉關係。《釋木》「楔，荆桃」下，王删「楔，古點反。今語聲轉爲家櫻桃，以别於山櫻桃，則謬矣」文。《刊誤》：「『楔』『家』雖一聲之轉，然俗語言『家櫻桃』者，以别於山櫻桃耳，非『楔』字轉爲『家』也。」「家」「山」字義對言，本於家植、野生而言，和字音無關。《釋魚》「鱦，小魚」下，王删「《説文》：『鮞，魚子也。』……然則鯤爲魚卵，鮞爲小魚之名，鮞即鱦聲之轉……疑即本此小魚名『鱦』之意，古字聲借爲『蠅』耳」文。《刊誤》：「『鮞』『鱦』非聲之轉。」「鱦」字上古音屬蒸部船紐，「鮞」字上古音屬之部日紐，二字俱屬舌音，然而並非聲轉關係。上文皆誤言聲轉的例證。

余敏以「用方音土語講通轉」爲郝疏失誤類型之一。〔一〕《釋詁》「亹没，勉也」下云：「是文莫即侔莫也……是文農亦即侔莫。是皆古方俗之語，音轉字變而其義俱通者也。」「農」字上古音屬冬部泥紐，「莫」字上古音屬鐸部明紐，二字韵部相遠，聲紐分屬舌、唇音，古音並不相通，所以王氏删去與「文農亦即侔莫」相關的疏文。「文」字上古音屬文部明紐，「侔」字上古音屬幽部明紐，二字聲轉，所以王氏並未删去與「文莫即侔莫」相關的疏文。「古方俗之語」亦有保存古音的地方，若符合聲音通轉的原理，以「方音土語」可以「講

〔一〕《王删郝疏議——評郝氏〈爾雅義疏〉的節本和足本》，第四九五頁。

通轉」。

2. 義誤而删之例

《釋詁》「肩，勝也」下，王删「下文云『作也』，造作與克制義近」文。「造作與克制」的詞義顯然相去甚遠。《釋訓》「辟，拊心也」下，王删「『辟』者，假音當作『擗』……不知擗蓋擘之或體……則音義俱得矣」文。《刊誤》：「擗謂兩手擊，非拊心也。」「擗」爲兩手相擊的意思，與「辟」義相異。《釋獸》「鳥曰狊」下，王删「『狊』者，張目視也。鳥之休息，恒張兩翅瞪目直視，所謂鳥伸鴟視也」文。「狊」，《説文》云：「犬視皃。」據段注，「鳥曰狊」取「鳥振其毛羽如犬張目」的意義，[一]即鳥張開翅膀上羽毛像犬瞪眼的樣子，並非鳥「瞪目」，更與「休息」義無關。上文皆牽合、混淆詞義的例證。

《釋詁》「尸，寀也」下，王删「『寀』者，當爲采……是今從樊光讀」文。此條下的郝疏，王氏全部删去。《刊誤》：「大夫有采以處其子孫，非謂大夫有主以處其子孫也……尸可訓主，采不可訓主；采可訓事，尸不可訓事……毋乃近於鑿乎？」這是郝疏穿鑿詞義典型的例子。《釋天》「二月爲如」下，王删「『如』者，隨從之義，萬物相隨而出如如然也」文。郝

[一] [清] 段玉裁《説文解字注》，杭州：浙江古籍出版社，二〇〇六年，第四七四頁上。

氏以「如」字有「隨」義，從而作「如如然」的論斷，無疑是錯誤的。「二月爲如」，郭璞、邢昺無注，邵晉涵曰「未詳」，王氏删之，諸家應當是闕疑之意。《釋山》「再成，英」下，王删「英本華萼之名，華萼相銜與跗連接，重累而高，故再重之山取此爲名」文。「花萼相銜」的形狀並不像山「重累而高」的形狀，況且如果依據郝疏此文，多重之山難道都可以以「英」命名？上文皆穿鑿詞義的例證。

《釋詁》「賚，賜也」下，王删「今《洛誥》作『予以秬鬯』……其義同也」文。《刊誤》：「《説文》所引乃《文侯之命》，非《洛誥》也。」「予以秬鬯」確係《文侯之命》的文句。《釋言》「眕，重也」下，王删「《玉篇》作『目有所限而止』，限謂隔閡……目有所限今謂之蒙視……」文。由「眕」字之義與郝疏上下引文可知，《玉篇》作「限」，當爲「恨」字的形訛，察今《玉篇》亦作「恨」字。《釋天》「十月爲陽」下，王删「……今按：陰陽消息，迭運不窮……《詩・采薇》正義引《詩緯》曰：『陽生酉仲，陰生戌仲。』是十月中兼有陰陽。舊説非也」文。郝氏不辨《詩緯》的無據之説，反據以駁「歲亦陽止」的鄭箋。郝疏引用書證多達四百餘種，除去郝氏熟讀之書，尚有轉引《經籍纂詁》等他書的情況。《經籍纂詁》書成衆手，其間錯誤很多，然而郝氏一仍其舊地引用，並未覆核原書，也就因襲了原書本身的錯誤。上文或未辨書證之義，或未察書證之誤，皆誤用書證的例證。

《釋詁》「仇，匹也」下，王删「按：匹與正字形相亂……非古字通也」文。《刊誤》：「《爾雅》誤字所當辯者也，若他書之誤字而亦辯之，則是書之富必至積案盈箱，不止於七卷矣。」《爾雅》此條釋「匹」字義，與「正」字義無關。又「寮，官也」下，王删「然則同僚謂同勞也，同勞謂同官也。同官不同勞，從事所以獨賢也；同勞不同官，《北門》所以交謫也」文。郝氏發「獨賢」「交謫」的感慨，與所釋詞義無關。上文皆文有枝蔓的例證。

《釋詁》「余，我也」下，王删「《説文》云：『語之舒也。』是余爲舒遲之我也」文。「余」字之「我」義，指實詞而言，其語氣舒緩義，則專指虛詞。這是混淆實、虛詞義的例證。王氏對郝疏文義表述的要求極高。如《釋畜》「犝牛」下，王删「『童』當作『僮』，俗從牛作『犝牛』耳」文的第二個「牛」字。經王氏删后，此文義精確。

3．形誤而删之例

《釋詁》「刑，法也」下，王删「《一切經音義》廿引《易》曰：『刑，法也。井爲刑法也。』……又引《春秋元命包》曰：『刑字從刀從井。井以飲人，人入井争水，陷於泉，以刀守之。割其情欲，人畏慎以全命也』」文。此文引《易》之文當出《易緯》，而《春秋元命包》亦屬緯書。因爲「井」的形狀而訓「刑法」義，通過「刑字從刀從井」而作「入井」「以刀」之論斷，並無根據。「晉，進也」下，王删「《雜卦》云：『晉，晝也。』……又與日出物進之義合」

文。郝氏因爲「晝」篆文的字形，訓釋「日出物進」義，應當是「望形生義」。《釋宫》「東南隅謂之窔」下，王删「又或作『穾』」文。《刊誤》：「『穾』乃『穾』之訛。」「窔」或作「穾」是因爲「穾」「穾」字形相近而致訛。

4. 統一體例之例

陳奂言「高郵王先生爲先生通訂全書……不更增易其字句」。然經筆者對校發現，王氏非但對郝疏進行删節，亦作零星的增改。王氏所增，多爲「云」「曰」「矣」「皆」「與」等虚詞，這應當是考慮到文氣順暢而增。如《釋詁》「遹、遵、率、循、由、從，自也」下，王增六「云」字。這是增字的例證。

《釋詁》「貺，賜也」下，王改「《左氏》」作「《左傳》」。「串，習也」下，王改「亦通作『患』」之「亦」字作「又」字。郝疏俱作「某，又通作某」，獨此處作「亦」，所以王氏改字。上文皆改字的例證。

《釋詁》「舒，敘也」下，王删「鄭衆注云」的「云」字。郝疏中某某注後大多數情況並無「云」「曰」字。從統一體例的角度考慮，但凡某某注云、某某注曰之「云」「曰」字，王氏皆删。「亶，信也」下，王删「《詩》……毛傳……」的「毛」字。「毛傳」「鄭箋」之「毛」「鄭」字，王氏皆删。《詩》的「傳」「箋」已經是特指，無需再言。所以但凡爲特指的注家名，如「王」之於《周易》，「毛」之於《詩》，「杜」之於《左傳》等，王氏皆删。「敆，合也」下，王删「《公羊·文二年傳》云」之「云」字。從統一體例的角度考慮，凡作「某書云」而後接某注文之「云」「曰」字，王氏皆删。

通過上文可知，郝疏確實客觀存在諸多錯誤。所以對其評價有頗低者，其中以蕭璋文爲甚，其云：「郝氏既不明古音，又不明今音，而於經籍舊音之評斷取捨，亦出臆必，其書未能達到聲音通訓詁之標準……郝氏既不明古韵分部、聲紐清濁，五音大界，時爲混淆，而于六朝隋唐之音，亦屬懵懵。」〔一〕蕭氏論斷郝氏全然不明今音古音與韵部聲紐的學問，不免有失偏頗。《郝蘭皋先生墓表》引郝氏自言：「今余作《義疏》，於字借聲轉處煩多不殺，殆欲明其所以然。然言之既多，有所得必有所失矣。」郝氏自評其著「有得有失」，頗爲中肯。然而瑕不掩瑜，與郝疏所取得的成就相比，其諸失誤無疑是次要的。郝疏是《爾雅》注疏類文獻的扛鼎之作，誠如宋翔鳳所云：「棲霞郝户部蘭皋先生之《爾雅義疏》最後成書……於是通貫融會諧聲、轉注、假藉，引端竟委，觸類旁通，豁然盡見，且薈萃古今一字之異、一義之偏，罔不搜羅，分别是非，必及根原，鮮逞胸肊。蓋此書之大成，陵唐礫宋，

〔一〕《王石矐删訂〈爾雅義疏〉聲韵謬誤述補》，第二四七頁。

追秦漢而明周孔者也。」（《爾雅義疏序》）

郝疏節本與足本各有其價值，應當二本並重而不可偏廢。依據節本，通過分析王念孫所删改的内容，既可以從這個側面了解王氏的文風與學風，更可以辨别學習聲音訓詁的學問。依據足本，可以得見郝疏的全貌，這是筆者整理《爾雅義疏》選擇用足本作爲底本的原因，同時通過足本可以對郝氏的學問做出整體而全面的把握與評價。

附録四

爾雅郝注刊誤序〔一〕

兒時讀《爾雅郝氏義疏》乃學海堂刊本，稍長始得同治五年郝氏家刻，所謂足本者。據長洲宋于庭先生序言，阮刻删去之文，出高郵王石渠先生手，或云他人所删而嫁名於王。嘗取兩本並几觀之，見凡阮本所删之處，多有未安，知阮本所删，必出當世碩儒之手，意非石渠先生不能如是之精密也。且疑所謂足本者乃初本，阮刻爲定本，顧無以證之。逮己未仲夏，由海東返國，明年從貴陽陳松山黄門許得《義疏》寫本，首尾朱墨爛然，凡句乙處用朱筆，又凡一語有未安，一字有譌脱，亦以朱筆訂正。以書迹觀之，皆出石渠先生手。閒有一二爲文簡書其尤未安處，則石渠先生加墨籤，每條皆出「念孫案」字，凡百十有

〔一〕標題爲編者所加。

三，則知删定果出石渠先生，非託名也。其所刊正，莫不精切，如嚴師之於弟子，於此可見古人友朋論學之忠實不欺。雖石渠先生實長于蘭皋先生十餘年，然在今人即齒相若，殆亦未必如是之真切，不唯阿也。考蘭皋先生卒於道光五年，阮氏《經解》之刻在道光六年，至九年而工竣。石渠先生卒於道光十二年，阮氏刻書時，郝氏初亡而石渠先生健在，故當時以定本付刊。其後人乃誤以未定本爲足本，復爲之刊布，于庭先生作序，徇郝氏後人之意，而爲或云出於假託之言以阿之，知道豐諸儒已漸失先輩質實之風矣。予平生服膺王氏之學，往歲既刊石渠先生未刊諸書，爰以戊辰暮春，命兒子福頤，將此編中刊正郝書諸籤録爲一卷，顔之曰《爾雅郝注刊誤》，以遺當世之治王、郝二家之學者，且以識予早歲所疑，逾四十年，竟得其證，爲可喜也。五月既望，上虞羅振玉書。

爾雅郝注刊誤

高郵　王念孫

釋詁

釋詁第一。

《爾雅》之作，主於辨別文字，解釋形聲，故諸篇俱曰「釋」焉。

念孫案：《爾雅》之作主於釋義，非以辨別文字，解釋形聲。

賚、貢、錫、畀、予、貺，賜也。

賚者，《說文》云：「賜也。」引《周書》曰：「賚爾秬鬯。」今《洛誥》作「予以秬鬯」。是賚爲賜，又爲予。故此云「賚，賜」，下云「賚，予」，予、賜其義同也。

念孫案：《說文》所引乃《文矦之命》，非《雒誥》也。

怡、懌、悅、欣、衎、喜、愉、豫、愷、康、妉、般，樂也。悅、懌、愉、釋、賓、協，服也。

欣者，《説文》云：「笑喜也。」喜亦樂也。通作「訢」。《説文》云：「訢，喜也。」《樂記》云：「天地訢合。」鄭注「訢讀爲憙」，非[一]。《釋文》「訢，一讀依字，音欣」，是也。

念孫案：文韵與之韵古音互相轉。「訢」之讀爲「憙」，亦猶曹公子欣時，《公羊》作「喜時」也。《韓詩外傳》八：「景公嘻然而笑。」即欣然而笑。此古音、古義也，不可駁。

釋者，《説文》云：「解也。」解散與輸寫義近。釋訓服者，《書訓[二]·大禹謨》及《左氏·襄廿一年傳》并云：「釋茲在茲。」釋宜訓服，與「念茲」義近。僞孔訓釋爲「廢」，杜預訓釋爲「除」，竝非也。且「念茲」「釋茲」與「名言」「允出」，文俱匹對，義分淺深，何故「釋茲」獨訓廢、除，文義俱舛。證知「釋，服」之訓，當從《爾雅》矣。

念孫案：釋之訓服，仍是悦服之義，非「釋茲在茲」之釋。

遹、遵、率、循、由、從，自也。遹、遵、率，循也。

[一]「非」字，楊胡本、家刻本、《經解》本、陸刻本皆無。

[二]「書訓」，楊胡本、家刻本皆作「梅書」。

循者，《説文》云：「行順也。」通作「順」。《詩·江漢》箋：「循流而下。」《釋文》：「循流，亦作順流。」又通作「修」。《易·繫辭》云：「損德之修。」《釋文》：「修，馬作循。」《莊子·大宗師》篇云：「以德爲循。」《釋文》：「循，本亦作修。」「修」「循」一聲之轉也。

念孫案：隸書「循」「脩」二字相似，寫者多亂之。漢《北海相景君碑陰》：「故脩行都昌台邱暹。」《隸續》云：「循、脩二字，隸法止争一畫。書碑者好奇，所以從省借用。」然皆形之誤，非聲之通也。或者不察，遂謂「循」「修」二字古通，誤矣。韵書，「循」在諄部，「脩」在尤部，尤與諄可通用乎？其或作「修」者，又「脩」之誤耳。

敆、郃、盍、翕、仇、偶、妃、匹、會，合也。

案：「匹」與「正」字形相亂。故《禮器》云：「匹士大牢而祭。」《釋文》：「匹士，本或作正士。」《緇衣》云：「唯君子能好其正，小人毒其正。」鄭注：「正，當爲匹，字之誤也。」蓋漢隸書「匹」「正」形近，所以致誤，非古字通也。

念孫案：《爾雅》誤字，所當辯者也，若他書之誤字而亦辯之，則是書之富，必至積案盈箱，不止於七卷矣。

忥、謐、謐、蟄、慎、貉、謐、顚、頠、密、寍，静也。

慎者，謐之訓也。《説文[一]》云：「謹也。」上文云：「誠也。」誠、謹俱安静之意。慎猶順也。凡恭慎而柔順者，其人必誠[二]静。故《謚法》云：「柔德考衆曰静，恭己鮮言曰静。」《官人》篇云：「沈静而寡言，多稽而儉貌，曰質静者也。」又云：「誠静必有可信之色。」然則慎訓誠，又訓静，皆其證矣。

念孫案：「誠静必有可信之色」，静乃古情字，非安静之静。情者，實也。故曰「必有可信之色」。

尸、職，主也。尸，寀也。寀、寮，官也。

寀者，當爲「采」。下文云：「采，事也。」能其事者食其地，亦謂之「采」。《禮運》：「大夫有采，以處其子孫。」《韓詩外傳》：「古者天子爲諸侯受封，謂之采地。」然則尸訓寀者，蓋爲此地之主，因食此土之毛。故《鄭語》云：「主芣、騩而食溱、洧。」是其義也。

[一] 「文」字下，原衍「文」字，據楊胡本、家刻本、《經解》本、陸刻本删。

[二] 「誠」字，楊胡本、家刻本作「沈」。

《釋文》：「寀，李、孫、郭並七代反，樊七在反。」按：七在音是，今從樊光讀。

念孫案：大夫有采以處其子孫，非謂大夫有主以處其子孫也。「主菜、䰟而食溱、洧」，非謂采菜、䰟而食溱、洧也。尸可訓主，采不可訓主；采可訓事，尸不可訓事。乃云「能其事者食其地，亦謂之采」，毋乃近於鑿乎？

犯、奢、果、毅、剋、捷、功、肩、戡，勝也。

毅者，《説文》云：「有決也。」《左氏·宣二年傳》：「殺敵爲果，致果爲毅。」《楚語》云：「毅而不勇。」韋昭注：「毅，果也。」是毅與果同，但義有淺深耳。

念孫案：《爾雅校勘記》以「毅」爲衍字，甚確，當從之。

卬、吾、台、予、朕、身、甫、余、言，我也。

吾者，《説文》云：「我自稱也。」《士冠禮》云：「願吾子之教之也。」鄭注：「吾子，相親之辭。吾，我也。子，男子之美稱。」《管子·海王》篇云：「吾子食鹽二升少半。」尹知章注：「吾子，謂小男小女。」案：吾子，猶言我子耳。

念孫案：《管子》云：「終月大男食鹽五升少半，大女食鹽三升少半，吾子食鹽二升少半。」吾子，猶言餘子，故尹注云「吾子，謂小男小女」也。今云吾子，猶言我子。「我」字不知何指，真不可解矣。

「身」又通作「伸」。《釋名》云：「身，伸也，可屈伸也。」《荀子·儒效》篇云：「是猶傴伸而好升高也。」楊倞注：「伸，讀爲身，字之誤也。」

念孫案：伸者，僂之壞字也。言身不肖而以賢者自誣，是猶傴僂而好升高也。指之者愈衆矣，楊注非。

痡、瘏、虺頽、玄黄、劬勞、咎、顇、瘽、瘉、鰥、戮、癙、癵、瘇、痒、疷、疵、閔、逐、疚、痗、瘥、痱、癉、瘵、瘼、癠，病也。

《詩》「或慘慘畏咎」，與「劬勞」「盡瘁」，句意相對。此即《爾雅》訓咎爲病之義。「咎」通作「皋」。「皋陶」，古作「咎繇」。皋有緩意，筋脈弛緩，亦人之病。故《左氏·哀廿一年傳》：「魯人〔一〕皋。」又云：「以爲二國憂。」皋之爲病，又其證矣。

念孫案：咎有病義，而皋無病義，不得訓皋爲病也。齊人之歌本謂魯人，儒

〔一〕「人」字下，楊胡本、家刻本有「之」字。

書以爲二國憂，于「皋」字絶不相涉。今删去中三句，但以首句之「皋」字，率合末句之「憂」字，而不知皋之不可訓爲憂也，況訓爲病乎？以此爲「咎，病也」之證，真可謂風馬牛不相及者矣。

疷。《易》：「无祇悔。」鄭注亦云：「祇，病也。」又別作「疧」。《爾雅》釋文：「疷，本作《説文》云：『疧，病也。』《聲類》猶以爲疷字。」案：此則《爾雅》復有作「疲」之本。《説文》云：「疲，勞也。」勞亦病。通作「罷」。《齊語》云：「罷士無伍，罷女無家。」韋昭注：「罷，病也。」是罷即疲，疲亦病，《爾雅》古有作「疲」之本，亦其證矣。

念孫案：《釋文》「疲」字乃「疺」字之譌，《校勘記》已辨之。

勞、來、强、事、謂、翦、篲，勤也。

或疑「强」「事」二字，經典無訓勤之文，邵氏晉涵《正義》因以「强事」本舍人注，傳寫溷入正文。今案：《詩》云：「偕偕士子。」偕，强也；士，事也，此即「强事」之義。《曲禮》曰：「四十曰强而仕。」强仕即强事，而云《爾雅》本無「强事〔一〕」之文，過矣。

〔一〕「事」字，原誤「字」，據楊胡本、家刻本、《經解》本、陸刻本改。

念孫案：「四十曰强而仕」，强乃强壯之强，仕乃仕宦之仕，皆非謂勤也。今釋「强、事，勤也」之義，而云「强仕即强事」，則是「四十曰强而仕」即四十曰勤而勤也，豈其然乎？

鞠、訩、溢，盈也。

訩者，《説文》作「詾」，或作「訩」，又作「説」，云：「訟也。」本《釋言》文。「降此鞠訩」，傳〔一〕亦本《釋言》。蓋詾從匈聲，言語争訟，其聲匈匈。故又訓盈，所謂發言盈廷者也。

念孫案：《校勘記》以「訩」爲衍字，是也，當從之。

曩、塵、佇、淹、留，久也。

塵又轉爲「烝」。《釋言》云：「烝，塵也。」《詩》「烝在桑野」，箋〔二〕以爲「久處桑野」，

〔一〕「傳」字上，楊胡本、家刻本有「毛」字。

〔二〕「箋」字上，楊胡本、家刻本有「鄭」字，《經解》本、陸刻本無之。

「古者聲窴、填、塵同也」。「烝也無戎」，箋亦云：「古聲填、窴、塵同。」是皆義存乎聲矣。孫、郭緣詞生訓，均爲失也。今登萊間人謂時之久者，或曰烝日，或曰鎮日，或曰塵日；謂年亦曰烝年、鎮年、塵年，皆古音也。

念孫案：「烝」「塵」乃聲之轉，非字之通。鄭言「古聲填、窴、塵同」矣，未嘗言古聲「烝」「塵」同也。

逮、及、暨，與也。

逮者，《説文》云：「唐逮，及也。」經典逮俱訓及。通作「隶」。《説文》云：「隶，及也。」又通作「隸」。《説文》云：「隸，及也。」隸與迨同。迨、逮，《釋言》並云「及也」，及亦與也。《詩·摽〔一〕有梅》釋文引《韓詩》云：「迨，願也。」願、與義近，聲又相轉也。

念孫案：迨與逮義同而聲異，不得混爲一字。此非精於三代兩漢之音者，固不能辯之。

〔一〕「摽」字，原誤「標」，據楊胡本、家刻本改。

挋、拭、刷，清也。

《史記·萬石張叔傳》云：「期爲不絜清。」絜清即絜静也。又通作「清」。《周禮·宫人》注：「沐浴所以自潔清。」《釋文》：「清，本亦作清。」《爾雅》釋文亦云：「清，如字，劉音《儀禮》慈性反。」是「清」「清」通矣。

念孫案：「清」無「慈性」之音，「慈性」乃是「竫」字之音，非「清」字之音。《宫人》釋文「清，本亦作清」者，字之誤耳，不可援以爲據。

挋者，摼之假音也。《説文》「挋」訓給也，約也。别有「摼」，訓拭也，从堇聲。經典俱作「挋」，音「震」，與振同。

念孫案：《説文》「摼」字雖訓爲飾，俗作「拭」。而其字自从堇聲，音居焮切，與「挋」从臣聲而音「振」者不同。經典作「挋」者，乃「振」之假音，非「摼」字之假音也。

還、運，徙也。

還通作「還」。《曲禮》云：「跪而還屨。」鄭注：「還或爲還。」今案：還讀若「旋」，般旋與還徙義近。

念孫案：「還」之爲「還」，乃形之譌，非聲之通。《淮南·天文》篇「是謂小遷」，今本「遷」譌作「還」。

汱、渾、隕，墜也。

汱當「汏」字之譌。汏者，淅米之墜也。故《説文》云：「汏，淅瀧也。」「淅，汏米也。」《廣韻》云：「汏，濤汏。」然則濤之汏之，沙濼〔一〕處下，故《爾雅》以爲墜落之義。《釋文》既从〔二〕顧音汏，「徒蓋反」，則其字宜作「汏」，而又爲誤本之「汱」字作音，非矣。今據《説文》及顧本訂正之。「汏」聲轉爲「隤」。隤亦墜也。故《説文》云「隤，下隊」矣。

念孫案：此以「汱」爲「汏」之譌，蓋爲邵説所惑。《校勘記》辨之詳矣，當從之。

元、良，首也

《説文》「良」，古文作「□」。「首」，篆文作「□」。二字形近相亂，疑《爾雅》元良即元首之譌也。或頗以「元首首」重文爲疑，殊不知「元首」連文，經典非一。《書》：「元首

〔一〕「濼」字，楊胡本、家刻本作「礫」。
〔二〕「从」字，楊胡本、家刻本作「作」。

起哉。」《文選・辨亡論》注引《尚書大傳》云：「元首，君也。」《廣雅》同。是皆以「元首」爲君。或單稱「元」亦爲君，猶之以「元首」爲首，或單稱「元」亦爲首，皆省文耳。證以《逸周書・武順》篇云：「元首曰末。」孔晁注：「元首，頭也。」此即本《爾雅》爲訓。故《書・益稷》正義引《釋詁》云：「元首，首也。」又申之云：「元與首各爲頭之别名，此以元首共爲頭也。」是孔穎達所據《爾雅》本即爲「元首」，不作「元良」。二孔所見古本俱不誤。唯郭本作「元良」，故云「良未聞」矣。「元良」連文，見於經典亦非一，而俱不訓首。故《文王世子》云：「一有元良。」鄭注：「元，大也。良，善也。」梅《書・太甲下》作「一人元良」，孔傳以爲「天子有大善」，與鄭義同。《廣雅》云：「元良，長也。」是皆不以元良訓首之證。然則《爾雅》之「元良」爲「元首」，殆無可疑矣。

念孫案：宋十行本及閩本《尚書》正義皆作「《釋詁》云『元、良，首也』」，自明監本始作「元、首，首也」，此涉上文「元首」而誤耳。若《爾雅》「元良」二字古本有作「元首」者，則《釋文》必載之矣。今《釋文》並無異詞，則舍人及樊、李、孫、郭皆作「元良」明矣。何云「唯郭本作元良」乎？《尚書》「元首明哉」，首之爲頭，無煩引證，故《正義》但引《爾雅》「元、良，首也」，及狄人歸先軫之元，以證元爲首之義，而釋之曰「元與首各爲頭之别名」。此「此」字指《尚書》而言。則以「元首」共爲頭也。若《爾雅》以「元首」二字連讀，而云「元首，首也」，孔何得云「元與首各爲頭之別名」乎？今讀《正義》不審，輒據誤本之「元首，首也」，而謂孔所據《爾雅》本作「元首」，不作「元良」，又附會以《説文》「良」古文作「𦣻」與篆文「首」字相似而誤，不幾於將錯就錯乎？此殆惑於邵説而誤也。

貉縮，綸也。

貉讀爲「貊其德音」之「貊」。貉縮謂以繩[一]牽連綿絡之也。聲轉爲「莫縮」。《檀弓》云：「今一日而三斬板。」鄭注：「斬板，謂斷莫縮也。」莫縮即貉縮，謂斬斷束板之繩耳。又轉爲「摸蘇」。《淮南·俶真》篇云：「以摸蘇牽連物之微妙。」高誘注：「摸蘇，猶摸索。」又變爲「落索」。《顔氏家訓》引諺云：「落索阿姑餐。」落索蓋綿連不斷之意，今俗語猶然。又變爲「莫落」。《新序·雜事》二云：「翡翠珠璣，莫落連飾。」又爲「幕絡」。《釋名》云：「膜，幕[二]也，幕絡一體也。」又云：「幕，絡也，言牢絡在衣表也。」又云：「冪

[一]「繩」字，楊胡本、家刻本作「縮」。
[二]「膜幕」，楊胡本、家刻本作「幕膜」。

藹曰莫。莫，幕也。貧者著衣可以幕絡絮也。或謂之牽離，煑熟爛，牽引，使離散如絲然也。」凡此諸文，皆與《爾雅》「貉縮」義近。

念孫案：《檀弓》注本作「斬板謂斷其縮也」，縮即繩也。故又引《詩》「縮板以載」，即《爾雅》所謂「繩之謂之縮之」也。《釋文》出「斷其」二字，云「音短」，則鄭注本作「斷其縮」甚明。宋監本、撫州本、岳本、明嘉靖本、衛氏《集説》本及《禮記考文》所引古本、足利並作「斷其縮」，自明監本始誤爲「斷莫縮」，而其義遂不可通。今以「莫縮」爲貉縮，則誤之又誤矣。

釋言

臞、脙，瘠也。

脙者，《説文》云：「齊人謂臞脙也。」《玉篇》云：「齊人謂瘠腹爲脙。」按：「瘠腹」之義，《玉篇》當有所本。今驗蛷螋之蟲，腹甚瘠瘦，《廣雅》謂之「蛷螋」，《博物志》謂之「蠼螋」，與「臞」「脙」「瘦」聲義正同。「臞」「脙」雙聲，「脙」「瘦」疊韵也。

念孫案：齊人謂瘠瘦爲脙瘠，瘦指人而言，非謂蛷螋也。蛷螋之蟲，自首至尾無獨肥之處，亦無獨瘠之處，何以謂蛷螋之腹甚瘠。今本《玉篇》作「齊人謂瘠腹爲脒」者，腹乃「胶」字之譌，「胶」，俗作「脿」，與「腹」相似而誤。「胶」即「瘦」字也。《玉篇》之注即本於郭注，非别有所本也。今因一「脒」字而牽合蛛蛷，又因《玉篇》之「胶」訛作「腹」，而謂蛛蛷之腹甚瘠，此誤之又誤也。

氂，罽也。

氂者，「毳」之譌文也。《説文》：「毳，獸細毛也。」《周禮·司服》注引鄭衆曰：「毳，罽衣也。」然則鄭以「毳」爲罽衣，許以「繝」爲毳布，證以《釋文》云：「氂，李本作毳，昌鋭反。」可知《爾雅》古本「氂罽」作「毳罽」矣。「毳衣如菼」，經有成文，故此釋之。今本「毳」作「氂」。「氂」，《説文》以爲「犛牛尾」，非可作罽，經典借爲「豪氂」之「氂」，又以爲毛氂。故《一切經音義》九引《三蒼》云：「氂，毛也。」《書·禹貢》正義引舍人曰：「氂，謂毛罽也。胡人續羊毛作衣。」又引孫炎〔一〕曰：「毛氂爲罽。」《詩·韓奕》正義引郭璞云：「氂，音貍。」又引舍人與《書》正義小異，舍人所以知罽爲羊毛作者，據《内則》云：

〔一〕「炎」字，原誤「荧」，據楊胡本、家刻本、《經解》本、陸刻本改。

「羊泠〔一〕毛而毳氈。」《一切經音義》二引《三蒼》云：「毳，羊細毛也。」又引《字林》義同。然則羊毛細者稱「毳」，舍人所據《爾雅》本正作「毳」，與李巡同，唯郭本誤作「氂」，有「氂音貍」三字可證。《正義》引舍人及孫炎亦作「氂」，蓋因郭本作「氂」，相涉致誤耳。

念孫案：「氂」字之訓非一，《説文》不能盡載。《説文》訓氂爲「犛牛尾」，非爲氂之必不可訓罽也。《詩》《書》正義並引舍人曰「氂，謂毛罽也」，則舍人本之作「氂」甚明。乃因舍人注内有「羊毛」二字，遂謂舍人本必作「毳」，不作「氂」，是誣舍人也。《書》正義引孫炎曰：「毛氂爲罽。」此即郭注所本，則孫本之作「氂」又甚明。乃云「唯郭本誤作氂」，是誣景純而並誣叔然也。又謂「《正義》引舍人及孫炎亦作氂，蓋因郭本作氂，相涉致誤」，則又誣及孔沖遠矣。若舍人本、孫本皆作「毳」，則作「毳」者不獨李巡矣，《釋文》何以言「李本作毳」乎？李本作毳，祇可兼存其説，奈何舉其一而廢其三乎？

奘，駔也。

〔一〕「泠」字，原誤「冷」，據楊胡本、家刻本改。

此有二本。郭本作「奘，駔也」。《説文》：「奘，駔大也。」「奘」與「壯」同。《釋文》云：「壯，大也。」此皆郭義所本。樊光、孫炎本並作「將，且也」。將、且皆未定之詞。故《秦策》云：「城且拔矣。」《吕覽·音律》篇云：「陽氣且泄。」《淮南·時則》篇云：「雷且發聲。」高誘注並云：「且，將也。」且既訓將，將亦訓且。故《詩》「方將萬舞」，「將恐將懼」，箋並云：「將，且也。」《燕燕》及《簡兮》《丰》《楚茨》《文王》《既醉》《烝民》《敬之》傳並云：「將，行也。」《樛木》《那》《烈祖》箋並云：「將，猶扶助也。」行與助有趑趄之意，「趄」「且」古字通。古讀「且」七余切，「將」「且」聲轉，故同義、同訓。《檀弓》云：「夫祖者，且也。」鄭注：「且，未定之辭。」是亦以「且」爲將。「且」，音七余切，今讀七也切，非古音矣。此皆樊、孫所本。郭氏不從，據「奘，駔」別本爲之作注。但「奘，駔」理新，而於經典無會，「將，且」習見，而爲經典常行。《廣雅》亦作「將，且」，所據蓋即樊、孫之本。唯沈旋《集注》作「奘，⿱將且也」，合「將且」爲一字，猶依郭本「奘」字，意在兩存，則誤甚矣。賴有《釋文》備列諸家，今得依以申明古義，用祛疑惑焉。

念孫案：《方言》云「秦、晉之閒，凡人之大謂之奘，或謂之壯」，《説文》之「奘，駔大也」，皆本《爾雅》。且《釋文》之孫、樊二本並作「將且」，則舍人、李巡本之作「奘，駔」可知，奈何謂郭氏不當據別本作「奘，駔」乎？又謂「《廣雅》作『將，且』，所據蓋即樊、孫之本」，此尤非也。《廣雅》者，所以補《爾雅》之未備也。若《爾雅》本作「將，且」，則《廣雅》之補贅矣。

茨，騅也。茨，萑也。

「茨，萑」，見《釋草》。此云「騅」者，《説文》云：「茨，萑之初生，一曰萑，一曰騅。」《詩·大車》傳：「茨，騅也。」箋云：「茨，萑也。」皆本《爾雅》。

念孫案：《校勘記》以「茨，萑也」爲後人所加，是也，當從之。

亘，緩也。

亘者，《説文》作「絙」，云：「緩也。」《樂記》云：「其聲嘽以緩。」「嘽」字亦假音，《説文》作「繟」，云：「帶緩也。」又云：「縵，偏緩也。」音義皆相近。亘無緩義，經典亦無此訓。亘與絙俱從亘聲，《爾雅》蓋借「亘」爲絙矣。

念孫案：《説文》：「綎，系綬也。」「絙，緩也。」二文相連，則「緩」乃「綬」字之譌，《玉篇》「絙，胡官切，絙，綬也」，是其證。

袍，襺也。

《公羊·哀十四年傳》：「涕沾袍。」蓋謂需溼裹衣。何休注以袍爲「衣前襟」，誤矣。

念孫案：「涕沾袍」之「袍」乃「裛」之假音。《玉篇》：「裛與袍同，又步報切，衣前袷也。」然則涕沾袍即涕沾襟，非「衣敝緼袍」之「袍」也。《論衡·指瑞》篇之「反袂拭面，泣涕沾襟」，是其證，何注不誤。

障，畛也。

《詩·載芟》傳：「畛，埸也。」「埸」「障」聲義近也。

念孫案：《載芟》傳「畛，易也」，《釋文》「易，本又作埸」，音亦非「埸」字也。

靦，姡也。

《方言》云：「楚、鄭或謂狡獪爲姡。姡，猶獪也，凡小兒多詐謂之姡。」是李、孫義同。所引《方言》，臧鏞堂《爾雅漢注》定爲孫引也。

念孫案：《方言》「姡」字自是狡獪之義，非《爾雅》「靦，姡也」之「姡」。引《方言》者乃陸德明，非孫炎也，臧君誤認耳。

釋訓

抑抑，密也。秩秩，清也。

又「秩秩，智也」，見此篇上文。「智」與「清」義〔二〕亦近。《書》曰：「汝作秩宗。」下云：「直哉惟清。」是秩有清義也。

念孫案：「女作秩宗，夙夜惟寅，直哉惟清」，非「秩秩，清也」之謂。

辟，拊心也。

辟者，假音，當作「捭」，《説文》云：「兩手擊也。从卑聲。」借作「辟」，或加手作「擗」。《玉篇》引《詩》：「寤擗有摽。」《爾雅》釋文因云：「辟，字宜作擗。」引《詩》與《玉篇》同。不知「擗」蓋「擘」之或體。故《柏舟》釋文：「辟，本又作擘。」然「擘」字亦假音，若作「捭」，則音義俱得矣。

〔二〕「義」字，據楊胡本、家刻本補。

念孫案：捭謂「兩手擊」，非「拊心」也。

釋親

子之子爲孫，孫之子爲曾孫，曾孫之子爲玄孫，玄孫之子爲來孫，來孫之子爲晜孫，晜孫之子爲仍孫，仍孫之子爲雲孫。

來孫者，《釋名》云：「此在無服之外，其意疏遠，呼之乃來也。」案：此說「來」字似望文生義。來之言離也，離亦遠也，下文謂「出之子爲離孫」，「離」「來」音義同耳。

念孫案：「來」於古音屬之部，「離」於古音屬歌部，不得言「來之言離」。動輒謂漢人望文生義，而所改又不當，不如其已也。

釋宮

西南隅謂之奧，西北隅謂之屋漏，東北隅謂之宧，東南隅謂之窔。

《釋名》云：「東南隅曰窔。窔，幽也，亦取幽冥也。」與《說文》合。《爾雅》釋文从宀作「㝔」，誤矣。郭引《既夕禮》云：「埽室聚諸窔。」《釋文》誤與《爾雅》同。別作「穾」。

《漢書・叙傳》云：「守突奥之熒燭。」應劭注引《爾雅》「東南隅謂之突」。又或作「突」。《御覽》引舍人曰：「東方萬物生，蟄蟲必出，「必」「畢」同。無不由户突。」是舍人本「窔」作「突〔一〕」。

念孫案：「突」乃「突」之譌。

隄謂之梁。石杠謂之徛。

郭引《孟子》「徒杠」，又曰「今石橋者」。孫奭疏引《説文》云：「石矼，石橋也。」是郭所本。今本《説文》脱去「矼」字矣。

念孫案：《孟子》僞疏乃淺學人所爲，不可援以爲據。

釋器

緵罟謂之九罭。九罭，魚罔也。嫠婦之笱謂之罶。

《釋訓》云：「凡曲者爲罶。」《詩・魚麗》正義引孫炎曰：「罶，曲梁，其功易，故謂之

〔一〕「突」字，《經解》本、陸刻本同，楊胡本、家刻本作「突」。

寡婦之笱。」今按：孫炎義未免望文生訓。蓋「寡婦」二字合聲爲「笱」，「嫠婦」二字合聲爲「罶」，正如「不來」爲「貍」，「終葵」爲「椎」，古人作反語往往如此。孫炎以義求之，鑿矣。

念孫案：《爾雅》謂「嫠婦之笱」爲罶，非謂「嫠婦」爲罶也。今以「寡婦」之合聲爲「笱」，「嫠婦」之合聲爲「罶」，則是寡婦謂之笱，嫠婦謂之罶矣，豈其然乎？

衣裗謂之視。

裗者，「流」之或體也。《釋文》：「裗，本又作流。」《玉藻》云：「齊如流。」鄭注「衣之齊如水之流」，是也。「視」者，郭云「衣縷」，《釋文》：「縷，又作褸」。《方言》云：「褸謂之衽。」衽即衣襟。《釋名》云：「衽，襜也，在旁襜襜然也。」然則裗視猶言流曳，皆謂衣衽下垂，流移摇曳之貌，故云「在旁襜襜然也」。

念孫案：《玉藻》謂圈豚行不舉足，則衣之齊如水之流，此衣裗乃是衣衽，非齊如水流之謂，「視」亦非摇曳之謂。

康謂之蠱。

康者，《説文》作「穅」，云：「穀皮也。或省作康。」又云：「檜，穅也。」是穅亦名檜。檜，古外切，與「康」雙聲。若依此爲訓，當言「康謂之檜」，便爲明白易曉。而云「康謂之蠱」，蠱訓疑也，康爲穀皮，有何可疑？《左氏·昭元年傳》：「穀之飛爲蠱。」杜預注：「穀久積則變飛蟲，名曰蠱。」《論衡·商蟲》篇云：「穀蟲曰蠱，若蛾矣。粟米饐熱生蠱。」按：今麥腐生小白蛾，粟生小黑甲蟲，即蛘子也。若依《左傳》穀飛爲蠱，參以《論衡》所言，然則《爾雅》當云「穀謂之蠱」，蓋穀能爲飛蟲，康不能爲飛蟲矣。

念孫案：以「康」「檜」雙聲而謂《爾雅》當作「康謂之檜」，然則「康」「蠱」獨非雙聲邪？蠱訓爲疑，别是一義，與「康謂之蠱」何涉？乃引之以駁《爾雅》，可乎？《左傳》「穀之飛爲蠱」乃指穀蟲而言，非指穀而言，不得言「穀謂之蠱」也。既云《爾雅》當言「康謂之檜」，又云《爾雅》當云「穀謂之蠱」，則將何所適從耶？

木謂之虡。旄謂之藣。

旄者，「氂」之假借也。《説文》云：「氂，犛牛尾也。」《周禮·樂師》有「旄舞」，鄭衆注：「旄舞者，氂牛之尾。」是旄即氂也。故《序官》「旄人」注：「旄，旄牛尾，舞者所持以指麾也。」是旄即氂。氂从犛省，當讀若「釐」，與「蘺」相韵，亦以聲爲義也。《釋文》：「旄，音毛。」蓋失之矣。《樂師》釋文亦云：「氂，舊音毛，劉音來，沈音狸。」案：「狸」「來」古同聲，沈、劉二音是也。蘺者，《説文》訓艸，《繫傳》云：「蓋旄似此草也。」望文生義，亦失之鑿。

念孫案：「氂」可讀爲「犛」，「旄」不可讀爲「犛」，鄭仲師以旄爲氂牛尾，非讀「旄」爲「氂」也，何得以「旄」爲「氂」之假借？至「蘺」字則从罹聲，今音在支部，古音在歌部，而「氂」字自在之部，音「釐」，與「旄」「蘺」二字之音絶不相涉，何得謂「氂」與「蘺」相韵？

簡謂之畢。不律謂之筆。滅謂之點。

滅者，没也，除也。點者，《説文》：「點，小〔一〕黑也。」《釋文》：「李本作沾，孫本作坫。」案：「坫」，宋本作「玷」。「玷」，俗字也。《説文》作「㓠」，云「缺也」，引《詩》「白圭之㓠」。「沾」即「添」之本字。《説文》：「沾，益也。」然則滅除其字，故爲玷缺，重復補書，

〔一〕「小」字，楊胡本、家刻本、《經解》本、陸刻本皆無。

故爲添益。李、孫作「沾」、作「玷」，其義兩通。郭本作「點」，當屬假借，而云「以筆滅字爲點」，蓋失之矣。古人書於簡牘，誤則用書刀滅除之，《説文》作「刮」爲是，非如後世誤書用筆加點也。郭氏習於今而忘於古耳。

念孫案：既云「滅除其字故爲玷缺」，又云「重復補書故爲添益」，然則「點」字將訓爲玷缺乎？抑訓爲添益乎？添益與玷缺義正相反，何云其義兩通邪？且滅除其字亦非「玷缺」之謂。

《説文》：「刮，缺也。從刀、占聲。」此謂刀有缺耳，非謂簡牘有誤字須用刀滅除之也。「不聿謂之筆」與「滅謂之點」連文，則「點」者正謂以筆滅字也。既云「書之用筆由來舊矣」，則以筆滅字亦非始於後世，何云「郭氏習於今而忘於古」乎？

釋樂

釋樂第七。

《史記·樂書》索隱引孫炎釋「廉直經正」，云「經，法也」；「類小大之稱」，云「作樂器小大稱十二律也」；「奮至德之光」，云「至德之光，天地之道也」；「動四氣之和」，云

「四氣之和〔一〕，四時之化」；「樂主其反」，云「反，謂曲終還更始也」。所引孫注於《爾雅》文無所附，疑古本在篇内，今缺脱矣。此篇首舉五聲〔二〕之別號，次及八音大小之異名，皆言其器，未論其義，其篇末將有闕文歟？

念孫案：《索隱》所引乃孫炎《禮記》注，非《爾雅》注也，孫有《禮記》注二十九卷，見《釋文序録》。

大瑟謂之灑。

《釋文》引孫炎曰：「音多變，布出如灑也。」《月令》正義引作「音之布告如埽灑也」。《釋文〔三〕》：「灑，所蟹、所綺二反。」按：「灑」，从麗聲，「所蟹」非古音。「灑」「瑟」以聲轉爲義。

〔一〕「四氣之和」四字，據楊胡本、家刻本補。
〔二〕「聲」字，原誤「音」，據楊胡本、家刻本改。
〔三〕「釋文」二字，據楊胡本、家刻本補。

念孫案：灑者，大瑟之名，故孫云〔一〕「音多變，布出如灑也」。若云「灑〔二〕、瑟以聲轉爲義」，則當云「瑟謂之灑」，而「大」字可删矣。後解「大磬謂之毊」，云「喬、磬一聲之轉」，誤與此同。

徒鼓瑟謂之步，徒吹謂之和，徒歌謂之謡。

《初學記》引《韓詩章句》：「有章曲曰歌，無章曲曰謡。」又引《爾雅》注云：「謂無絲竹之類，獨歌之。」《詩》正義引孫炎曰：「聲消摇也。」然則「謡」有消摇之義。《檀弓》云：「孔子消摇於門而歌。」此「歌」即徒歌矣。

念孫案：「消摇於門」，非徒歌之謂，下文乃言歌耳。

釋天

祭星曰布，祭風曰磔。

《淮南·氾論》篇云：「羿除天下之害，而死爲宗布。」高誘注：「羿，堯時諸侯，有功

〔一〕「云」字，原誤「之」字，據上下文意改。

〔二〕「灑」字下，原有「灑」字，當爲衍文，據上文删。

於天下，故死託於宗布或曰司命傍布也。」案：司命是星名，祭星之布，義或本此。羿死而爲宗布，蓋猶傅説騎箕尾爲列星矣。

念孫案：羿死爲宗布，與祭星之義無涉。高注「司命傍布也」五字，當有脱誤。即以「布」爲星名，亦非祭星之謂。

秦人〔一〕磔狗禦蠱，當亦祭風之意。《易·蠱·象》云：「山下有風，蠱也。」

念孫案：「山下有風，蠱」，非禦蠱之謂。

釋地

下溼曰隰。大野曰平，廣平曰原，高平曰陸，大陸曰阜，大阜曰陵，大陵曰阿。

「阿」有二義。《詩·菁菁者莪》傳用《爾雅》。《考槃》傳又云：「曲陵曰阿。」不同者，蓋四邊高而中央卷曲低下。故《一切經音義》引《韓詩傳》云：「曲京曰阿。」「京」亦高大之名也。

念孫案：「曲陵曰阿」，謂陵之曲者耳，非「四邊高而中央卷曲低下」之謂。上

〔一〕「人」字，《經解》本、陸刻本同，楊胡本、家刻本作「風」。

既以中央高四邊低下者爲陵，則不得又云四邊高中央下矣。《釋名》云「陵，體高隆」者，亦謂其中央高，非謂其四邊高也。

東至於泰遠，西至於邠國，南至於濮鈆，北至於祝栗，謂之四極。

祝栗者，《史記·周紀》「封黄帝之後於祝」，《樂記》作「封帝堯之後於祝」。蓋祝、薊俱近燕，皆北極地名，疑祝即祝栗也。

念孫案：「祝即祝栗」，於古無據，又闌入「薊」字，更風馬牛不相及。

岠齊州以南戴日爲丹穴，北戴斗極爲空桐。東至日所出爲太平，西至日所入爲太蒙。

太平者，《大荒東經》云：「東海之外，大荒之中，有山名曰大言，日月所出。」蓋此即太平也。「太平」「大言」古讀音近。

念孫案：「平」與「言」，古、今音皆不相近。

釋丘

天下有名丘五，其三在河南，其二在河北。

翟氏灝《爾雅補郭》云「今以郭意求之，惟西域有崑崙、軒轅二丘，海外西北有平丘，東南有嵯丘，東有青丘。依《山海經》所言，此五丘爲天下最魁梧桀大，而名稱於上古。軒轅、平丘在河以北，嵯、青在河以南。河出崑崙西北，則崑崙亦河南」云云。案：此説亦無以知其必然，姑存之。

念孫案：《爾雅》所謂「河南」「河北」，皆指中國言之，翟説荒唐，不可用。

釋山

屬者，嶧。獨者，蜀。

「蜀」有「獨」義。蜀形類蠶。今〔一〕棲霞縣北三十里有蠶山，孤峯獨秀，旁絶倚連，舊名爲「蠶」，合於《爾雅》矣。

〔一〕「今」字，據楊胡本、家刻本補。

念孫案：「蜀」有「獨」義而「蠶」無「獨」義，因「蜀形類蠶」而即謂蠶山以獨得名，可乎？

大山宫小山，霍；小山别大山，鮮。

張聰咸説：見《經史質疑録》。「古本鮮當作解，後人加山。鮮、解古得通借。鮮，古音在紙部；解，古音在寘部。解，讀若巇；鮮，讀若斯。」

念孫案：「鮮」與「解」字形相似而誤，非古字通借也。「解」字，古音在紙部；「巇」字，古音在歌部，亦不得言「解讀若巇」。張説非。

多小石，磝；多大石，礐。

錢氏坫説：以《左傳》「晉師在敖鄗之閒」，敖即嶅，鄗即嵒也。

念孫案：經傳言「之閒」者，皆國名、水名、地名，若「陳鄭之閒」「齊魯之閒」「洙泗之閒」「河濟之閒」「嬴博之閒」「膊上津之閒」，是也。若山「多小石，磝；多大石，礐」即可謂之磝礐之閒，則亦可稱崧岑之閒、嶧蜀之閒、霍鮮之閒、岵屺之閒、崔嵬砠之閒矣。而經傳皆無之，則不得謂敖鄗即磝礐也。且「鄗」於古音屬宵部，

「𦎫」於古音屬幽部，「𦎫」字亦不得與「鄗」通。錢説非也。

釋　水

泉一見一否爲瀸。

《説文》云：「瀸，漬也。」引此文「否」作「不」，古今字耳。蓋泉有時出見，有時涸竭，水脈常含津潤，故以「瀸，漬」爲言，此古説也。郭意則以「瀸」爲纖，纖小意也。

念孫案：泉之或見或否者，其泉必不旺，故郭以「瀸」爲纖小。若以「瀸」爲瀸漬，則天下無不瀸漬之泉，何必或見或否，而後謂之瀸乎？

天子造舟，諸侯維舟，大夫方舟，士特舟，庶人乘泭。

金鶚云：「併船是方本義。通而言之，凡相並皆曰方。」《鄉射禮》云：「不方足。」鄭注：「方，猶併也。」《詩》「維鳩方之」，亦謂并處於一巢也。

念孫案：「居之」「方之」「盈之」三「之」字，皆指巢而言。若云鳩與鵲并處，則二章「之」字獨指鵲而言，與上下章不類矣。

釋草第十三。

《淮南·原道》篇云：「秋風下霜，倒生挫傷。」高誘注：「草木首地而生，故曰倒生。」《莊子·外物》篇云：「草木之倒植者過半。」《説文》：「菿，艸木倒。」是也。

念孫案：「倒生」，統草、木言之，非專謂草也。《説文》「菿，草木到」乃「草木也」之譌，段氏注已辨之，不得以爲「倒生」之證。

茹藘，茅蒐。

古讀「蒐」从鬼得聲。陸氏《釋文》「蒐，色留反」，非矣。

念孫案：从鬼得聲者，亦得音「色留反」。「鬼」與「九」聲相近，「鬼侯」通作「九侯」，是也。且「茹藘」「茅蒐」皆疊韵，而「蒐狩」之「蒐」，古又通作「搜」。《説苑·脩文》篇亦云：「蒐者，搜索之。」是「蒐」字，古讀若「搜」，不得以「色〔一〕留反」

〔一〕「色」字，原誤「石」，據上文「色留反」之「色」字改。

爲非。

果蠃之實，栝[一]樓。

《説文》云：「𦼮蔞，果蓏也。在木曰果，在地曰蓏。」苦蔞實兼二名。念孫案：「在木曰果，在地曰蓏」，二物也。果蠃之實，則一物也。「果」「蠃」疊韵，字豈得分以爲二。

蘥，雀麥。

邵氏《正義》引枚乘《七發》云：「穱麥。」案：穱音「捉」。鄭注《内則》「生穫曰穛」，《説文》作「穛」，云：「早取穀也。」「穛」與「穱」音義同。可知穱麥非爵麥矣。又楊慎謂麥有「昧」音，引范文正公安撫江淮，進民閒所食烏昧草，謂即今燕麥草，亦非也。烏昧草不知何物，就令以爲烏麥，則蕎麥「蕎麥」之「蕎」似應作「莜」。[二] 亦名烏麥，何必此？

[一]「栝」字，原誤「括」，《經解》本、陸刻本同，據《爾雅》宋刊十行本、楊胡本、家刻本改。

[二]「蕎」至「莜」八字，楊胡本、家刻本、《經解》本、陸刻本皆無。

念孫案：《内則》之「飯：黍、稷、稻、粱、白黍、黄粱、稰、穛」，鄭注「生穫曰穛」，《説文》「糕，早取穀也」，皆非穱麥之謂，穱麥不得謂之「穀」也。是書用邵説者，十之五六皆不載其名，而駁邵説者獨載其名，殆於不可，況所駁又不確乎。「蕎麥」之「蕎」從喬聲，古音在宵部；若「莜」字則從收聲，古音在幽部。《詩》「視爾如莜」與「椒」爲韵，古音皆在幽部也。說見江氏《古韵標準》。謂「蕎麥」之「蕎」當作「莜」，不知何據。

熒，委萎。

陶注《本經》有女萎，無萎蕤，疑女萎即萎蕤也。又云「女萎」，疑「委萎」之文省。

念孫案：女萎乃委萎之别名。「女」字在語韵，「委」字在支韵，女字非委字之省。

鳋，鴻薈。

鳋，一名鴻薈，《本草》名「菜芝鳋」。「鴻」「薈」雙聲疊韵字也。《釋言》云：「虹，潰也。」此云「鴻薈」，並以聲爲義。

念孫案：「䳍」與「薈」古音不同部，䳍非「鴻薈」之合聲，「鴻」「薈」乃雙聲，非疊韵。

「薈」與「潰」古音亦不同部。《釋言》以「潰」解虹，與草名「鴻薈」無涉，「鴻薈」之義不可知，不得强解。

虋，赤苗。芑，白苗。秬，黑黍。秠，一稃二米。

虋猶璊也。《説文》「璊」字解云：「禾之赤苗謂之虋，言璊玉色如之。」今按：芑猶玖也。玖〔一〕玉色如之，古讀「玖」如「芑」字。《毛詩》以「芑」爲菜，陸機《疏》謂「似苦菜」，並與此異。

念孫案：《説文》「玖，黑色石」，不得與白苗相似。

莪，蚍衃。

「《詩》秋烹葵，《禮》夏用葵，古人常食，今人不識。惟揚州人以爲常蔬，清油淡煮，

〔一〕「玖」字，據楊胡本、家刻本補。

味極甘滑。」余因檢郭此注及「莔，戎葵」注，並云「似葵」，不知所云「葵」者復是何物。蓋郭注亦不識葵耳。其云「紫華」，則是謝氏得之。

念孫案：郭氏不識葵之語，未免輕古人太甚。

艾，冰臺。

《埤雅》引《博物志》言：「削冰令圓，舉以向日，以[一]艾承其影，則得火。」此因艾名冰臺，妄生異説。不知冰，古「凝」字。「艾」，从乂聲，「臺」，古讀如「題」，是「冰臺」即「艾」之合聲。

念孫案：經典中「仌」字皆作「冰」，則「冰臺」之「冰」亦無以知其必讀爲「凝」字。「艾」與「臺」古音不同部，不得以「艾」爲「冰臺」之合聲。且「臺」字古音屬之部，「題」字古音屬支部，又不得言「臺古讀如題」也。

蓾，蘆。

[一]「以」字，據楊胡本、家刻本、《經解》本、陸刻本補。

《釋文》引《字苑》云：「鞔苴，履底。」然則菌之言藾也。藾又名蒯，可以織屨。苴之言麤也，草履爲麤。「麤」與「苴」，「菌」與「藾」，並一聲之轉也。

念孫案：藾，一名薡蕫，一名蒯，一名芽菌，一名蘆，雖同爲作履所用之草，其實非一物也，不得言「菌之言藾」。

蘮蒘，竊衣。

邢疏：「俗名鬼麥。」「鬼」「蘮」聲相轉。

念孫案：「蒘」與「麥」聲不相轉，則「鬼麥」亦非「蘮蒘」之轉，不得但以上一字爲轉聲也。

薃侯，莎，其實媞。

《本草別録》：「莎，一名夫須。」「須」「莎」「蓨」俱雙聲。其根名香附，其實名媞。《夏小正》云：「正月緹縞。縞也者，莎隋也；緹也者，其實也。」「縞」「鎬」，「隋」「蓨」，「緹」「媞」並聲借字也。夫須即臺，「臺」古讀如「緹」。

念孫案：「莎，一名夫須」，指莎而言，非指其實而言。其實則名緹，不名夫須也，不得以夫須爲緹。「緹」，於古音屬支部；「臺」，於古音屬之部，又不得言「臺古讀如緹」。

紅，蘢古，其大者蘬。

上文「蘢，天蘥」即此。通作「龍」。

念孫案：「蘢，天蘥」即「紅，蘢古」，未詳所據。

萹苻，止。濼，貫衆。

萹苻名見《本草》，唯「止濼」二字，《本草》所無。郭讀「萹苻止」爲句，故云「未詳」。然據《本草》「一名伯薬」，《釋文》「濼，孫餘若反」，是即「薬」字之音，或「薬」「濼」聲借，「伯」「止」形譌。若讀「止濼」爲句，即伯薬矣。

念孫案：「伯」「止」二字，字形全不相近，何得言「伯、止形譌」？

大菊，蘧麥。

「蘧」「瞿」「巨」「句」音俱相近，「巨句」又即「瞿」之合聲。

念孫案：「巨句」非「瞿」之合聲。

菤耳，苓耳。

《本草》：「枲耳，一名胡枲，一名地葵。」《別録》：「一名葹，一名常思。」陶注：「一名羊負來，昔中國無此，言從外國逐羊毛中來。」案：蒼耳子多刺，故生此説，實未必然。「負」「來」二字，古音相近，「常思」「常枲」，其聲又同，此皆方俗異名，未必皆有意義也。

念孫案：「負」古讀若「背」，與「來」字音不相近。

蔞繞，棘蒬。

《説文》：「蒬，棘蒬也。」「蔞，艸也。」引《詩》「四月秀蔞」，「劉向説：此味苦，苦蔞也」。《廣雅》云：「棘〔一〕苑，遠志也。其上謂之小草。」苑與蒬同。《廣雅》不言蔞繞，《説

〔一〕「棘」字，楊胡本、家刻本、《經解》本、陸刻本作「蕀」。

文》「蔓」不言繞，《詩》傳與《説文》同。「蔓」「繞」疊韵，疑《爾雅》古本無「繞」字，或有，而「蔓繞」與「蕀蒬」别自爲條，《本草》始合爲一，故云：「遠志，一名蕀蒬，一名蔓繞。葉名小草。」

念孫案：《説文》之「蔓」，非《爾雅》之「蔓繞」，故言蔓而不言繞。「蔓繞」已見《爾雅》，故《廣雅》不言蔓繞，非《爾雅》古本無「繞」字也。既知「蔓」「繞」爲疊韵，則不得分爲二物矣。至謂「蔓繞與蕀蒬别自爲條」，則「蔓繞」二字上無所屬，「蕀蒬」二字下無所屬矣，尤非。

蕭，萩。

今萩蒿葉白，似艾而多岐，莖尤高大如蔞蒿，可丈餘。《左·襄十八年傳》「伐雍門之萩」，是也。萩之言揪〔一〕，蕭之言脩，以其脩長高大，甲〔二〕於諸蒿，故獨被斯名矣。

念孫案：蒿艾之屬，不中爲器，晉人無爲伐之。雍門之萩，即「楸」字也。《説

〔一〕「揪」字，楊胡本、家刻本作「楸」。
〔二〕「甲」字，楊胡本、家刻本作「異」。

文》：「楸，梓也。」徐鍇注曰：「《春秋左傳》『伐雍門之楸』，作萩同。」《漢書·東方朔傳》「萩竹籍田」，《貨殖傳》「山居千章之萩」，顔注并云：「萩即楸樹字。」

搴，柜朐。

上文「藆，藅」，《釋文》：「藆，本亦作搴。」然則搴即藆也，郭俱未詳。「搴」「柜」雙聲，「柜」「朐」疊韻。

念孫案：「藆，藅」即「搴，柜朐」，不知何據。若因《釋文》「藆，本亦作搴」之語而謂此搴即彼藆，則草木之同名者多矣，豈皆可合爲一物乎？若可合爲一物，則郭氏豈不知之而俱云「未詳」耶？「搴」以一字爲名，「柜朐」以二字爲名，不得以「搴」「柜」爲雙聲。柜與朐古不同部，亦不得以「柜」「朐」爲疊韻。

釋木

槄，山榎。

孫炎曰：「《詩》云『有條有梅』，條，槄也。」義本毛傳。「條」「槄」雙聲疊韻，故古字通。

念孫案：「條」「槄」乃疊韻，非雙聲。

髡，梱。

《釋文》「梱，五門反」，則與「棞」聲義近。《説文》：「棞，梡木未析也。」栞落樹頭爲髡。《齊民要術》有髡柳法，又云：「大樹髡之，小則不髡。」

念孫案：上下文皆木名，若引《説文》「棞，梡木未析也」及《齊民要術》髡柳法爲解，則與上下文不類矣。此蓋惑於邵氏《正義》而誤。

栵，栭。

「栭」，或作「檽」，今依宋本作「栭」，是也。「栭」當讀若「反其旄倪」之「倪」，倪訓小也，栭亦小也。「栵」「栭」字之疊韻。

念孫案：「栭」，於古音屬之部；「倪」，於古音屬支部。「栭」字不得讀若「倪」。「栵」，於古音屬祭部，「栵」「栭」亦非疊韻。

杌，檕梅。

《釋文》：「檕，樊本作槅，工厄反。」按《廣韵・十二齊》云：「檕，苦奚切。」引

《爾雅》則讀若「期」。「杋」，古音如「雞」，「梅」如「迷」，然則「杋」「槷」雙聲，又與「梅」疊韵也。

念孫案：「槷」，於古音屬支部；「期」，於古音屬之部。「苦奚切」則讀若「谿」，非讀若「期」也。「杋」屬幽部，「雞」「槷」屬支部，「梅」屬之部，「迷」屬脂部，「杋」不得讀如「雞」，「梅」不得讀如「迷」，「杋」「槷」與「梅」亦非疊韵。

棆，無疪。

《説文》：「棆，毋杶也。从侖聲，讀若《易》卦屯。」按：此則「棆」「杶」雙聲兼疊韵，「毋」與「無」古字通。《釋〔二〕文》「疪，《字書》作楖」，《玉篇》《廣韵》並作「枇」，是無正文，疑與「杶」形近而誤也。

念孫案：「棆」字讀若「屯」則與「屯」同音，既非雙聲，又非疊韵矣。「楖」「枇」皆疪之異文，非與「杶」形近而誤。《説文》「毋杶」乃「毋枇」之誤。

〔二〕「釋」字，楊胡本、家刻本作「説」，作「釋文」當是。

寓木，宛童。

寓猶寄也，寄寓木上，故謂之「蔦」，蔦猶鳥也，其狀宛宛童童，故曰「宛童」。

念孫案：「蔦猶鳥也」云云，近於望文生義。

楔，荊桃。

「楔」，古黠〔一〕反，今語聲轉爲家櫻桃，以別於山櫻桃，則謬矣。

念孫案：「楔」「家」雖一聲之轉，然俗語言家櫻桃者，以別於山櫻桃耳，非「楔」字轉爲「家」也。

棗，壺棗。邊，要棗。櫅，白棗。樲，酸棗。楊徹，齊棗。遵，羊棗。洗，大棗。煮，填棗。蹶泄，苦棗。皙，無實棗。還味，棯棗。

《魏志·杜畿傳》注：「畿爲河東太守，劉勳嘗從畿求大棗。」即郭所謂大如雞卵者

〔一〕「黠」字，楊胡本、家刻本作「點」。

矣。又案：《白帖》以「洗犬」儷「遵羊」，又以「蹲鴟」對「洗犬」，「犬」「大」形淆，可知唐本「大」亦〔一〕作「犬」。《釋文》不收，陸德明蓋未見此本也。

念孫案：郭注〔二〕云「大棗子如鷄卵」，《釋文》又無作「犬」之本，則本作「大棗」明矣。《初學記》引此亦作「大棗」。《白帖》以「遵羊」「蹲鴟」對「洗犬」，乃用當時俗本，不足爲據。

蹶洩〔三〕者，今登萊人謂物之短尾者蹶洩，音若「厥雪」。棗形肥短，故以爲名。《釋文》：「蹶，居衛反。洩，息列反。」《初學記》引《廣志》云：「有桂棗、夕棗之名。」然則「桂」「蹶」聲同，「夕」「洩」聲轉，疑桂夕即蹶洩矣。

念孫案：「蹶洩」以二字爲名，「桂」與「夕」以一字爲名，不得單以一字爲轉聲。「蹶」，於古音屬祭部；「桂」，於古音屬寘部，亦不得言「桂蹶聲同」。謂「棗形肥短」者爲蹶洩，亦不知何據。

〔一〕「亦」字，楊胡本、家刻本作「一」。
〔二〕「郭注」下，原有「郭注」二字，當爲衍文，據文意删。
〔三〕「洩」字，原誤「曳」，據楊胡本、家刻本改。

終，牛棘。

《士喪禮》云：「決，用正王棘，若檡棘。」鄭注：「王棘與檡棘善理堅刃者，皆可以爲決。世俗謂王棘矺鼠。」《釋文》：「矺，劉音託。」《夏官・繕人》注亦引「檡棘」。然則「矺」「檡」音同，其「矺鼠」則不知何語也。

念孫案：矺鼠乃王棘，非檡棘也，不得以矺鼠爲檡棘。

木自獘，柛。立死，椔。蔽者，翳。

柛猶伸也，人欠伸則體弛懈如顛仆也。

念孫案：「柛猶伸也」云云，迂曲而不可通。

小枝上繚爲喬。無枝爲檄。木族生爲灌。

檄者，猶言弋也。弋，橜也。樹無旁枝，檄擢直上即上「梢，梢擢」也。

念孫案：「檄」，於古音屬藥部；「弋」，於古音屬職部，不得言「檄者，猶言弋」。

釋蟲

蛰，天螻。

《説文》：「螻，螻蛄也。一曰蛰，天螻。」本《夏小正》文。又云：「蠡，螻蛄也。」是蠡與蛰同物。《方言》云：「蛄詣謂之杜蛒，螻螲謂之螻蛄，或謂之蝝蛉，蓋〔一〕南楚謂之杜狗，或謂之蛞螻。」蓋此類皆方言語異，「蛞」「狗」「蛒」俱聲相轉。

念孫案：杜蛒或謂之杜狗，「蛒」「狗」二字皆在「杜」字之下，故「杜蛒」可轉爲「杜狗」。若「蛞螻」之「蛞」在上一字，則不得與「杜蛒」「杜狗」相轉矣。

蟦衡，入耳。

案：「蛩」即「蛉窮」之合聲，「蟦蛍」「蚰蜒」聲相轉，「蚰蜒」「蛸蚳」聲相近，「入耳」「蟦蛍」亦音轉字變也。

念孫案：「蛩」「蛉」「窮」三字皆同紐，則「蛩」非「蛉窮」之合聲。蟦衡善入人

〔一〕「蓋」字，楊胡本、家刻本、《經解》本、陸刻本皆無。

耳，故謂之「入耳」。「入耳」亦非「蠙衙」之轉聲也。

蜩，蜋蜩。螗蜩。蚻，蜻蜻。蠽，茅蜩。蝒，馬蜩。蜺，寒蜩。蜓蚞，螇螰。

按：《方言》作「蛁蟧」，《夏小正》作「蝭蠑」，《廣雅》作「䗖蟧」，《説文》作「蛁蟟」，《淮南·道應》篇注作「貂蟟」，今東齊人謂之「德勞」，或謂之「都盧」，揚州人謂之「都蟟」，皆「蜓蚞」「螇螰」之語聲相轉，其不同者，方言有輕重耳。

念孫案：自「《方言》作蛁蟧」以下八者，皆是轉聲，但非「蜓蚞」「螇螰」之轉聲。

蛣蜣，蜣蜋。

《説文》：「渠蜶，一曰天社。」《廣雅》云：「天社，蜣蜋也。」《集韵》《類篇》引《説文》作「渠蜶蜋」，《御覽》九百四十六引作「蜶蜋」，無「渠」字。《玉篇》云：「蜶與蜣同，又其虐切。」《廣韵》：「蜶，其虐切，又丘良切。」是「蜣」字正作蜶，故《説文》以「蜶」爲蜣。今本「渠蜶」下脱「蜋」字，當據《集韵》《類篇》增補。然則蜶蜋即蜣蜋，「渠」字似衍，故《御覽》引無「渠」字。然以聲義求之，「渠」「蝍」雙聲，「蛲」「蜋」疊韵，「蛣」「蛲〔一〕」亦雙聲也。準是而言，《說文》之「渠蝍」，即《爾雅》之「蛣蛲」，《御覽》蓋脱「渠」字耳。證以「蜉蝣，渠略」，《說文》作「螶蟟」。螶與渠同，並古字異文，是其例矣。

念孫案：渠蝍即渠蛲也。「蛣」「蛲」「渠」「蝍」皆雙聲字。《集韵》引《說文》衍「蜋」字而《類篇》從之，《御覽》所引有「蜋」無「渠」，皆非也。蓋後人多聞蛲蜋，少聞渠蝍，故以意增改而成誤本。若依《集韵》作「渠蝍蜋」，則文不成義矣。

不蜩，王蚥。

蛖螻，郭既注〔二〕云「螻蛄類」，則不蜩亦必蜩類。翟氏《補郭》云：「《詩》《書》及古金石文不多通丕。丕，大也。王蚥亦大之稱，此必蜩中之大者。前文蜩凡五見。《方言》云：『蟬大而黑者謂之蝬。』是『蝒，馬蜩』之外，尚有名蝬一種，爲蜩之大者。此丕蜩疑其物。今呼黑大蜩爲老錢，錢即蝬音之轉。」《集韵》「蝬，亦才仙切」，是也。「俗人或謂

〔一〕「蛲」字，原誤「蜋」，據楊胡本、家刻本、《經解》本、陸刻本改。
〔二〕「注」字，楊胡本、家刻本皆無。

之王師太，猶古王蚊之遺言也。」

念孫案：「不蜩」之「不」，發聲耳。若以「不」通作「丕」而即訓爲大，即下文之「不過，蟷蠰」及釋鼅之「左倪不類」，「右[一]倪不若」，亦將讀爲「丕過」「丕類」「丕若」乎？翟說不可從。

蝝蝗，蠜。草螽，負蠜。蜤螽，蜙蝑。蟿螽，螇蚸。土螽，蠰谿。

《說文》「螽」「蝗」互訓。螽或作「蝝」，《春秋》書「螽」，《公羊》作「蝝」。牟廷相說：「《詩》云『衆維魚矣』，衆疑蝝之省文，蓋蝝魚相化，協於夢占。」牟說是也。

念孫案：牟氏謂「衆」爲「蝝」之省文，蓋用《鐘山札記》所載丁希曾說耳。今案：此說非也。丁云：「凡池湖陂澤中，魚嘯子皆近岸旁淺水處。若遇歲旱，水不能復其故處，土爲風日所燥，魚子蠕蠕而出，即變爲蝗蟲以害苗。今不爲蝗而爲魚，故以爲豐年之徵。」據丁說，是歲不旱而水復其故處，則魚子仍化爲魚，非蝝化爲魚也。蝝之生子，必於田野間之高處，若蝝子見水而化爲魚，則已成水災，非豐

〔一〕「右」字，原誤「左」，據《爾雅》宋刊十行本改。

年之兆矣。余在順天數十年，但聞魚子化爲蝝，未聞蝝化爲魚也。

蜆，縊女。

孫炎讀「蜆」爲「俔」，得其音矣。《釋文》「蜆，下顯反」，《字林》「下硯反」，俱失之。

念孫案：「蜆」既讀爲「俔」，則亦可讀「下顯反」「下研反」矣。方言輕重，本有不同，不可執一。

土蠭。木蠭。

《方言》云：「蠭，燕、趙之間謂之蠓螉。」按：「蠓螉」之合聲爲蜂。

念孫案：「蜂」非「蠓螉」之合聲。

密肌，繼英。

《釋鳥》有「密肌，繫英」，與此同名，或説此蟲即肌求也。《秋官・赤犮氏》注：「貍物，䗪肌求之屬。」《釋文》：「求，本作蛷。」《説文》：「蠡，或作蛪，多足蟲也。」《廣雅》

云：「蛷螋，蟱蛷也。」《一切經音義》九引《通俗文》云：「務求謂之蚑蛷，關西呼蛷螋[一]爲蚑蛷。」然則「蚑蛷」即「肌求」，聲之轉也。蛷螋又轉爲「蠷螋」。《博物志》云：「蠷螋蟲溺人影，隨所著處生瘡。」《本草拾遺》云：「蠷螋狀如小蜈蚣，色青黑，長足。」陶注：「雞腸草主蠷螋溺也。」案：此蟲足長，行駛其形髿髿，今棲霞人呼草鞵底，亦名穿錢繩；揚州人呼蓑衣蟲；順天人呼錢龍，是也。「密肌」，《廣韵》作「密蛝」，「繼英」，《玉篇》作「蠿蝧」，俱或體字。

念孫案：「密肌，繫英」即「肌求」，不知何據。若見正文内有一「肌」字，遂以爲即是「肌求」，則郭所未詳者，何在不可附會乎？殊乖蓋闕之旨。

有足謂之蟲，無足謂之豸。

《史記·黄帝紀》云：「淳化鳥獸蟲蛾。」《索隱》曰：「蛾，一作豸。」《正義》曰：「蛾，音豸，直起反。」引《爾雅》。又通作「止」。《莊子·在宥》篇云：「災及草木[二]，禍及止

[一]「蛷螋」二字，原誤「咻唆」，據楊胡本、家刻本改。

[二]「木」字，原誤「本」，據楊胡本、家刻本改。

蟲。」「止」即「豸」之聲借。

念孫案：「止」在止韵，「豸」在紙韵，古音本不相通，不得言「豸」通作「止」。

釋魚

釋魚第十六。

《天官·鼈人》：「春獻鼈蜃，秋獻龜魚。」《晉語》云：「黿鼉魚鼈，莫不能化。」韋昭注：「化，謂蛇成鼈黿，石首成鯢之類。」按：《曲禮》云：「水潦降，不獻魚鼈。」《論衡·無形》篇云：「臣子謹慎，故不敢獻。」是也。

念孫案：引獻魚鼈之事，與《釋魚》無涉。

鯤，小魚。

《説文》：「鮞，魚子也。」《魯語》韋昭注：「鮞，未成魚也。」然則鯤爲魚卵，鮞爲小魚之名，「鮞」即「鯤」聲之轉。

念孫案：「鮞」「鯤」非聲之轉。

鶖，鯠。

《釋草》有「釐，蔓華」，《說文》「釐」作萊，陸機《疏》「萊，藜也」，鄭注《儀禮》云「貍之言不來也」，是「鯠」「鶖」「鯠」三字古皆聲近。《爾雅》物名多取聲近之字，胥此類也。

念孫案：「鯠」與「鶖」「鯠」聲不相近。

鼁䵶，蟾諸。在水者黽。

《說文》：「黽，鼁黽也。」郭云「耿黽」者，「耿」與「蟈」聲相轉。

念孫案：蟈以一字爲名，耿黽以二字爲名，不得但以一字爲轉聲。

鼈三足，能。龜三足，賁。

案：「能」，古以爲「三台」字，則當音奴代反。又《左·昭七年傳》「化爲黃熊」，《釋文》「熊」作「能」，本《爾雅》，則「能」應讀如字。古音「能」「熊」同在東部也。

念孫案：古音「能」在之部，「熊」在蒸部，皆不在東部，說見《唐韵正》。

釋鳥

鶨，鶍，其雄鵲，牝庳。

《釋文》：「庳，婢支反，施音婢，郭音卑。」按：鵲之言介也，雄者足高，介然特立也；庳之言比也，雌者足卑，比順於雄也。

念孫案：「鵲」，於古音屬脂部，若「介」字，則屬祭部，周秦兩漢之文非但無與脂部通用者，并無與平上聲通用者，不得言「鵲之言介」。若「庳」字，即取卑小之意，不必轉訓爲比。

鸍，沈鳧。

按：此即今水鴨。謂之沈者，《急就篇》云：「春草雞翹鳧翁濯。」顏師古注：「翁，頸上毛也。」然則鳧善沈水，洒濯其頸，故曰「沈鳧」。或説鳧好晨飛，因名「晨鳧」，魏文侯嗜晨鳧是也。

念孫案：沈者，没也。但濯頸於水而已，則不得謂之「沈」。此又用邵説而誤也。「晨鳧」之義不可曉，亦不得强解。

鵲鶪醜，其飛也翪。鳶烏醜，其飛也翔。

鳶即鴟也，今之鷂鷹。「鳶」，古字本作「弋」，《夏小正》「鳴弋」是也，隸變作「鳶」，音以專反。又變作「䳒」，去古人作「弋」之意尤遠矣。

念孫案：此用段氏《説文注》而誤。「鳶」字，本作「鳶」，譌作「䳒」，又譌作「鳶」，非《夏小正》「鳴弋」之「弋」。説見余所作《廣雅疏證》。

亢，鳥嚨。其粻，嗉。

《詩·燕燕》云：「頡之頏之。」頏即亢矣。頡，直項也。

念孫案：毛傳「飛而下曰頏」，非謂鳥嚨也。

釋獸

鹿：牡麚，牝麀，其子，麛；其跡，速；絶有力，麉。

其跡名速。《説文》段注以「速」爲速[一]字之誤，據籀文「迹」作「速」，从朿，其説是矣。王逸《九思》云：「鹿蹊兮躖躖。」《説文》：「躖，踐處也。」是躖即鹿之迹。《詩》：「町疃鹿場。」鹿場猶麇畯，皆謂所踐處也。

念孫案：段注因曹憲音而誤，不可從。

豕子，豬。豶，豮。幺，幼。奏者，豱。豕生三，豵；二，師；一，特。所寢，橧。四蹢皆白，豥。其跡，刻。絶有力，豟。牝，豝。

其跡名「刻」。今豚子逾年謂之「刻老」，或曰「刻婁」，本此。

念孫案：「豚子逾年謂之刻老」云云，非其迹刻之謂。

豺，狗足。

《埤雅》云：「豺，柴也。」又曰：「瘦如豺。」是矣。

〔一〕「速」字，楊胡本、家刻本作「迹」。

念孫案：「豺」，於古音屬之部，「柴」，於古音屬支部，陸佃不知古音，故云「豺，柴也」。

貙獌，似貍。

蓋獌之言曼延，長也。借作「蟃蜒」。郭注《子虛賦》云：「蟃蜒，大獸，似貍，長百尋。」此蓋孟浪之言。《廣韵》作「獌狿，長八尺」，近是也。郭云「呼貙虎之大者爲貙豻」，「貙豻」即「貙獌」聲之轉。《子虛賦》云：「蟃蜒貙豻。」皆以聲爲義耳。

念孫案：《子虛賦》「白虎玄豹，蟃蜒貙豻」，是蟃蜒、貙豻各爲一物，不得以蟃蜒爲貙豻，亦不得以貙豻爲蟃蜒。

威夷，長脊而泥。

邵氏《正義》引《説文》云：「委虒，虎之有角者也。」「委」「威」聲近，虒有「夷」音，如「周道倭遲」，《韓詩》作「周道威夷」，是威夷即委虒矣。《廣韵》云：「虒，似虎，有角，好行水中。」案：《釋文》「泥，奴細反」，若依《廣韵》「好行水中」，則「泥」應讀如字。

念孫案：「夷」屬脂部，「虒」屬支部，「虒」無「夷」音，則委虒亦非威夷，邵説誤也。若爲虎之有角者，則非寓屬矣。

時善乘領。

《爾雅考證》云：「時善乘領，當連上文讀，言蜼好登山峯，非别有獸名時也。」按：「時」與「是」古字通，此説可從。

念孫案：「蜼好登山峯」，不知何據，且獸皆能登山峯，非獨蜼也。「善乘領」上加一「時」字，《爾雅》亦無此文法，《考證》説不可從。

鼳洩多狃。

《爾雅考證》云：「洩與渫同。猩猩有牝無牡，故云『鼳洩』；伏行交足，故云『多狃』，非别有獸也。當連『猩猩小而好啼』讀。」

念孫案：以「猩猩有牝無牡」而謂之「鼳洩」，以「交足」而謂之「多狃」，其鑿也甚矣。且交足亦非足多指之謂。

獸曰釁，人曰撟[一]，魚曰須，鳥曰狊。

「釁」者，隙也，獸臥引氣，鼓息腹脅閒，如有空隙，故謂之「釁」。須者，《易》云：「需，須也。」魚當停泊，鼓鰓吹息以自須，須謂止而息也。狊者，張目視也。鳥之休息，恒張兩翅，瞪目直視，所謂「鳥伸」「鴟視」也。

念孫案：釁者，奮釁，非謂釁隙也。説「須」字、「狊」字，亦穿鑿而失其本旨。

釋畜

駷牝，驪牝。

《説文》引《詩》作「駷牝驪牝」。今作「驪牡」，「牡」字誤。《爾雅》獨雪窗本作「牝」，餘皆作「牡」。而《釋文》不誤，云：「牝，頻忍反，下同。」謂與驪牡[二]同也，以此可證。「駷」「驪」雙聲，又兼疊韵。

念孫案：「駷」字，古音在之部；「驪」字，今音在支部，古音在歌部，「駷」「驪」

〔一〕「撟」字，原誤「橋」，據《爾雅》宋刊十行本、楊胡本、家刻本、《經解》本、陸刻本改。

〔二〕「牡」字，楊胡本、家刻本、《經解》本、陸刻本作「牝」。

乃雙聲，非疊韵。

犤牛。

《釋文》：「犤，音碑，又音皮。」然則「犤」與「每」聲近，又相轉也。

念孫案：「每」，於古音屬之部；「犤」，於古音屬歌部，於今音屬支部，二字聲不相近。

體長，⿰牜弗。

體長，言呂脊長也。《釋文》：「⿰牜弗，博蓋反。」按：「⿰牜弗」，《說文》作「犻〔一〕」，云「二歲牛」，與此義異。又「⿰牜畺，牛長膂也」，是「⿰牜畺」與「⿰牜弗」其義同。

念孫案：《爾雅》言「體長」，不言「長脊」。

〔一〕「犻」字，原誤「⿰牜弗」，據楊胡本、家刻本、《經解》本、陸刻本改。

犬生三，猣；二，師；一，玂。

《玉篇》「猣」音「即」，云：「犬生三子。」是「猣」又作「猣」。

念孫案：《釋文》「猣，子工反」，不云本又作猣。《玉篇》「猣，子公切，犬生三子也」，後有「猣」字音「即」，亦云「犬生三子」，乃後人所附益，非顧氏原文也。

未成雞，僆。

僆者，《方言》三云：「凡人嘼乳而雙產，秦、晉之間謂之僆子。」郭注：「音輦。」然則「僆」爲少小之稱，今登萊人呼小者謂「小僆」。「僆」音若「輦」，蓋古之遺言也。《秦策》一云：「諸侯不可一，猶連鷄之不能俱上於棲。」蓋連即僆矣。

念孫案：「僆子」，取雙產之義，非取少小之義。「連雞」，謂以繩繫之也，雞爲繩所繫，則不能俱上於棲。連亦非少小之謂。

㲋五尺爲豝。

《玉篇》作「豟〔一〕」，云：「章移切，豕高五尺。」《廣雅》説「豕屬」云：「梁豱。」《初學記》引《纂文》曰：「梁州以豕爲豱。」案：「豱」音之涉反，即章移切之聲轉，是豱即豟矣。《廣韵》：「豱，梁之良豕也。」

念孫案：《釋文》「豟，於革反」，不云「本又作豟」。《五經文字》及《廣韵》皆有「豟」無「豟」。《玉篇》「豟，於隔切，豕五尺」，後又有「豟」字，「章移切，豕高五尺」，乃後人所增，不足爲據。

〔一〕「豟」字，楊胡本、家刻本作「豟」。據下文「念孫案」，當作「豟」。

《清代學術名著叢刊》已出書目

廿二史考異	[清]錢大昕著　方詩銘等校點
（附：三史拾遺　諸史拾遺）	
漢學師承記箋釋	[清]江藩纂　漆永祥箋釋
禹貢錐指	[清]胡渭著　鄒逸麟整理
日知録集釋(全校本)	[清]顧炎武著　黄汝成集釋 欒保群等校點
史通通釋	[唐]劉知幾著　[清]浦起龍通釋 王煦華整理
尚書古文疏證	[清]閻若璩撰　黄懷信等校點
（附：古文尚書冤詞）	
廿二史劄記	[清]趙翼撰　曹光甫校點
陔餘叢考	[清]趙翼撰　曹光甫校點
東塾讀書記	[清]陳澧著　鍾旭元等校點
五經異義疏證	[清]陳壽祺撰　曹建墩校點
十七史商榷	[清]王鳴盛撰　黄曙輝點校
危言三種	[清]鄭觀應　湯震　邵作舟撰 鄒振環整理
經傳釋詞	[清]王引之撰　李花蕾校點
讀書雜志	[清]王念孫撰　徐煒君等校點
經義述聞	[清]王引之撰　虞思徵等校點
廣雅疏證	[清]王念孫撰　張靖偉等校點
漢學商兑	[清]方東樹撰　虞思徵校點
山海經箋疏	[清]郝懿行撰　沈海波校點
聲類疏證	[清]錢大昕撰　郭晉稀疏證
爾雅義疏	[清]郝懿行撰　楊一波校點

音序索引

説　明

一、本索引收録《爾雅》正文中所有的被訓釋詞語，《釋詁》《釋言》《釋訓》三篇中的訓釋詞語也全部收録，其餘篇章的訓釋詞語則酌情收録。所有條目均標明所在頁碼。

二、詞條按漢語拼音字母順序排列。同音字按筆畫數排列，少者在前，多者在後。筆畫數相同的，按起筆筆形依横竪撇點折次序排列。

三、首字相同的詞條，按第二字的漢語拼音字母次序排列，第二字讀音相同的，按上述同音字排序規則排列。第二字相同的，按第三字排列，排列方法同第二字，餘類推。

四、編製本索引是爲了便利讀者檢索，所以没有對讀音作嚴格的考證。

F

筆畫索引

説明

一、本索引收録《爾雅》正文中所有的被訓釋詞語,《釋詁》《釋言》《釋訓》三篇中的訓釋詞語也全部收録,其餘篇章的訓釋詞語則酌情收録。所有條目均標明所在頁碼。

二、詞條按筆畫數排列。筆畫數相同的字,按起筆筆形依横竪撇點折次序排列。筆畫數和起筆筆形相同的字,按第二筆的筆形排列,餘類推。

三、首字相同的詞條,按第二字的筆畫數排列,第二字筆畫數相同的,按上述同筆畫字排序規則排列。第二字相同的,按第三字排列,排列方法同第二字,餘類推。

六　畫

七　畫

十二畫

十三畫

十五畫

十六畫

十七畫

十九畫

廿畫

廿一畫